"十三五"国家重点图书出版规划项目

设计立国研究丛书　｜　方海　胡飞　主编

服务设计：范式与实践
Service Design : Paradigm and Practice

胡飞　著

东南大学出版社
SOUTHEAST UNIVERSITY PRESS

南京·2019

内容提要

服务经济和体验经济的发展催生了"服务设计"这一新兴实践。本书上编为"服务设计理论探索",全面展现了服务研究的多学科图景和方法学脉络,尤其是在服务经济、服务产业、服务营销、服务管理、服务工程、服务科学、服务设计等诸多概念的辨析与比较中,清晰界定了"服务"和"服务设计"。下编为"服务设计案例研究",从"医""食""住""行""游"五个主题,深入解析了10余个服务设计经典案例。附录中还介绍了60余种服务设计的常用方法。

本书理论研究视野宽阔、脉络明晰,案例研究主题新颖、分析透彻,服务研究者、服务创新者、设计研究者、设计实践者、设计教育者等均可从中获得不同的视角和启悟。本书也可作为服务设计研究生和本科生课程的教学参考。

图书在版编目(CIP)数据

服务设计:范式与实践 / 胡飞著. —南京:东南大学出版社,2019.12(2024.1重印)
(设计立国研究丛书/方海,胡飞主编)
ISBN 978-7-5641-8778-1

Ⅰ.①服… Ⅱ.①胡… Ⅲ.①商业服务-服务模式-研究 Ⅳ.①F719

中国版本图书馆 CIP 数据核字(2019)第 290778 号

书　　名:服务设计:范式与实践　Fuwu Sheji: Fanshi Yu Shijian
著　　者:胡　飞
责任编辑:孙惠玉　李　倩

出版发行:东南大学出版社　　　　　社址:南京市四牌楼2号(210096)
网　　址:http://www.seupress.com
出 版 人:江建中

印　　刷:苏州市古得堡数码印刷有限公司　排版:南京布克文化发展有限公司
开　　本:787 mm×1092 mm　1/16　印张:13.5　字数:330千
版 印 次:2019年12月第1版　2024年1月第2次印刷
书　　号:ISBN 978-7-5641-8778-1　定价:79.00元

经　　销:全国各地新华书店　　　　发行热线:025-83790519　83791830

*　版权所有,侵权必究
*　本社图书如有印装质量问题,请直接与营销部联系(电话:025-83791830)

总序

今年是中华人民共和国建国70周年。70年前，百废待兴，"设计"在当时基本上是模糊而遥远的话题；直到改革开放之后，"设计"开始越来越高调地进入社会、进入人心、进入政府的政策考量。今天的中国早已迎来四海宾朋，"设计"的观念开始从城市到乡村逐步展开，"设计立国"也开始进入有关省市和国家的政策性文献之中。40年前，中国以"科学的春天"开启全面改革开放的航程；40年后的今天，中国则以"设计的春天"与世界同步发展，并逐步以文化自信的姿态实现民族振兴的"中国梦"。

当前，新一轮的科技革命和产业革命的到来不仅带来了技术基础、生产方式和生活方式的变化，更带来了管理模式和社会资源配置机制的变化。世界各发达国家都将推动发展的重心由生产要素型向创新要素型转变，设计创新成为国家创新驱动发展战略的重要组成部分之一，"工业设计""创新设计""绿色设计""服务设计"等都已成为国家战略的重要组成部分，更是推进"中国制造"向"中国创造"的历史跨越、建设"高质量发展"的创新型国家的关键。

"设计立国研究"丛书是由东南大学出版社联合广东工业大学艺术与设计学院精心策划的一套重要的设计研究丛书，并成功入选"十三五"国家重点图书出版规划项目。本丛书立足全球视野、聚焦国际设计研究前沿，透过顶层设计、设计文化、设计技术、设计思维和服务设计等视角对设计创新发展战略中所涉及的重大理论问题和相关创新设计实践进行深入的探讨和研究，其研究内容无论是从国家顶层设计层面还是在设计的实践层面都可为当前促进经济转型、产业结构调整进而打造创新型国家提供重要的学术参考，以期从国际设计前沿性研究中探索和指引中国本土的设计理论与实践，并有助于加强社会各界对"设计立国"思想及其实践的深入理解，从而进一步为中国实施"设计立国"战略提供全新动力支撑。

本丛书包含五部专著，展现了广东工业大学艺术与设计学院在设计学领域的最新研究成果，是对中国与国际设计学发展的现实与未来的解读与研究，必将为中国设计学研究在新时期的发展繁荣增添更多的内涵与底蕴。相信本丛书的问世，对繁荣中国设计学科理论建设，促进中国设计学研究和高校设计教育改革，引导中国设计面向世界、面向未来等都将发挥积极且重要的作用。希冀更多同仁积极投身建设具有中国特色、中国风格、中国气派的设计学科。

是为序。

方海　胡飞

目录

序一 ··· 8
序二 ··· 10
前言 ··· 12

上编　服务设计理论探索

1　服务研究的多学科图景 ··· 002
　1.1　经济学视域下的服务研究 ··· 002
　　1.1.1　研究脉络：服务活动—服务产业—服务经济 ············· 002
　　1.1.2　经济学视角下"服务"的概念辨析 ············· 004
　1.2　管理学视域下的服务研究 ··· 006
　　1.2.1　研究脉络：管理服务—服务营销—服务管理 ············· 006
　　1.2.2　服务营销中的服务定义 ············· 008
　　1.2.3　服务管理中的服务定义 ············· 010
　1.3　服务工程与服务科学 ··· 011
　　1.3.1　研究脉络：服务工程—服务科学—服务学 ············· 011
　　1.3.2　服务科学视角下的"服务"概念 ············· 013
　　1.3.3　服务工程视角下的"服务"概念 ············· 014
　1.4　"服务"概念的多学科比较 ··· 015

2　服务设计的设计学轮廓 ··· 022
　2.1　设计学视域下的服务研究 ··· 022
　　2.1.1　研究脉络 ············· 022
　　2.1.2　概念辨析 ············· 023
　2.2　服务设计的多学科比较 ··· 026
　　2.2.1　服务设计涉及的五个方面 ············· 026
　　2.2.2　服务设计的关注点 ············· 026
　2.3　定义"服务设计" ··· 027
　　2.3.1　服务设计的定义 ············· 027
　　2.3.2　"服务设计"定义的学理依据 ············· 027

3　服务设计的方法学脉络 ··· 034
　3.1　服务设计的方法 ··· 034
　　3.1.1　服务设计方法的数据采集 ············· 034

  3.1.2 服务设计方法分类的维度·················· 034
  3.1.3 服务设计方法的分类 ·················· 036
 3.2 服务设计方法的分析及其可视化·················· 039
  3.2.1 单维度分析 ·················· 039
  3.2.2 双维度分析 ·················· 042
  3.2.3 三维度分析 ·················· 044
 3.3 服务设计的一般程序 ·················· 045
  3.3.1 Live|Work 的服务设计流程 ·················· 045
  3.3.2 IDEO 的服务设计流程 ·················· 046
  3.3.3 Engine 的服务设计流程 ·················· 048
  3.3.4 服务体验工程的设计流程 ·················· 048
  3.3.5 服务设计流程比较 ·················· 051

下编　服务设计案例研究

4 服务设计案例研究之"医" ·················· 056
 4.1 强化门诊护理服务设计 ·················· 056
  4.1.1 背景简介 ·················· 056
  4.1.2 用户与利益相关者分析 ·················· 056
  4.1.3 服务提供与商业模式分析 ·················· 058
  4.1.4 服务流程与服务场景分析 ·················· 060
  4.1.5 服务创新及其价值 ·················· 063
 4.2 "人民的药房"服务设计 ·················· 063
  4.2.1 背景简介 ·················· 063
  4.2.2 用户与利益相关者分析 ·················· 064
  4.2.3 服务提供与商业模式分析 ·················· 065
  4.2.4 服务流程与服务场景分析 ·················· 068
  4.2.5 服务创新及其价值 ·················· 071

5 服务设计案例研究之"食" ·················· 074
 5.1 汉莎天厨儿童餐饮服务设计 ·················· 074
  5.1.1 语境分析 ·················· 075
  5.1.2 目标用户与利益相关者分析 ·················· 076
  5.1.3 服务提供与商业模式分析 ·················· 077
  5.1.4 服务流程与服务场景分析 ·················· 079
 5.2 K Pro 轻食服务设计 ·················· 082
  5.2.1 语境分析 ·················· 083
  5.2.2 目标用户与利益相关者分析 ·················· 084

        5.2.3 服务提供与商业模式分析 ……………………………… 086
        5.2.4 服务流程与服务触点 ………………………………… 088
        5.2.5 服务体验与服务价值 ………………………………… 094
    5.3 "每日餐桌"服务设计 ………………………………………… 094
        5.3.1 语境分析 …………………………………………… 094
        5.3.2 目标用户与利益相关者分析 …………………………… 096
        5.3.3 服务提供与商业模式分析 ……………………………… 098
        5.3.4 服务流程与服务触点 ………………………………… 100
        5.3.5 服务评价 …………………………………………… 103

6 服务设计案例研究之"住" …………………………………………… 106
    6.1 YOU+国际青年社区服务设计 ………………………………… 106
        6.1.1 语境分析 …………………………………………… 106
        6.1.2 目标用户与利益相关者分析 …………………………… 107
        6.1.3 服务提供与商业模式分析 ……………………………… 109
        6.1.4 服务流程与服务场景分析 ……………………………… 112
        6.1.5 服务系统及其创新 …………………………………… 114
    6.2 "青银共居"服务设计 ………………………………………… 116
        6.2.1 背景简介 …………………………………………… 116
        6.2.2 目标用户与利益相关者分析 …………………………… 116
        6.2.3 服务提供与商业模式分析 ……………………………… 118
        6.2.4 服务流程分析 ………………………………………… 124
        6.2.5 服务场景分析 ………………………………………… 127

7 服务设计案例研究之"行" …………………………………………… 132
    7.1 欧洲铁路公司服务设计 ………………………………………… 132
        7.1.1 语境分析 …………………………………………… 132
        7.1.2 目标用户与利益相关者分析 …………………………… 133
        7.1.3 商业模式与服务提供 ………………………………… 136
        7.1.4 服务流程与服务场景分析 ……………………………… 138
    7.2 神州"孕妈专车"服务设计 …………………………………… 140
        7.2.1 语境分析 …………………………………………… 140
        7.2.2 服务提供与利益相关者分析 …………………………… 143
        7.2.3 服务流程与服务场景分析 ……………………………… 146
        7.2.4 服务要素与规范 ……………………………………… 148
        7.2.5 服务体验与服务价值 ………………………………… 150

8 服务设计案例研究之"游" ········· 154
8.1 cAir 家庭旅行服务设计 ········· 154
8.1.1 语境分析 ········· 154
8.1.2 目标用户与利益相关者分析 ········· 155
8.1.3 服务提供与商业模式分析 ········· 158
8.1.4 服务流程与服务触点 ········· 159
8.2 迪士尼世界度假村服务设计 ········· 162
8.2.1 背景介绍 ········· 162
8.2.2 目标用户与利益相关者分析 ········· 163
8.2.3 服务提供与商业模式 ········· 164
8.2.4 服务流程与服务触点 ········· 167

附录 ········· 172

序一

当今科学技术的发展如火如荼,科技给人类带来福祉的同时也带来潜伏的灾难。人类的未来难道就蜕变成只有脑袋和手指吗?科技绝不是人类生存的目的,而仅仅是为人类实现目的而需选择、被整合的手段。我们常常在追求"目的"的途中被"手段"俘虏了。商业唯利是图的诱惑太让人难以抗拒了,这个世界到处醉心于"商业模式",一切具有生命力的设计创新都被利润扭曲了,继续在诱引人类无休止地消费、挥霍、占有!

2016年5月18日,在全球服务设计创新论坛上,我发起并起草了《服务设计——深圳宣言》。我亮明了我的观点:"设计不仅仅是生意,还应为人类可持续生存繁衍担当!"

工业革命开创了一个新时代,工业设计正是这个大生产革命性创新时代的生产关系。但这"存在"的另一面是,功利化的工业经济迅速被大众市场所拥抱,从而孕育了人类"新"的世界观——为推销、逐利、霸占资源而生产,这似乎已成为当今世界一切的一切的动力?!但是工业设计的客观本质——"创造人类公平的生存"却被商业一枝独秀地异化了!

然而,人类毕竟不仅有肉体奢求,而且还有大脑和良心。人口膨胀、环境污染、资源枯竭、贫富分化、霸权横行等现象愈演愈烈,但毕竟还有一些有良知的人士逐渐意识到人类不能无休止地掠夺我们子孙生存的资源和空间。

"服务设计"诠释了"设计"最根本的宗旨是"创造人类社会健康、合理、共享、公平的生存方式"。人类文明发展史是一个不断调整经济、技术、商业、财富、分配与伦理、道德、价值观等人类社会可持续生存的过程。服务设计聚焦了设计的根本目的不是为了满足人类占有物质、资源的欲望,而是服务于人类使用物品、解决生存、发展的潜在需求。这正是人类文明从"以人为本"迈向"以生态为本"价值观的变革,所以分享型服务设计开启了人类可持续发展的希望之门。

但是当前的"服务设计"基本仍局限于逐利的工具、技术层面的探讨,至多是策略层面的研究,忽略了"服务设计"最根本的价值观——提倡分享的使用、公平的生活方式!这个价值观的升华才是已发展了百年多的"工业设计"真正的归宿。

既要发挥服务设计这一创造和拉动中国市场和社会进步的新的强大力量,也要运用服务设计这一联合现代科技创新、实现共创共赢的新的有力工具,还要将服务设计作为中国乃至世界文化和产业的新活力。但是服务设计的根本目的决不能忽视!否则我们会舍本逐末。

"服务设计"在全球设计界虽仅有着20多年的发展历程,但在全球产业服务化的大趋势下,"服务设计"作为一门新兴的、跨专业的学科方向,已经或正在成为个人和组织在服务战略、价值创新和用户体验创新等层面迫在眉睫的需求。我们倡导中国设计界、学术界和产业界以及具有共识的组织和个体,结合中国文化与社会发展实践,共同建构具有中国特色的服务创新理论和方法,以"为人民服务"为宗旨,共同开启中国服务设计的新纪元。

《服务设计:范式与实践》一书是我国首部从经济学、管理学、设计学等多学科视野全面研究服务设计的论著,是胡飞教授从服务设计的理论、方法又再回到实践探索的结晶,其视野宽阔、脉络明晰,案例研究的主题新颖、分析透彻。我相信不论是服务业还是设计界的读者,均可从中获得不同的视角和启悟,并寄希望于中国设计界的有识之士,端正对服务设计目标和价值的认识,认真、踏实、实事求是地研究中国国情和中国百姓的潜在需求,探索中国社会全面发展的路径,真正发挥"设计"对科技、商业的博弈功能,尽早实现中华民族复兴之梦。

柳冠中
清华大学首批文科资深教授
中国工业设计协会荣誉副会长兼专家委员会主任

序二

20世纪末开始,"服务设计"在设计学术界越来越受到重视,这其实是设计学科对社会经济发展的一个必然回应。就如美国经济学家维克多·富克斯(Victor R. Fuchs)在1968年提出"服务经济"(Service Economy)的概念,本身也是对全球经济结构性变革的一个回应。

2007年,我和路易莎·柯林娜(Luisa Collina)教授推动建立了同济大学和米兰理工大学各自在设计领域的第一个国际双硕士学位项目,我们合作的领域就是产品服务体系设计(PSSD)。从2010年首批产品服务体系设计专业的硕士生毕业开始,迄今已经培养了近200名中意服务设计师。当时之所以选择服务设计作为我们合作的重点,主要有两个原因:其一,在全世界范围,服务经济正在逐步取代制造业成为经济的主体,发达国家早已经实现了逆转,在当时的中国,这一趋势也正在显形。如果说服务社会经济需求是设计学科和行业的使命之一,那么社会和经济发生了变化,设计的角色、价值、对象、方法也应该与时俱进。其二,也是一个更为重要的原因,是因为当全人类正在面临可持续发展挑战和生存危机的时候,前所未有地需要通过生活方式转型来改变增长方式。用"服务"取代"产品",是一个更为可持续的生活品质提升路径,而设计可以推动这一转型的发生。所以,同济大学的服务设计教育,一直是与可持续发展紧紧结合在一起的。

我是建筑师出身,亲身经历了从物质设计到非物质设计的转型,但两者之间的关系也并不一定是泾渭分明的。我们现在通常有两个领域里面会用到architect这个词:一是在建筑领域,叫作"建筑师";一是在计算机领域,叫作"架构师"。之前我们建筑师的工作更多的是用木头、砖头、混凝土、钢、玻璃来"建造"的;现在作为一个社会创新设计师和教育工作者,服务设计思维或者服务设计逻辑已经成为我们工作的日常。"架构"生态系统,包括各种人与人、人与物、人与环境的交互关系,以服务流程为线索的关系网、关系流和关系场,以及相关的触点、界面和体验的创新,成为新的设计内容。

尽管我很早就开始教产品服务体系设计、社会创新和可持续设计,但却一直无暇编写相关著作或教材,以前的教学参考书也一直推荐外文著作。胡飞教授《服务设计:范式与实践》这本书的问世,填补了服务设计高质量中文著作和教学参考书的空白。本书从"服务"相关概念的来龙去脉入手,跨学科地在学理上理清了服务产业、服务经济、服务营销、服务管理、服务工程、服务科学、服务设计等相关概念,勾勒出服务设计的全景图。该书明确提出的"服务设计"定义,已被国家有关部门采纳;这是中国学者首次完整定义了"服务设计",发出了国际服务设计研究的"中国声音"。"医""食""住""行""游"系列案例的深度解析,无论对产业创新实践还是学术界研究教学,都具有较大的指导意义。

一方面,当下的中国正在以举国之力向创新驱动型经济转型,改变原先以高资本投入、高资源消耗、高污染排放、低成本竞争、低效率产出的产业发展模式，在解决"人民日益增长的美好生活需要和不平衡不充分的发展之间的矛盾"的过程中，服务设计可以起到无可取代的作用。另一方面，互联网＋、创新创业、制造业升级、高质量发展等国家战略，又为中国服务设计的发展提供了千载难逢的宏观社会经济支撑。因此，服务设计在中国的后发优势非常明显。

但也需要注意，设计并不应该一味满足人们的欲念，或是被动地服务于商业需求，更重要的是要在积极价值观的引领下创造前所未有的新需求、驱动前所未有的新经济。这里讲的需求既有生理需求、精神需求，更有自我实现的最高需求。我相信只要把服务设计的发展同应对全球挑战、走向可持续发展、实现中华民族伟大复兴的伟大事业联系在一起，就一定能够开启一个全球引领、开放包容的新服务设计的中国气象、中国时代。

让我们一起努力！

娄永琪
教育部"长江学者奖励计划"特聘教授
瑞典皇家工程科学院院士
同济大学设计创意学院院长

前言

近年来,服务设计已成为国际国内设计界的热门话题。2018年3月《设计研究》(*Design Studies*)出版"服务设计"特刊,意味着服务设计已从设计实践的新对象发展成为设计研究的新热点。服务不是一个新生事物,却是一个设计实践的新兴对象;而服务设计研究已经明显滞后于迅猛发展的服务设计实践。

回顾自己在服务设计领域探索的步伐,小心谨慎、步步为营。

2014年开始聚焦老龄化问题。2015年主持了国家社会科学基金艺术学一般项目"我国城市医养融合型社区居家养老的服务体验设计研究",标志着自己从体验设计向服务设计的拓展。在鄂尔多斯的2016服务设计国际论坛上发表"老龄服务体验设计"主题演讲、在2016上海交通大学创新设计论坛上发表"健康体验设计"主题演讲、在北京的2018首届中国服务设计大会上发表"医养融合型老龄服务体验设计"主题演讲,都是该课题研究的阶段性成果展现。

与此同时,2011年提出的产品建构设计的符号学路径(SAPAD)框架自2013年发表首篇论文以来,已不断完善,并开始应用于服务设计研究。如在2016国际服务创新设计大会(ISIDC)上发表了《基于SAPAD的服务设计:以献血车为例》(*Service Design Based on SAPAD:A Case Study of Blood Collection Vehicle*)。2017年7月,在新加坡南洋理工大学召开的"第24届国际跨学科工程会议"(ISPE)上,论文《反射出用户体验的意义:产品建构设计的符号学路径》(*Reflecting Meaning of User Experience:Semiotics Approach to Product Architecture Design*)获得全场唯一的"最佳学术论文奖",这是对该框架的最大肯定。好事成双。2017年12月,设计协会(The Design Society)在韩国首尔国立大学举办的"亚洲设计工程研讨会"(ADEW)上,论文《基于SAPAD的老龄康复服务设计》(*Service Design for the Elderly Rehabilitation Based on SAPAD Framework*)获得"最佳论文奖",自己在服务设计原创性方法上的探索再次得到了肯定。

2019年1月10日,商务部、财政部、海关总署发布了《服务外包产业重点发展领域指导目录(2018年版)》(2018年第105号文),其中基本采纳了本人在2018年7月提交的服务设计定义。这既是对我所在团队研究的肯定,又让我惴惴不安。由于当时时间紧迫,该定义并未进行充分的学术论证,也不尽完备、清晰、准确;同时,作为一个可能被广泛采用的定义,如果未能厘清其学术脉络和学理逻辑,贸然传播恐遭误读。

服务设计需要被定义吗?定义是对于一种事物的本质特征或一个概念的外延和内涵的确切而简要的说明。外延是指所有包括在这个概念中的事物;内涵包括所有组成该概念的事物的特性和关系。任何一个概念之定义,都不可能完全概括概念本质特性和全部内容。对于业界而言,行动决定一切,设计界和互联网行业常常先做出成功案例再总结经验进行推广。因此，纠结于服务设计的学术定义，无异于作茧自缚。

服务设计不需要被定义吗？对于学界而言，如果学理尚未基本辨明、理论无法基本自洽就去"传道授业解惑"，学生岂非成为小白鼠？尽管我在《服务设计思考》(*This is Service Design Thinking*)大卖的 2011 年就接触到服务设计，却迟迟未以"服务设计"为名开设课程，迄今仍未将其设为一个本科专业方向。其根本原因就在于服务设计的学术定义、方法框架和知识体系尚未探明。只有从不同角度去分析、研究这一概念之本质特性和全部内容后，才能认识和把握服务设计。

于是，我和我的博士生李顽强撰写了《定义"服务设计"》一文，并于 2019 年 5 月发表。该文的研究结果表明：尽管我在文中对服务设计的定义进行了微调，但商务部发布的定义整体上没有硬伤。至此，我一直悬着的心终于落下，服务设计的范式也隐约可见。2019 年先后进行了"服务设计：方法学视角"（深圳）、"定义'服务设计'"（北京）、"追问'服务设计'"（兰州）、"服务设计的范式与实践"（长沙、广州）等一系列主题演讲，都是对服务设计理论研究的大力推广。

回溯近六年自己在服务设计领域的脚印，确实是从"行先知后"到"知行合一"。本书所提出的服务设计定义与范式，并非独创性成果，而是在多学科服务研究中归纳总结的一个相对成熟的共识。我每每在论坛上介绍，并不是希望大家采用这个定义去封闭服务设计的研究；恰恰相反，抛砖引玉，希望树立一个相对明晰的靶子，等待大家去批评、修正甚至推翻。只有在学理上越辩越明，才能推动服务设计研究与实践的真正发展。

本书的撰写，得到了广东工业大学 USD（用户研究）联合实验室的博士生、硕士生们的全力协助，暑假无休、群策群力，才有如此多精美的图解和生动的案例，书中已一一注明，在此一并致谢。同时，感谢东南大学出版社的徐步政和孙惠玉两位编辑对本书从选题到出版的全程支持和帮助。最后，感谢妻子、父母、岳父岳母的宽容，尽管我食言了一个又一个周末、一个又一个假期，但他们让我懂得了有一种爱叫默默支持。

纵使纷繁，初心无恙。

胡飞

上编　服务设计理论探索

1 服务研究的多学科图景

20世纪中叶以来,随着社会生产力的发展,生产与消费结构不断升级,服务领域劳动力迅猛增加,促使服务经济成为继工业经济之后新的经济形态,它在国民经济中的比重逐年升高。据美国中央情报局(CIA)年鉴显示,2017年美国服务业在国内生产总值(GDP)中的占比已达到80%,而全球服务业的平均占比是63%[1]。服务经济的发展促进了社会、经济、技术、生活新的转变,也为设计产业注入了新的内容。设计的对象正从实体产品转向服务与体验,设计的角色也随之发生改变。1982年,林恩·肖斯塔克(Lynn Shostack)在《欧洲营销杂志》上发表《如何设计一种服务》一文,首次将"服务"与"设计"相结合并提出服务需要被设计[2],并引发了服务设计的一系列探索。然而,"服务"作为多学科、多领域共同存在的研究对象,早已被"自上而下"或"自下而上"地进行了300多年的探索,先后衍生出服务产业、服务经济、服务营销、服务管理、服务工程、服务设计、服务科学等诸多概念。不同学科都从各自的角度界定"服务",迄今仍未形成清晰、统一的定论。

1.1 经济学视域下的服务研究

1.1.1 研究脉络:服务活动—服务产业—服务经济

英国古典政治经济学家威廉·配第(William Petty)在1662年出版的《赋税论》中认为,在商品交换初期,服务依附于产品的生产和交换活动中;随着社会生产力的发展,服务才成为一种专门职能、独立的经济部门和研究范畴[3]。法国的皮埃尔·勒珀桑·布阿吉尔贝尔(Pierre Le Pesant de Boisguillebert)在1695年出版的《法国的零售业》中言及"医生、律师、商人、军队和国家公仆等所提供的劳动都是国家的财富"[4],并表示在财富的创造上,服务与农业、工业生产没什么不同。亚当·斯密(Adam Smith)在1776年出版的《国富论》中肯定了服务是一种社会生产活动,指出了"消费是生产的唯一归宿和目的",引起了广泛的质疑和讨论。法国经济学家让·巴蒂斯特·萨伊(Jean-Baptiste Say)在1814年出版的《论政治经济学,或略论财富是怎样产生、分配和消费的》(又称《政治经济学概论》)中对

"服务"做了专门的界定：无形的产品（即服务）同样属于人类劳动的果实，是资本的产物，并划分了无形产品的类别[5]。法国经济学家弗雷德里克·巴斯夏(Frederic Bastiat)在1850年出版的《经济的和谐》中认为，资本主义条件下的经济关系都是交换服务的关系，所有活动都是服务，物质产品本身也在提供服务[6]。卡尔·马克思(Karl Marx)在1867年出版的《资本论》中认为，服务是劳动的一部分，既有作为商业的经济活动性质，又有作为使用价值的非经济活动性质[7]。

1930年，在美国商务部门的标准产业分类(SIC)码中，将服务定义为不属于农业和制造业的其他活动[8]。艾伦·费希尔(Allen Fisher)在1935年出版的《安全与进步的冲突》中，首次从历史变迁和经济发展的框架来讨论三大产业经济增长模型，并提出了"第三产业"的概念：第一产业是农业和矿产业，第二产业是"将自然资源以各种方式转变"的加工制造业，第三产业是提供各种服务的产业[9]。科林·克拉克(Colin Clark)在1940年出版的《经济进步的条件》中认为，第三产业或服务业可以由市场提供也可以不由市场提供[10]。这在费希尔的基础上扩大了第三产业的范畴。法国经济学家让·福拉斯蒂埃(Jean Fourastié)在1949年出版的《二十世纪的伟大希望》中，从各产业间生产率的不同（即生产技术的特性）对三大产业进行了划分，认为"第三产业化"是未来欧洲的巨大希望，并提出"经济服务化"(Tertiarization)的概念，即从工业经济向服务经济的转型[11]。

美国经济学家维克多·富克斯(Victor R. Fuchs)在1968年出版的《服务经济学》中最早提出"服务经济"的概念：当超过半数的劳动力由服务部门所雇佣，即进入"服务经济"[12]。1973年，美国社会学家丹尼尔·贝尔(Daniel Bell)根据富克斯等人的观点，从实证研究上升到理论概括，并提升到社会变革的角度，认为发达国家的社会结构随"服务经济"的到来而发生根本性变化[13]。他在1973年出版的《后工业社会的来临：对社会预测的一项探索》中提出前工业社会、工业社会和后工业社会的社会发展三阶段理论，并详细描述了后工业社会的特征，即消费构成和生活方式由服务和舒适所计量的生活质量来界定，如健康、教育、娱乐和艺术[14]。新工业主义代表人物乔纳森·格沙尼(Jonathan Gershuny)在1978年出版的《工业社会之后？涌现中的自我服务经济》[15]与1983年出版的《社会创新与劳动分工》[16]中表明，从效用或使用价值的视角来看，服务和商品之间没有实质性差异，并预言可能出现"自我服务社会"。阿尔文·托夫勒(Alvin Toffler)在1980年出版的《第三次浪潮》中提出，生产消费者(Prosumer)经济的兴起，将开始弥补生产者与消费者之间的断裂[17]。瑞典学者简·欧文·詹森(Jan Owen Jansson)在2006年出版的《服务经济：发展与政策》中，系统介绍了服务经济学的微观基础、经济政策等[18]。后续新型服务经济研究层出不穷，如知识经济、网络经济、信息经济、数字经济、体验经济、共享经济等。综上所述，经济学视域下服务研究的时间线如图1-1所示。

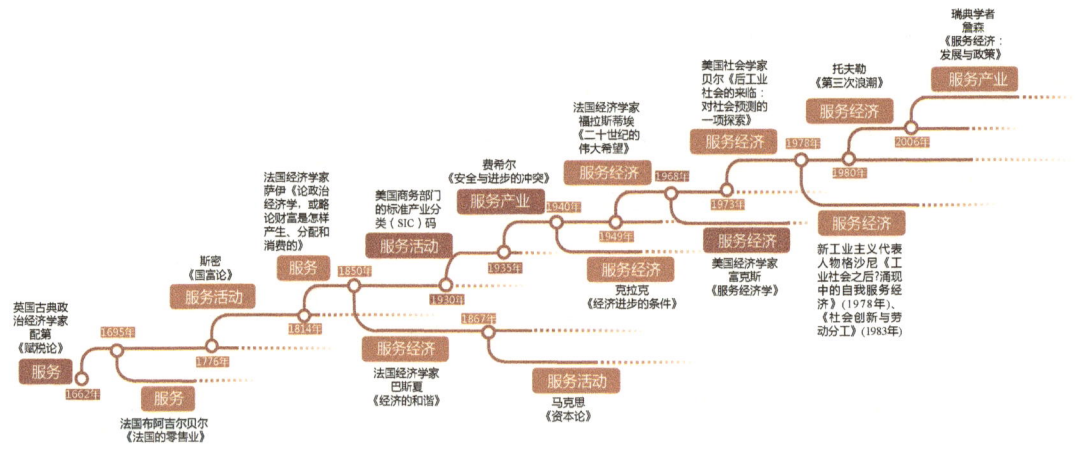

图 1-1 经济学视域下的服务研究时间线

1.1.2 经济学视角下"服务"的概念辨析

1977 年,美国经济学家泰德·希尔(Ted Hill)从服务生产的角度定义:服务活动是会改善其他一些经济单位状况的生产活动,既可以改善消费单位所拥有的"商品"的物质变化形式,又可以改善"人"的生理或精神状态[19]。此定义被美国政府作为新北美产品分类系统(NAPCS)中定义服务产品的基础[20]。1984 年,理查德·诺曼(Richard Normann)认为,服务经济是指物品、人、信息或组织产生一定影响,却不改变其物质形态的"服务活动",或不涉及物质形态改变的物品使用活动[21]。

1986 年,里德尔(D. Riddle)指出,服务是提供时间效用(Time Utility)、场所效用(Place Utility)、形式效用(Form Utility)的同时,给服务接受者或其所有物带来一种变化的经济活动[22]。1990 年,默迪克(Murdick)等人也将服务定义为"产生时间效用、场所效用、形式效用或心理效用的经济活动"。这打破了将服务看作无形产品的传统定义[23]。"物"从服务提供者到服务接受者之间有一段时间差,"时间效用"就是由改变这一时间差所创造的效用,即时间效用是缩短时间上的距离,使人的可用时间增加,使物的获得时间减少,在消费者需要的时间内将产品及时送达。场所效用(也译作地点效用、空间效用)是指相关的社会市场营销机构把产品由产地运到销地,在适当的时间提供给市场,满足特定地区消费者或用户的需要;其效用的产生是由于供给者和需求者往往处于不同地方,也就是供给者和需求者所处的空间位置不同,"物"从供给者到需求者之间有一段空间差。形式效用是指通过生产、制造或组装过程对商品进行增值,物流也可以创造形态价值。因此,服务是通过生产者对接受者的互动而产生,接受者提供一部分劳动,和(或)接受者与生产者在互动中产生服务[24]。

美国的约瑟夫·派恩二世(Joseph Pine Ⅱ)和詹姆斯·吉尔摩(James H. Gilmore)在1999年出版的《体验经济：工作是一出戏，每一项事业都是一个舞台》(简称《体验经济》)中将服务看作一种体验，"服务是指针对已知客户个人需求量身定制的无形活动。服务提供商利用商品对特定客户实施某种操作(如理发或视力检查等)，或者对其资产或所有物实施某种操作(如草坪护理或电脑维修等)。客户会感到这种服务的价值大于实施服务所需的产品的价值。服务能帮助客户完成那些既想做好又不愿自己动手的特定任务，而产品只不过是实现服务所需的手段"。他们认为服务经济已经风光不再，一种新的经济(体验经济)已经崛起，它能为企业带来新的收入，创造新的工作机会；它依靠的是一种全新的、超越产品和服务的经济产出[25]。让·加德里(Jean Gadrey)和费兹·加洛伊(Faiz Gallouj)在2002年出版的《生产力、创新和服务知识：新的经济和社会经济方法》中认为，服务是供应商与客户协同工作以促使某对象(如物质商品、信息商品、组织等)进行转换的状态，在对象与客户之间存在某种隶属关系[26]。2011年，派恩二世和吉尔摩在《体验经济》的第二版中进一步提出"转型经济"(图1-2)。

经济学视角中的"服务"，从"活动"到"产业"再到"经济"不断发展，其内涵和特质已从早期的"无形"发展为"效用"，包括时间效用、场所效用、形式或心理效用等。

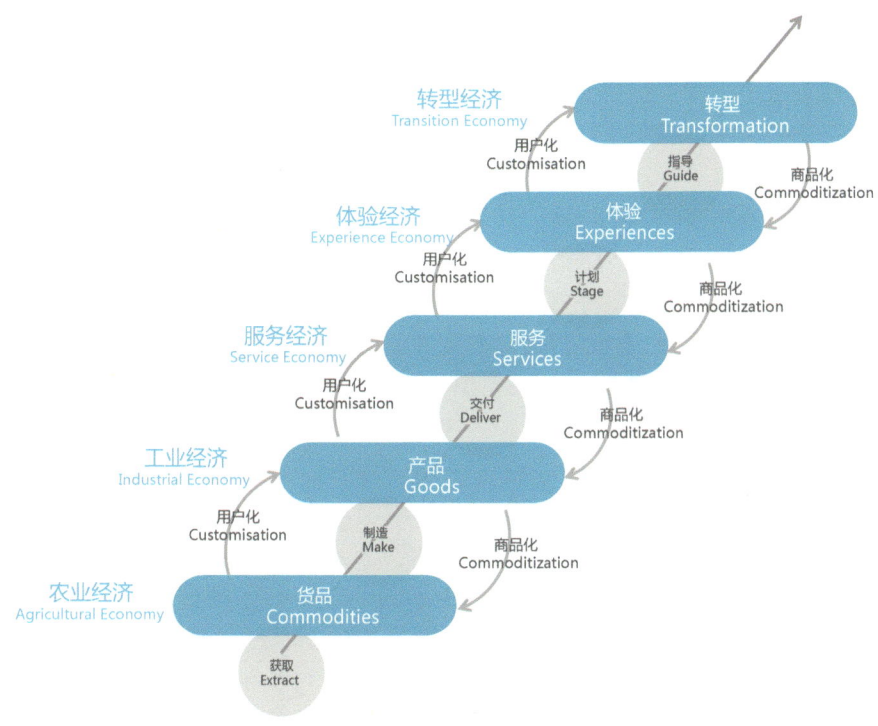

图1-2 经济形态的发展

1.2 管理学视域下的服务研究

1.2.1 研究脉络:管理服务—服务营销—服务管理

管理学领域的服务研究最早可追溯到斯密在1776年出版的《国富论》中主张的追求专业化和劳动分工。威廉·莱芬威尔(William H. Leffingwell)是最早对科学管理思想在服务行业的应用进行研究的学者之一,他在1917年出版的著作《科学办公管理》中对服务对象进行了分类,并将科学管理办法应用于每一类服务,建立了标准工作流程和时间来提高服务效率。美国管理学家拉尔夫·莫塞尔·巴恩斯(Ralph Mosser Barnes)在1935年出版的《动作与时间研究》中提到了科学管理在医疗行业的应用。20世纪80年代初的服务管理研究,主要是一般的工业管理方法在服务行业的推广和应用[27]。

20世纪60年代,以实体产品为基础的营销观念和管理理论方法,无法适应服务经济的发展需求。20世纪70年代末,营销学者们通过比较有形产品与服务,将服务的特征定义为不可感知性、不可分离性、不可贮存性、差异性、缺乏所有权[28]。例如,肖斯塔克在1977年发表的《从产品营销中解放出来》里提出"分子模型"来比较服务与有形实物产品的异同。莱维特在1972年发表的《生产线法在服务中的应用》[29]和1976年发表并提出的"服务工业化"(The Industrialization of Service)的概念[30],将制造业管理方法用于服务业企业,为后续服务质量的研究奠定了基础。

1964年,第一部服务营销专著《简明服务营销管理》问世,约翰逊(E. Johnson)提出了有效针对服务的无形性进行营销的途径。1972年,英国营销专家威尔逊(A. Wilson)出版了欧洲第一部服务营销领域的专著《专业服务营销》。1974年,美国学者约翰·拉斯梅尔(John Rathmal)出版了美国第一部全面介绍服务营销的专著《服务业营销》,标志着服务营销学的诞生。该书以体育、银行、医疗保健和商业四大服务业为例,试图在服务业与营销界之间沟通和整合;该书指出市场营销需要创建一个以服务为导向的理论框架。后来北欧学派的顾客感知、服务质量理论以及关系营销理论成为服务营销学的重要理论支持。1981年以后,服务营销的研究重点转移到服务的特征对消费者购买行为的影响上。

同时,针对不同类型的服务,营销人员采用的营销战略和战术会有所差异。1960年,杰罗姆·麦卡锡(E. Jerome McCarthy)提出了以生产者为导向的传统营销组合4Ps模型,即产品(Product)、价格(Price)、场所(Place)、促销(Promotion)[31]。1981年,布姆斯(Booms)和玛丽·乔·比特纳(Mary Jo Bitner)在4Ps模型基础上,增加了有形证据(Physical Evidence)、参与人员(Participant)、服务流程(Service Process)3个变量,从而构建了服务营销的7Ps组合[32]。1999年,克里斯托弗·洛夫洛克

(Christopher Lovelock)和劳伦·赖特(Lauren Wright)进一步增加了生产力和质量(Productivity & Quality),提出了市场营销服务 8Ps 概念,详细阐述了服务系统中的各个环节[33]。随后,研究内容扩展到内部营销、关系营销、服务企业营销、全面质量管理、顾客资产管理、员工满意、顾客满意和顾客忠诚、服务组织核心能力等领域,如 1984 年克里斯琴·格罗路斯(Christian Gronroos)提出的"内部营销"[34]和 1983 年贝瑞(Berry)提出的"关系营销"等[35]。这些成果都强调了关系、互动和交际在服务营销中的重要性;同时指出服务的交换不仅是经济关系,还存在社会关系[36]。

格罗路斯在 1984 年发表的《服务业的战略管理和营销研究》中,构建了顾客关系生命周期的概念与模型,将营销分为传统营销与互动营销两类,指出服务成功的关键是顾客感知的服务质量;并提出了以服务为导向的质量理论,即顾客感知服务质量和全面质量模型[34]。他认为,服务质量包括与服务产出相关的技术质量以及与服务过程相关的功能质量。帕拉苏拉曼(Parasuraman)等人在 1985 年发表的《服务质量的理论模型和未来研究趋势》一文中,通过对证券经纪商、信用卡中心、产品维修业与银行业四种服务行业的研究,提出了"服务质量十要素"模型,即可靠性、安全性、信赖性、有形性、理解性、沟通性、响应性、胜任性、礼貌性、接近性[37]。该模型对格罗路斯的"服务导向的质量理论"做了有益补充并得到广泛认同;以作者首字母组合为名,将这个服务质量差距模型(Service Quality Gap Analysis Model)称为"PZB 模式"。三年之后,三人通过再次研究、抽样以及重新定义,将原有的"服务质量十要素"进行整合与归纳,得出了"服务质量评价五要素"模型,即有形性、安全性、可靠性、响应性和共情性,称之为"SERVQUAL"[Service Quality(服务质量)的缩写]量表,至今仍得到广泛应用[38]。

诺曼在 1984 年出版的《服务管理:服务企业的战略与领导》中,提出了如何管理服务组织的全新方法,被视为"服务管理"的开端[21]。他将"关键时刻"(Moments of Truth)这个概念引入服务管理理论之后,1986 年,卡尔顿(Carlton)认为服务接触(Service Encounter)是"关键时刻/瞬间"服务的表现,主要研究服务提供者与服务接受者(即顾客)之间的互动问题,如前线服务人员与顾客之间的合作关系、顾客参与对服务生产的作用、有形证据对顾客服务质量感知的影响[39]。1984 年,罗森伯格(Rosenberg)和策皮尔(Czepiel)从社会学中引入角色理论,认为在面对面的服务互动过程中,顾客和服务人员都扮演某种角色[40]。所罗门(Solomon)等人在 1985 年发表的《关于双向互动的角色理论:服务接触》一文中,提出了顾客对服务满意的决定因素是服务提供者和顾客之间的互动[41]。1989 年,贝特森(Bateson)从心理学引进个人控制概念,认为服务人员与顾客都希望控制服务过程和结果。

1987 年《服务营销学报》(*Journal of Services Marketing*)创刊[42]。1990 年《国际服务业管理学报》(*International Journal of Service*

Industry Management)创刊[43]。同年,在巴黎召开了全球首个关于"服务运作管理"的国际学术会议。至此,"服务管理"作为一个新兴的学科已初步形成。20世纪90年代以来,学者们的研究开始关注服务管理中各要素之间的联系。如赫斯克特(Heskett)等人通过内外部营销相结合,从顾客角度重新审视服务企业长期的获利能力,提出"服务利润链"模型,代表了一种以顾客为中心的服务管理模式[44]。综上所述,管理学视域下服务研究的时间线如图1-3所示。

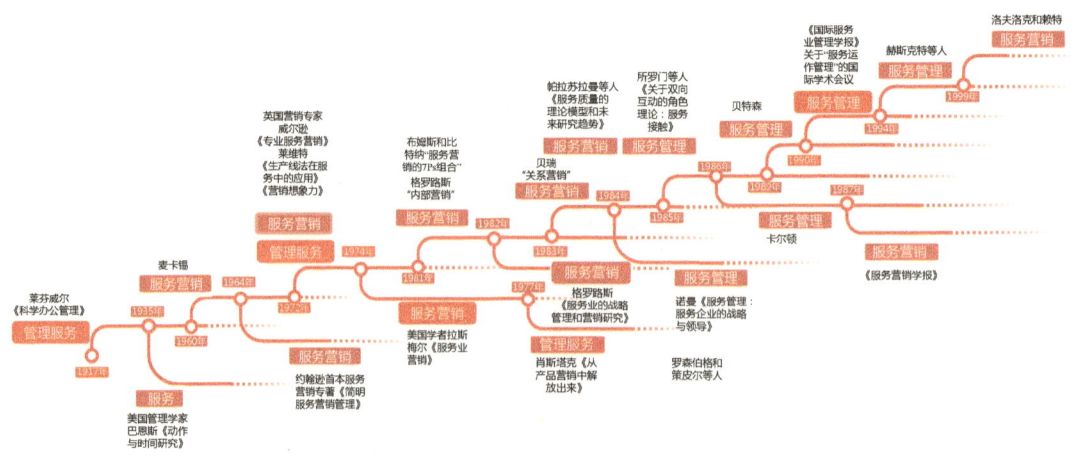

图1-3 管理学视域下的服务研究时间线

1.2.2 服务营销中的服务定义

无形性是服务营销领域定义服务的重要特质。1960年,美国市场营销协会(AMA)早期定义:服务是可以独立出售或与商品共同出售的一些行为、利益或满足[45]。后调整为:服务是通过交换为顾客提供有价值的利益或者满足的一切行为[46]。1963年,威廉·里根(William J. Regan)定义"服务"是通过有形商品与其他服务一起提供满足的不可感知的活动[47],如交通、租房等。1968年,富克斯认为,服务就在生产的同时一并消失,它是在消费者在场参与的情况下提供的,并具有不能运输、积累和储存以及缺少实质性的特征[12]。1974年,古门森(Gummesson)认为服务是一种只能买卖、交易却不能自产、自用的东西[48]。1974年,威廉·斯坦顿(William J. Stanton)进一步解释:服务是为消费者或工业用户提供满足感并可被独立识别的不可感知的活动,但并非一定要联合某个产品或服务共同出售[49]。1978年,萨瑟(Sasser)等人认为,服务是一种产生与使用同时或几乎同时发生的具有无形、易逝特征的事件或过程[50]。

1981年,莱维特在《哈佛商业评论》上发表的《营销无形商品与商品无形化》一文中,认为"服务"属于无形的产品,实体"产品"属于有形的产品,并宣称有形产品应有无形的象征,而为了管理与顾客的关系将服务有形化[51]。1990年,芬兰的格罗路斯总结:服务是通过无形的方式,解决顾客与服务人员、有形商品或服务系统之间发生的一种或一系列行为[52]。1992年,英国的阿德里安·佩恩(Adrian Payne)则界定"服务是一种涉及某些无形性因素的活动,它包括与顾客或他们拥有财产的相互活动,它不会造成所有权的更换。条件可能发生变化,服务产出不一定与物质产品紧密联系"[53]。菲利普·科特勒(Philip Kotler)等人在2006年出版的《营销学导论》中认为,服务是通过向他方提供不带来任何所有权的本质上是无形的某种活动或利益,其生产也许受到产品的约束,也许不受其约束,并进一步分析了纯有形商品、附带服务的有形商品、附带少部分商品成分的服务行为、纯服务四种形态[54]。

一方面,学者们继续探讨了服务的"无形性"。1987年,詹姆斯·布莱恩·奎因(James Brian Quinn)等人认为,服务是通常在生产时被消费,其所有产出为非有形产品或构建品,并以便捷、愉悦、省时、舒适或健康的形式提供附加价值的全部经济活动[55]。1996年,瓦拉瑞尔·A.泽丝曼尔(Valarie A. Zeithaml)等人认为,服务就是"行动(Acts)、流程(Processes)和绩效(Efforts)"[56]。泽丝曼尔和比特纳认为,服务是行动、流程和表现(Performances)。2003年,詹姆斯·菲茨西蒙斯(James A. Fitzsimmons)对营销学界的典型性"服务"定义做了梳理和归纳,主要有:服务是行动、流程和绩效[57];服务是为顾客提出的问题,提供具备或多或少无形特征的,通常(但并非一定)发生在顾客与服务人员、有形资源或商品、服务供应商系统之间的一项或一系列互动活动的解决方案;服务提供的是无形的行动和表现,而不是可触摸的、看得见的、可感知的有形物品[58]。2014年,所罗门认为,服务是一种行为、表现、体验或接触,即在产品的生产和交付中提供某种形式的价值。

另一方面,学者们开始了对服务中顾客(客户、消费者)的研究。科特勒等人解释服务是一个群体(组织或个人)给另一个群体(组织或个人)提供无形的且无法拥有该事物所有权的活动或绩效,它的产生不一定与某项实体产品有关[59]。服务与有形产品的差异在于,其产出不一定是实体产品,且顾客常是服务的共同创造者(Co-creator)。本质上,服务是因机会而生,而机会则是指顾客或商业的需求未满足。2004年,瓦戈尔(Vargo)和卢施(Lusch)认为,服务是某一个个体(Entity)利用本身的某种特定的技能、知识或能力,透过行动或流程来提供给另一个个体,使其得到益处或价值,即服务提供(Service Provision)[60]。2006年,桑普森(Sampson)等人把服务看作一个系统,试图建立统一的服务理论(The Unified Services Theory),认为服务过程与制造过程的根本区别在于:在服务过程中,顾客提供了重要的投入,如顾客自己、顾客的财物、顾客的要求和意见;而在制造过程中,消费者也许提供了产品设计的思想,但对于每一个真正消费了该制造产品的消费者来说,他们只能被动选择消费生产系统的"输出"[61]。

1.2.3 服务管理中的服务定义

1976年,拉隆德(B. J. Lalonde)和金斯哲(P. H. Zinszer)认为,顾客服务是一种活动、绩效水平和管理观念,并以低廉的方法给供应链提供了重大的增值利益[62]。1978年,理查德·蔡斯(Richard B. Chase)试图根据"客户联系"的数量来定义服务[63]。1984年,莱赫蒂宁(Lehtinen)则认为,服务是与某个中介(人或机器)相互作用,并为消费者提供满足的活动[64]。菲茨西蒙斯等人在1997年出版的《服务管理:运作、战略与信息技术》中认为,服务是一种客户直接参与其中并作为合作生产者(Co-producer)随时间消逝的无形体验[58]。1998年,贡萨尔维斯(Goncalves)从组织运营的角度认为,服务提供给消费者的感知价值是通过服务业务传递的,而不是通过有形商品提供的[65]。

1985年,帕拉苏拉曼等人总结了服务本质的四个特点:无形性(Intangibility)、异质性(Heterogeneity)、不可分割性(Inseparability)和易逝性(Perishability),简称为IHIP[37]。然而,随着服务的复杂度增加以及新科技的发展,IHIP已无法涵盖和运用到现今所有的服务。例如,早在1994年,卡本(Carbone)和海克尔(Haeckel)将"无形性"进一步发展为"顾客体验工程"的概念,其最终目的是使无形的服务和体验有形化[66]。2002年,沃尔芬巴格(Wolfinbarger)和吉莉(Gilly)则针对在线服务建立了可靠性/实行、网站设计、安全/隐私和客户服务的四维模型[67]。

服务质量是服务管理的研究重点。服务业《质量管理与质量体系要素第2部分:服务指南》(ISO 9004-2:1991)中将"服务"定义为:服务是服务提供者为了满足用户需要而与用户进行接触活动时所产生的结果。《质量管理和质量保证术语》(ISO 8402:1994)中对"服务"的定义与上述基本一致。而《质量管理体系标准》(ISO 9000:2000)中对于"服务"的解释为:服务是在供方和顾客接触面上至少需要完成具有无形性特征的一项活动的结果。产品是过程的结果,包括服务、软件、硬件和流程性材料四大类。服务的提供可涉及基于向顾客提供的有形产品所完成的活动(如维修家电)、基于向顾客提供的无形产品所完成的活动(如为准备税款申报表所需的收益报告)、无形产品的交付(如提供咨询服务)、为顾客创造氛围(如宾馆和饭店环境)。

2004年,瓦戈尔和卢施主张每件事都是服务,且鼓励企业以服务为导向逻辑(Service-Dominant Logic)取代商品导向逻辑(Goods-Dominant Logic)[68]。商品导向逻辑强调企业的重要性,认为企业是价值的创造者,而顾客只是被动的消费者;交换的内容为企业产出,分为有形商品、无形服务、商品与服务的某种组合;企业以产品为导向,注重通过专业化、机械化和标准化等方式来提升产品的生产效率。服务导向逻辑强调操作性资源的重要性,认为企业是知识价值的主张者,商品只是作用资源的载体,而顾客才是价值的决定者,交换的内容为服务和体验,企业的产出是为满足顾客需要而服务的,顾客在其独特的生活情境中体验企业所提供的产出[69]。

1.3 服务工程与服务科学

1.3.1 研究脉络:服务工程—服务科学—服务学

1992年,帕鲁米萨(Palumisa)首先提出"服务科学"这一概念,指出了未来社会"面向服务创新"的发展趋势。

早在20世纪90年代初,IBM公司董事长兼首席执行官(CEO)郭士纳就提出了企业战略的重大转变,整合硬件、软件、服务三位一体,给客户提供整体的解决方案。他的继任者彭明盛又提出"面向服务的建模和架构"(Service-Oriented Modeling and Architecture),以及在"软件即服务"(SAAS)方面进行的一系列实践,如SAAS存储服务、智慧地球等,从而成功推动了IBM公司的服务化转型[70]。2002年,IBM公司阿尔玛登(Almaden)研究中心与加州大学伯克利分校亨利·切斯布鲁(Herry Chesbrough)的合作研究团队,开始从社会工程系统的视角研究服务。

2004年可谓服务科学"元年"。2004年4月,IBM公司在加州圣何塞的奥梅顿研究所召开了"全球可扩展企业时代的业务"会议,切斯布鲁教授召集一个突发性的会议专题,与一些教授集体讨论开创"服务科学"的概念,在座的大多数人都持怀疑态度。同年5月,IBM公司研究部在纽约州约克镇的哈茨召开了"需求商务的架构"会议,IBM公司研究部主管保罗·霍恩(Paul Horn)和IBM公司服务商业咨询研究院主管吉妮·罗梅蒂(Ginni Rometty)都以描述"服务科学"的需求作为会议的开场白。这次会议最后形成一部以此为题目的白皮书[71]。同年11月,在加州圣何塞的IBM公司奥梅顿研究所召开了"21世纪的服务创新"会议,来自相关学科的研究和教育人员围绕服务创新的特殊课题和教育方向展开讨论。最后,服务科学的范围还包括工程和管理的领域,由此开始沿用一个更为广泛的题目"服务科学、管理与工程"(Service Sciences, Management and Engineering, SSME),简称服务科学。SSME是服务科学、服务管理和服务工程三者的结合,形成了一个被称为"服务科学"(Service Science)的独立学科,并将服务定义为:服务是通过提供者与顾客的交互过程与行为,以协同创造与获取价值[72]。2004年12月,美国竞争力委员会发布了《创新美国:在充满挑战和变化的世界中持续繁荣》报告,将服务科学作为21世纪的国家创新战略之一,并认为,服务科学是对服务系统的研究,通过整合不同学科的知识来实现服务的创新[73]。

此后,SSME日益受到学界和业界关注,其概念和内涵不断得到丰富,研究对象和技术路线也渐渐明晰。2006年7月,《美国计算机协会通讯》发布了服务科学的系列文件,描述了当前许多服务科学、管理和工程的跨学科、创新型课程建设现状。2006年,卡耐基梅隆大学开始了第一期研究生层次、由六门课程组成的信息技术(IT)服务管理项目,并设立了信息系统管理硕士学位;其课程包括服务运营和管理、服务组织能力和流程改进、外包管理、IT项目管理、合同以及谈判技巧等。与此同时,卡耐基梅隆大学的设计学院还开设了一门本科生课程——服务设计[74]。同年,首届德国服务科学会议在德国因戈尔施塔特(Ingolstadt)召开,对服务科学的基础、服务科学的五个视角、服务科学的学科建设、理论与实践的结合、服务科学展望等核心主题进行讨论,最终汇编为《服务科学:基础、挑战和未来发展》[75]。2007年1月26日,美国运筹与管理学会(INFORMS)成立服务科学部(Section on Service Science)[76]。服务科学的研究文章发表渠道十分广泛和分散。

在我国,2002年北京大学软件学院设立了电子服务系;2003年电气和电子工程师协会(IEEE)成立了服务计算技术委员会;还有清华大学、浙江大学、哈尔滨工业大学、武汉大学等多所高校也开展了相关的工作[77]。其中浙江大学于2007年成立了跨计算机、管理、经济三大学科的电子服务研究中心,并设立了国内首个电子服务方向的博士点。

2005年12月25日,教育部与IBM公司签订了新的五年备忘录,提出学科建设要紧跟时代的发展和社会的需求,将"服务学学科建设"正式提上日程。2006年11月,时任教育部部长周济院士与IBM公司总裁兼首席执行官彭明盛签署了《开展"现代服务科学方向"研究合作项目备忘录》[78]。2007年"SSME专家协作组"(后改名为服务学专家协作组)成立,以清华大学等为代表的国内高校积极融入IBM公司高校计划中,开始参与SSME的学术研究活动[79]。2008年,该专家组提出用"服务学"这一专门术语来涵盖服务科学、管理与工程的相关内容。专家组在三年充分调研的基础上推出了共同编制的《普通高等学校服务学知识体系》[80],每年暑期组织一届服务学教师培训班并组织召开一系列"服务学国际学术会议"(ICSS)[81],从多角度、多层次开展服务学的学科研究与推广。

2008年,郭重庆院士认为服务科学是一门研究管理与被管理的关系,旨在形成两者良性互动和谐关系的现代先进管理科学[82]。吴建祖等人在2009年发表的《服务科学、管理与工程(SSME)学科体系建构》中,从三个方面对SSME的学科体系进行了构建:(1)从研究内容的交叉性分为SSME综合、服务科学学科、服务工程学科和服务管理学科四个方面;(2)从研究内容的理论性、实践性将其分为SSME理论、SSME技术、SSME应用;(3)梳理国外对服务科学的学科分类,总结为SSME通论、服务科学、服务工程、服务管理、服务系统与人、服务设计、服务艺术、服务产业八个方面[83]。陈德人认为,服务学就是对服务的形成、角色、传输、处理、变化、交互、保存、效益等方面进行研究,并从中寻找和建立相应的知识体系、技术规范、运行规律及应用范畴的学科[84]。

后来,服务研究与创新协会(SRII)、美国工程教育学会(ASEE)、美国电子和电气工程师协会(IEEE)、计算机集成制造协会(CIMS)等国际组织都相继设立服务学研究组。综上所述,服务科学视域下服务研究的时间线如图1-4所示。

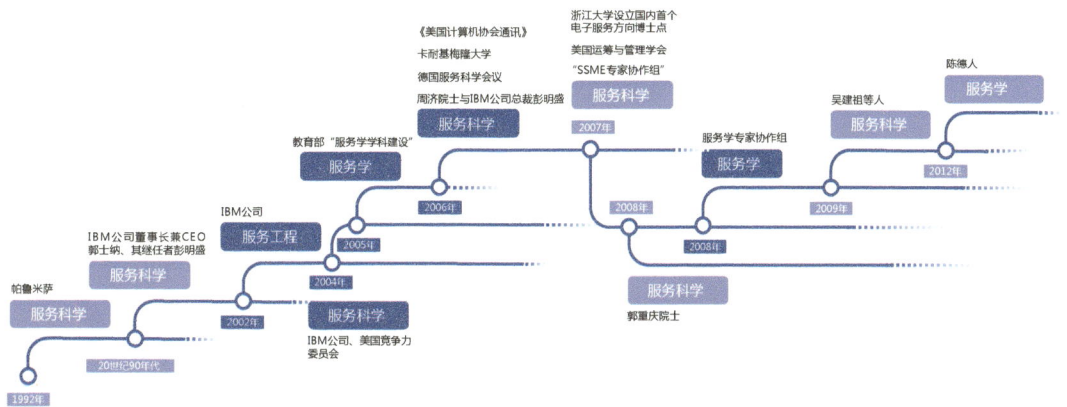

图1-4 服务科学视域下的服务研究时间线

1.3.2 服务科学视角下的"服务"概念

2003年,比特纳认为,服务是一种以满足顾客需要为前提,并为达成目标与活力所采取的行动[85]。2004年,IBM公司全球研究中心负责人霍恩认为,服务是提供者与顾客的互动过程与行为,以协同创造与获取价值[72]。德国伯恩德·斯特劳斯(Bernd Stauss)等人在2010年编写的《服务科学:基础、挑战和未来发展》认为,服务是创造价值的活动,它为问题提供解决方案,在服务供应商和消费者之间建立互动关系[75]。服务科学视角下的服务概念呈现出三点共性:

1)强调服务科学的跨学科性质和交叉学科研究方法

佩顿(Paton)等人提出,服务科学是一门由知识、供应链和变革管理相结合并将基础科学和工程理论、模型应用于管理科学领域的新兴学科,其目的是为了助力服务创新[86]。切斯布鲁和吉姆·斯波勒(Jim Spohrer)等人在2006年发表的《服务科学》中,从理解、优化和度量服务系统方法的角度,指出SSME是借助科学、管理和工程等学科的研究方法,整合、创新并解决复杂问题[8]。2007年,徐晓飞等人认为,服务科学通过建立一套严格的概念、方法和理论来解释、验证和仿真服务系统及其自身的运作规律[87]。2011年,包国宪等人认为,在服务主导逻辑研究范式下,服务科学是以科学而非直觉和经验的视角,研究服务价值创造过程中的一般原理和规律及其分析方法的理论[88]。服务科学需要加强跨学科的合作,同时需要政府和商业机构加倍增加在服务教育和研究领域的研发投资,所有的利益相关者都必须行动起来,制订计划进行服务创新。梁战平认为SSME是自然科学、社会科学、人文科学、技术科学的交叉使用。2014年,杜栋等人认为[89],国际上"服务科学"指SSME,是广义概念;狭义的服务科学主要包括服务管理与服务工程,通过对数据和信息等的分析,发现规律,创造新知识。

2)强调服务系统的重要作用,以服务系统为基本单元展开服务科学的研究

服务科学旨在发现复杂服务系统中隐藏的潜在逻辑,以及为服务创新建立一套共同语言和共享体系。2006年,保罗·马格利奥(Paul P. Maglio)等人认为,服务科学是以建立系统性的服务创新基础为目标,对一个系统如何利用其资源使得系统本身和另一个系统互相受益的系统研究[90]。2008年,魏建良和朱庆华指出,SSME是一种研究、设计和实施服务系统的跨学科方法,这个客户提供的复杂系统,是由人员、技术、内外部服务资源以及信息共享所组成的价值创造体;并指出服务创新是服务科学研究的核心主题[91]。服务科学是一门跨领域的学问,关注市场变化与多样化需求而不断创新服务,落实服务面向(Service Domain)和服务提供的系统机制、企业决策层(Stake Holders Priority)锁定的优先转型服务,以及建议行动方案[92]。

3)强调服务系统的价值创造

2006年,切斯布鲁等人指出,以服务创新提高服务效率和服务质量,从而增强服务供应能力,持续创造服务价值[8]。2005年,田忠彦(Tadahiko Aeb)提出,通过服务科学研究,其概念产生于服务行业生产率降低和服务重要性提高的背景之下,旨在从科学的视角分析服务并促进创新,同时使服务提供者和顾客在引进服务时更容易预见未来的效果和风险并理性应对[93]。2007年,斯波勒等人围绕服务科学如何创造价值展开研究,强调多个服务系统所构成的价值创造体的相互作用,提出服务科学是对多种复杂资源共同创造价值的研究[94]。

1.3.3 服务工程视角下的"服务"概念

2001年,富山哲男(Tomiyama Tetsuo)描述到服务工程(Service Engineering)旨在强化、改进和自动化整个服务生成、交付和使用框架。服务工程可以分解为服务设计工程、服务生产工程和服务开发工程[95]:服务设计工程应解决与服务设计相关的问题,为服务设计者开发支持工具和方法;服务生产工程是一组工程工具和方法,用于促进和自动化服务生产过程;服务开发工程旨在建立指标来评估服务。2003年,田建民等人指出,服务工程实际上应是"服务系统工程"(Service System Engineering)的缩写,本质上仍属"系统工程"的范畴[96]。2003年,布林格(Bullinger)等人认为,服务工程可以理解为一门技术学科,涉及使用适当的模型、方法和工具,对服务进行系统开发和设计。简言之,它是一种将服务需求转换和映射为相应服务系统的工程方法。IBM公司的研究人员在《服务学学科分类

体系》(*Service Science Discipline Classification System*,缩写为 SS-DCS)中认为,服务工程把服务的科学知识运用到服务系统的分析、设计、构造和运营中。服务工程的具体内容包括服务工程理论、服务运营、服务标准、服务优化、服务系统工程、服务供应链、服务工程管理、服务系统绩效、服务质量工程、计算机服务、信息技术服务、服务工程教育等[83]。

可见,服务工程重在"工程"研究,一方面强化服务的系统性,将服务纳入系统工程的研究范畴;另一方面强调工程的技术性,由此拓展出一系列模型、方法和工具。如布林格等人在 2003 年提出的制造执行系统(Manufacturing Execute System)[95],徐晓飞等人在 2007 年试图建立覆盖服务全生命周期的服务工程方法体系(Methodology for Service Engineering)[87],莫同在 2009 年提出的服务模型驱动的架构(Service Model Driven Architecture)等。

1.4 "服务"概念的多学科比较

在服务经济视角下,"服务"是无形的产品,是一种具有经济、商业和使用价值性质的社会生产活动。服务活动不同于农业生产和工业制造,它给服务接受者带来一定的效用或变化,可改善经济单位状况、消费单位所拥有的商品物质变化、人的生理或精神状态,以及增加经济价值和个人价值。服务经济的主要关注点是服务的使用价值、时间效用、场所效用、形式效用以及服务经济政策的制定。

在服务营销视角下,"服务"是具有无形特征的一项或一系列活动,发生在顾客与服务人员/物质资源/商品/服务供应商等之间的互动、接触、行为和活动,服务提供的是一种行动、过程、流程和表现、体验、绩效。服务营销的主要关注点是服务销售、服务传递、服务互动。

在服务管理视角下,"服务"是一种无形的、易逝的、异质的、不可分割的活动、绩效水平和管理观念。它不是以产品为导向而是以服务为导向的,它以比产品廉价的方式给供应链提供重大的增值利益。服务管理的主要关注点是服务质量、效率、利益与价值。

在服务科学视角下,"服务"是通过提供者与顾客的交互过程与行为,以协同创造和获取价值。服务科学的主要关注点是效率、性能、绩效、价值。

将不同学科视角对服务的关注点进行比较(表 1-1),可见在价值和满足两个关注点上呈现出完全的一致性,在体验、效率两个关注点上表现出较高的一致性。就上述关注点而言,使用价值、时间效用、地点效用、形式效用、利益、满足等都指向服务提供与价值,体验、互动、行为、传递等都指向服务过程与体验;质量、效率、标准、性能等则指向服务质量,体现出服务管理的学科特性。

表1-1　多学科视角服务要素与服务关注点的比较

学科视角	服务要素	服务关注点																
		使用价值	时间效用	地点效用	形式效用	政策	体验	质量	效率	互动	利益	行为	满足	传递	销售	标准	性能	价值
服务经济	无形产品、生产、交换、使用、价值	0	0	0	0	0	0						0					0
服务营销	服务产品、服务过程、服务场所、实体证据、参与者、生产力和质量、价格、促销						0		0		0	0	0	0				0
服务管理	标准流程、标准时间、服务质量、有形性、可靠性、响应性、安全性和共情性						0	0		0		0	0			0		0
服务科学	—								0			0					0	0

综上所述,可概括出服务的一般定义:服务是一种无形的经济活动,它是以满足用户需求为基础、创造服务价值为目标,在服务提供者与服务接受者之间进行价值传递的互动行为。服务研究重点关注服务提供、服务场所、参与人员、有形证据、服务流程、服务质量、服务体验与服务绩效等[①]。

第1章注释

① 此章节内容已发表至《包装工程》,详见胡飞,李顽强.定义"服务设计"[J].包装工程,2019,40(10):37-51。

第1章参考文献

[1] Central Intelligence Agency. The world factbook[EB/OL]. (2019-04-30)[2019-10-17]. https://www.cia.gov/library/publications/the-world-factbook/geos/xx.html.

[2] SHOSTACK G L. How to design a service[J]. European Journal of Marketing, 1982,16(1):49-63.

[3] 庄丽娟.服务定义的研究线索和理论界定[J].中国流通经济,2004,18(9):41-44.

[4] 让-克洛德·德劳内,让·盖雷.服务经济思想史:三个世纪的争论[M].江小涓,译.上海:上海人民出版社,2011.

[5] SAY J. Traité deconomie politique[M]. Paris：A. A. Renouard，1814.

[6] BASTIAT F. Harmonies économiques[M]. 2nd ed. Paris：Guillaumin，1851.

[7] 陈永志. 当代服务业的发展与马克思服务劳动理论的创新[J]. 福建论坛（人文社会科学版），2012(1)：22-27.

[8] SPOHRER J, RIECHEN D. Services science[J]. Communications of the ACM，2006，49(7)：30-34.

[9] 邹统钎,刘军,陈序桄. 服务经济理论演变[J]. 邢台职业技术学院学报，2007，24(6)：5-7.

[10] CLARK C. The conditions of economic progress[M]. London：Macmillan，1940.

[11] FOURASTIÉ J. Le grand Espoir du xxème siècle[M]. Paris：PUF，1949.

[12] FUCHS V R. The service economy[M]. New York：Columbia University Press，1968.

[13] "服务经济发展与服务经济理论研究"课题组. 西方服务经济理论回溯[J]. 财贸经济，2004(10)：89-92.

[14] BELL D. The coming of post-industrial society：a venture in social forecasting [M]. New York：Basic Books，1973.

[15] GERSHUNY J. After industrial society? The emerging self-service economy [M]. London：Palgrave，1978.

[16] GERSHUNY J. Social innovation and the division of labour[M]. Oxford：Oxford University Press，1983.

[17] TOFFLER A. The third wave[M]. New York：Bantam Books，1980.

[18] 简·欧文·詹森. 服务经济学[M]. 史先诚，译. 北京：中国人民大学出版社，2013.

[19] HILL T. On goods and services [J]. The Review of Income and Wealth，1977，23(4)：315-338.

[20] MO H R M, RUSSEL S A. North American product classification systems：concepts and process of identifying service products[C]. France：Proceedings of the 17th Annual Meeting of the Voorburg Group on Serivce Statistics，2002.

[21] 理查德·诺曼. 服务管理：服务企业的战略与领导[M]. 范秀成，卢丽，译. 3版. 北京：中国人民大学出版社，2006：4.

[22] RIDDLE D. Service-led growth：the role of the service sector in world development[M]. New York：Praeger Publishers，1986.

[23] MURDICK R G, RENDER B, RUSSELL R S. Service operations management [M]. New York：Allyn and Bacon，1990.

[24] 林建煌. 行销管理[M]. 台北：智胜文化事业有限公司，2002.

[25] PINE II J, GILMORE J H. The experience economy：work is theater & every business a stage[M]. Boston：Harvard Business School Press，1999.

[26] GADREY J, GALLOUJ F. Productivity, innovation and knowledge in services：new economic and socio-economic approaches[M]. Cheltenham：Edward Elgar Publishing，2002.

[27] 孙林岩. 服务型制造：理论与实践[M]. 北京：清华大学出版社，2009.

[28] 刘大忠,陈安,黄琨. 服务营销研究综述[J]. 内蒙古科技与经济，2006(9)：36-38.

[29] LEVITT T. Production-line approach to service[J]. Harvard Business Review, 1972,50(5):41-52.

[30] LEVITT T. The industrialization of service[J]. Harvard Business Review, 1976,54(5):63-74.

[31] MCCARTHY E J, SHAPIRO S J, PERREAULT W D. Basic marketing: a managerial approach[M]. Georgetown:Irwin-Dorsey,1979.

[32] BOOMS B, BITNER M J. Marketing strategies and organization structures for service firms[M]. New York:AMA Services,1981.

[33] LOVELOCK C, WRIGHT L. Principles of service marketing and management [M]. New York:Prentice Hall,1999.

[34] GRONROOS C. A service quality model and its marketing implications[J]. European Journal of Marketing,1984,18(4):36-44.

[35] BERRY L. "Relationship Marketing" in emerging perspectives on services marketing[J]. American Marketing Association,1983(6):25-28.

[36] 服务市场营销精品课程项目组.国外服务市场营销研究简述[EB/OL].(2011-04-14)[2019-04-30]. https://wenku.baidu.com/view/a10adf04eff9aef8941e063a.html.

[37] PARASURAMAN A, ZEITHAML V A, BERRY L L. A conceptual model of service quality and its implications for future research[J]. Journal of Marketing, 1985,49(4):41-50.

[38] PARASURAMAN A, LEONARD L, BERRY V A. Servqual: a multiple-item scale for measuring consumer perceptions of service quality[J]. Journal of Retailing,1988,64:12-40.

[39] PINA E CUNHA M, REGO A, KAMOCHE K. Improvisation in service recovery[J]. Managing Service Quality:An International Journal,2009,19(6):657-669.

[40] ROSENBERG L J,CZEPIEL J A. A marketing approach for customer retention [J]. Journal of Consumer Marketing,1984,1(2):45-51.

[41] SOLOMON M R, SURPRENANT C, CZEPIEL J A, et al. A role theory perspective on dyadic interactions: the service encounter[J]. Journal of Marketing,1985,49(1):99-111.

[42] Emerald Insight. Journal of services marketing[EB/OL]. (2011-04-14)[2019-04-30]. https://www.emeraldinsight.com/journal/jsm#.

[43] Emerald Insight. International journal of service industry management[EB/OL]. (2019-04-30)[2019-11-07]. https://www.emeraldinsight.com/loi/ijsim.

[44] HESKETT J L,JONES T O,LOVEMAN G W,et al. Putting the service-profit chain to work[J]. Harvard Business Review,1994,72(2):164-174.

[45] BLANKSON C,KALAFATIS S P. Issues and challenges in the positioning of service brands:a review[J]. Journal of Product & Brand Management,1999,8(2):106-118.

[46] DOYLE C. A dictionary of marketing [M]. Oxford: Oxford University Press,2011.

[47] REGAN W J. The service revolution[J]. Journal of Marketing,1963,27(3):

57-62.

[48] GUMMESSON E. Organizing for strategic management: a conceptual model[J]. Long Range Planning,1974,7(2):13-18.

[49] STANTON W J. Fundamentals of marketing[M]. 8th ed. New York: McGraw Hill,1974.

[50] SASSER W E,OLSON R P,WYCKOFF D D. Management of service operations [M]. Boston: Allyn and Bacon,1978.

[51] LEVITT T. Marketing intangible products and product intangibles[J]. Harvard Business Review,1981(5):94-102.

[52] GRONROOS C. Relationship approach to marketing in service contexts: the marketing and organizational behavior interface[J]. Journal of Business Research,1990,20(1):3-11.

[53] 佩恩 A. 服务营销[M]. 郑薇,译. 北京:中信出版社,1998.

[54] 菲利普·科特勒,加里·阿姆斯特朗. 营销学导论[M]. 何志毅,译. 7版. 北京:中国人民大学出版社,2006.

[55] QUINN J B,BARUCH J J,PAQUETTE P C. Technology in services[J]. Scientific American,1987,257(6):50-58.

[56] ZEITHAML V A,BITNER M J. Service marketing[M]. New York: McGraw Hill,1996.

[57] FITZSIMMONS J A. Is self-service the future of services?[J]. Managing Service Quality: An International Journal,2003,13(6):443-444.

[58] FITZSIMMONS J A. Service management: operations, strategy, and information technology[M]. 3rd ed. Boston: McGraw Hill,2001.

[59] KOTLER P, ARMSTRONG G. Fundamentos de marketing[M]. Madrid: Pearson Educación,2003.

[60] VARGO S L,LUSCH R F. The four service marketing myths: remnants of a goods-based, manufacturing model[J]. Journal of Service Research,2004,6(4):324-335.

[61] SAMPSON S E,FROEHLE C M. Foundations and implications of a proposed unified services theory[J]. Production and Operations Management,2006,15(2):329-343.

[62] LALONDE B J,ZINSZER P H. Customer service: meaning and measurement [J]. National Council of Physical Distribution Management,1976(8):156-159.

[63] CHASE R B. Where does the customer fit in a service operation?[J]. Harvard Business Review,1978,56(6):137-142.

[64] LEHTINEN U. On defining service[C]. Grenoble: The XIIth Annual Conference of the European Marketing Academy,1984.

[65] GONCALVES K P. Services marketing: a strategic approach[M]. New York: Prentice Hall,1998.

[66] CARBONE L P, HAECKEL S H. Engineering customer experiences[J]. Marketing Management,1994,3(3):8-19.

[67] WOLFINBARGER M, GILLY M. COMQ: dimensionalizing, measuring, and predicting quality of the e-tail experience[Z]. [S. l.]: Marketing Science

Institute Report No. 02-100,2002.

[68] VARGO S L, LUSCH R F. Evolving to a new dominant logic for marketing[J]. Journal of Marketing,2004,68(1):1-17.

[69] GUAN Xin-hua, XIE Li-shan, PI Ping-fan. Research on the connotation and theoretical origin of service-dominant logic [J]. Service Science and Management,2017,6(1):48-61.

[70] 佚名. 服务,服务经济,服务科学管理与工程[EB/OL]. (2009-11-27)[2019-09-07]. https://blog.51cto.com/ebway/235614.

[71] CHESBROUGH H. Toward a new science of services[J]. Harvard Business Review,2005,83(2):20-21.

[72] 刘尚亮,沈惠璋,李峰,等. 服务科学研究综述[J]. 科学学与科学技术管理,2010,31(6):85-89.

[73] Anon. Innovate America:thriving in a world of challenge and change:National Innovation Initiative(NII) final report[R]. [S.l.]:Council on Competitiveness, 2004.

[74] HEFLEY B. Educating an innovative services science workforce[J]. Workshop on Education for Service Innovation,2006,20:1-3.

[75] 伯恩德·斯特劳斯,凯·恩格尔曼,安吉·克雷默,等. 服务科学:基础、挑战和未来发展[M]. 吴健,李莹,邓水光,译. 杭州:浙江大学出版社,2010.

[76] INFORMS. Section on service science[Z]. Maryland:INFORMS,2007.

[77] 陈德人. 现代服务产业呼唤服务学学科建设:电子商务与物流等新兴服务业的创新创业型人才需求分析[J]. 中国大学教学,2012(6):29-31.

[78] 佚名. IBM-Kronos 劳动力管理解决方案[EB/OL]. (2008-07-22)[2019-04-30]. http://ibm.e-works.net.cn/docu-ment/200805/article5496.htm.

[79] IBM 公司大学合作部(University Relations). IBM"服务学(SSME)学科建设"大学合作项目[EB/OL]. (2008-07-22)[2019-04-30]. https://www.doc88.com/p-57432647427.html.

[80] 服务学专家协作组工作委员会. 普通高等学校服务学知识体系[M]. 北京:清华大学出版社,2010.

[81] ICSS. The 11th international conference on service science[EB/OL]. (2019-02-21)[2019-04-30]. http://icss2018.shu.edu.cn/index.htm.

[82] 郭重庆. "服务科学":一个极具前沿意义的学科[J]. 中国科学基金,2008,22(4):217-220.

[83] 吴建祖,张兴华,陆俊杰. 服务科学、管理与工程(SSME)学科体系构建[J]. 中国科技论坛,2009,1(1):21-25.

[84] 陈德人. 创新创业型交叉学科专业的知识化探索与社会化实践:电子商务专业人才培养及其规范性研究[J]. 中国大学教学,2010(1):43-45.

[85] BITNER M J, BROWN S W, GOUL M, et al. Services science journey: foundations,progress,challenges[M]//Anon. Services sciences,management and engineering education for the 21st century conference. Boston:Springer, 2006.

[86] PATON R A,MCLAUGHLIN S. Services innovation:knowledge transfer and the supply chain[J]. European Management Journal,2008,26(2):77-83.

[87] 徐晓飞,王忠杰,莫同. 服务工程方法体系[J]. 计算机集成制造系统,2007,13(8):1457-1464.

[88] 包国宪,王学军,柯卉. 服务科学:概念架构、研究范式与未来主题[J]. 科学学研究,2011,29(1):18-24.

[89] DU Dong, PANG Qinghua, SHAO Xiaorong. Building service management and service engineering (sm & se) secondary discipline in the first-level discipline of management science and engineering[J]. Service Science and Management,2014,3(3):31-35.

[90] MAGLIO P P,SRINIVASAN S,KREULEN J T,et al. Service systems,service scientists,SSME,and innovation[J]. Communications of the ACM,2006,49(7):81-85.

[91] 魏建良,朱庆华. 服务科学理论研究及其面临的挑战[J]. 外国经济与管理,2008,30(6):15-21.

[92] 佚名. 服务科学(Service Science Management & Engineering)面面观[EB/OL]. (2010-01-01)[2019-09-07]. https://richchihlee.wordpress.com/2010/01/01/ssme/.

[93] ABE T. What is service science[C].[S. l.]:FRI Research Report No. 246, Fujitsu Research Institute,2005.

[94] SPOHRER J,MAGLIO P P,BAILEY J,et al. Steps toward a science of service systems[J]. Computer,2007,40(1):71-77.

[95] BULLINGER H J, FÄHNRICH K P, MEIREN T. Service engineering:methodical development of new service products[J]. International Journal of Production Economics,2003,85(3):275-287.

[96] TIEN J M, BERG D. A case for service systems engineering[J]. Journal of Systems Science and Systems Engineering,2003,12(1):13-38.

第 1 章图表来源

图 1-1 源自:李顽强、黄嘉敏绘制.

图 1-2 源自:笔者根据派恩二世和吉尔摩 1999 年出版的《体验经济》第 111 页图片改绘.

图 1-3 源自:李顽强、黄嘉敏绘制.

图 1-4 源自:李顽强、郑泽先绘制.

表 1-1 源自:李顽强绘制.

2 服务设计的设计学轮廓

2.1 设计学视域下的服务研究

2.1.1 研究脉络

莱维特 1972 年在《哈佛商业评论》上发表了《服务的生产线方式》一文[1],首次提及"设计"服务本身,建议通过有形的机器和工具实现无形服务的设计;其大规模生产的逻辑框架和通过物质手段控制无形资产等的理念,迄今仍影响着对服务设计的理解。肖斯塔克 1982 年在《欧洲营销杂志》上发表《如何设计一种服务》[2]、1984 年在《哈佛商业评论》上发表《设计交付的服务》[3],最早旗帜鲜明地将"服务"与"设计"相结合,强调以"服务"为重点,通过"设计"手段来进行规划。后来,1989 年舒恩(Scheuing)和约翰逊(Johnson)[4]以及 1990 年鲍恩(Baun)等人研究了营销对服务设计的影响。可见,服务设计的理论源头在于服务营销。

在设计学科,1991 年,比尔·霍林斯(Bill Hollins)夫妇最早在其著作《完全设计:管理服务部门的设计过程》中从设计管理学领域正式提出"服务设计"一词[5];同年,德国科隆国际设计学院(KISD)的迈克尔·埃尔霍夫(Michael Erlhoff)与伯吉特·玛格(Birgit Mager),首次将"服务设计"作为一门设计课程引入设计教育,并致力于相关的教学实践与研究[6]。意大利多莫斯(Domus)学院也将服务设计纳入设计教育的一环。1994 年,英国国家标准局颁布了世界上第一份关于服务设计管理的指导标准 BS 7000-3:1994,最新的版本为 BS 7000-3:2008,即《设计管理系统:服务设计管理指南》,其中界定服务设计是一个服务塑形阶段,它能吻合潜在客户合理与可预见的需求,并经济地使用可用的资源[7]。

2001 年,在英国成立了第一所服务设计公司 Live|Work,它认为服务设计是一种改进现有服务和创新服务的创新和实用方法,并将已建构的设计流程与方法技能应用于服务的开发[8]。2002 年,美国知名设计咨询公司 IDEO 将服务设计纳入业务范畴,它认为服务设计是通过为客户提供创新协助以及横跨产品、服务与空间三大领域的体验设计[9]。2002 年,国际工业设计协会(International Council of Societies of Industrial Design,

ICSID)在官网上发布了设计的新定义,即"设计是一种创造性的活动,其目的是为物品、过程、服务以及它们在整个生命周期中构成的系统建立起多方面的品质"[10],明确将"服务"作为设计的对象。

2004年,玛格发起了国际服务设计网络(Service Design Network,SDN)[11]。她认为,服务设计旨在创建有用的、可用的、理想的、高效的和有效的服务,成功的关键在于客户体验和服务接触的质量;这是一个以综合方式考虑战略、系统、流程和触点设计决策的整体方法;这是一个整合了以用户为中心、基于团队的跨学科方法的系统迭代过程[12]。2008年,芬兰阿尔托大学成立了服务工厂(Service Factory),通过多学科、多团队、多模式的交叉整合,研究社会热点问题和相关技术,培养多学科交叉的服务设计复合型人才[13]。同年,国际设计研究协会主持出版的《设计辞典》、哥本哈根交互设计研究中心都对服务设计下了定义。2008年,国际服务设计联盟正式成立,成为服务设计从业者与学术研究者的重要国际组织和交流平台[14]。2015年,ICSID更名为国际设计组织(World Design Organization,WDO),发布定义称"(工业)设计旨在引导创新、促发商业成功以及提供更好质量的生活,是一种将策略性解决问题的过程应用于产品、系统、服务及体验的设计活动",再次将"服务"列为设计对象,且新增"体验"这一设计对象。

在国内,2012年,清华大学王国胜组织成立了"SDN-北京",开始导入和推广服务设计理念。2015年,工业和信息化部工业文化中心与北京工业大学共建了中国服务设计发展研究中心。2016年,王国胜联合多校举办了"服务设计教学研究论坛"并持续至今;同年,桥中设计咨询管理有限公司的黄蔚组织成立了"SDN-上海"。2018年5月28日,光华设计发展基金会联合多家单位举办了"首届中国服务设计大会",以"服务设计促进服务贸易高质量增长"为主题;同年,中国设计红星原创奖、北京国际设计周都特别设立服务设计专项奖。2019年1月10日,商务部、财政部、海关总署发布了《服务外包产业重点发展领域指导目录(2018年版)》[15],其中明确提出,"服务设计服务是以用户为中心、协同多方利益相关者,通过人员、环境、设施、信息等要素创新的综合集成,实现服务提供、流程、触点的系统创新,从而提升服务体验、效率和价值的设计活动。服务设计服务属于知识流程外包(KPO)"①。2019年4月,黄蔚在上海组织了"首届全球服务设计联盟中国大会";同年5月,在"第二届中国服务设计大会"上笔者发布了本书中的服务设计定义。

综上所述,设计学视域下服务研究的时间线如图2-1所示。

2.1.2 概念辨析

服务设计的概念迄今并未形成定论,梳理学术派和实务派的不同阐述,以下脉络仍清晰可见:

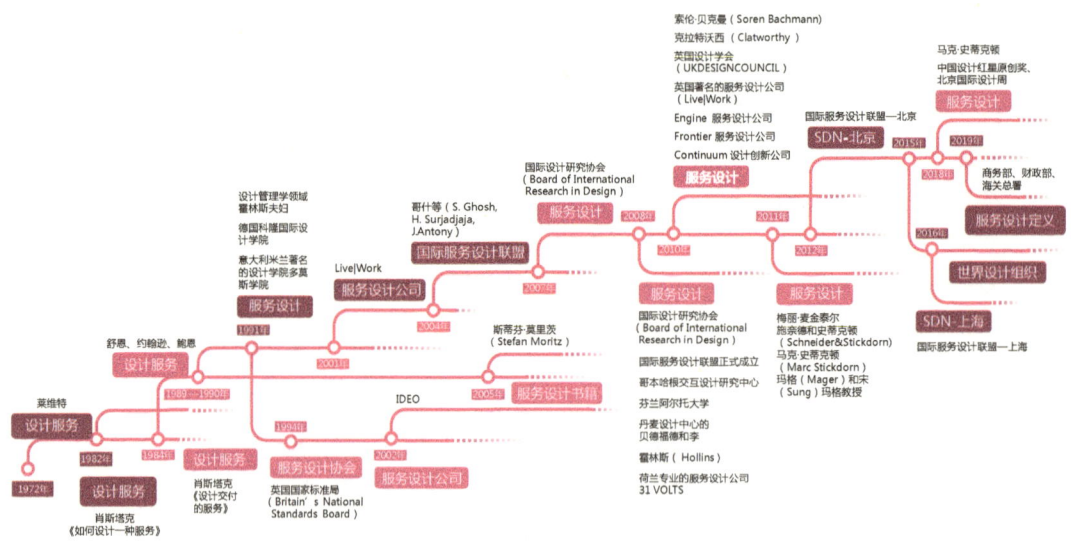

图 2-1　设计学视域下的服务研究时间线

1) 强调服务设计的系统特质

2007 年,斯塔夫(Staffer)将服务设计作为一种系统论,犹如系统设计,聚焦于在过程或流程中使用的整体系统[16]。2008 年,贝德福德(Bedford)和李(Lee)认为,服务设计是一种为使用者描绘服务概念的系统或流程的设计[17]。服务设计是透过整合有形与无形的媒介[交互研究实验室(Interaction Research Lab,IRL),2008 年],规划出系统与流程的设计,进而给顾客提供完整且缜密的服务体验[18]。服务导向逻辑是服务设计的关键支柱,它提供了理解服务系统的框架[19],服务系统配置了人、技术以及与其他服务系统相互作用的行为体(Actor constellations)和资源,以创造共同价值[20]。服务设计具有系统性,包含了众多不同的影响因素,因此服务设计需从全局视角考虑系统中不同行动者的需求。2018 年,金·米索(Kim Miso)认为设计师可通过服务蓝图的方法,组织角色、设施和道具来支持客户的行动,并通过瞬时服务创造难忘的体验[11]。

2) 探讨服务设计的内容对象

2000 年,克拉克(G. Clark)等丰富了服务设计的整体环节,包括服务实施(服务传递的方式)、服务体验(用户对于服务的直接体验)、服务收益(为客户服务的好处和结果)、服务价值(用户感知此项服务内在收益与服务成本的互相权衡)[21]。服务设计的具体内容不只包括设施、服务器以及其他产品,还包括了服务系统、服务规则、服务流程及服务政策等[22]。服务设计旨在创新或改进全面的服务体验,通过探索客户活动来识别、协调、编排新服务流程和服务界面(Service Interface)的机会[23],以一种新的方式连接组织和客户端[9];重点在设计整个使用流程中可以引发体验的不同触点[24],可以帮助企业改善其工作环境、工作流程及使用工具,将品牌价值通过服务得以传递给消费者[19]。2015 年,王国胜认为服务设计是服务发生的场所(Area)、境界

(Ambit)(与人的动机和行为相关的范围)、情景(Scene)三个因素的协调[25]。2016年,代福平、辛向阳基于现象学理论,定义服务设计是针对提供商,对顾客本身、顾客的财物或信息进行作用的业务过程进行设计,旨在使顾客的利益作为提供商的工作目的得以实现[26]。2011年,塞科曼迪(F. Secomandi)和斯内尔德斯(D. Snelders)在《设计问题》(*Design Issues*)上发表了《服务设计的对象》[23]一文,分析了不同学科中关于服务组织与客户之间关系(如服务触点、服务证据等)的研究,总结并定位服务设计的对象,认为服务界面使服务提供者和客户之间的交换关系具体化。服务设计将服务质量视为主要前提条件,特别关注服务界面和用户体验[23],追求服务品质和核心价值[全球服务设计联盟(Service Design Network,SDN)]。

3) 强调服务设计的用户视角

服务设计是一种全局性的商业行为,可以帮助企业全面地、共情地理解用户需求[22],探索用户旅程的不同接触点[24],找出共同创造价值的机会[27]。服务设计旨在从用户角度出发,着重于全面的顾客感受,包括服务接触前、接触中和接触后的体验,设计有用的、可用的、易用的、想用的服务,从服务提供者的角度出发,协助企业或组织设计有效的、独特的、高效率的[28]、吸引性的和符合顾客期待的服务[9,29-31]。服务设计项目可以改善环境、通信和产品等各个领域的易用性、满意度、忠诚度和效率等因素,并且让用户不会忘记提供服务者[23]。

4) 强调不同利益相关者的参与、协作与共创

服务设计提供可视化工具来支持不同利益相关者之间的参与和协作[32-33],通过以人为本的、共同创造的参与式方法开发新服务[34-35,19],从聚焦服务界面到服务系统和组织的拓展[27],还可采用迭代过程[36]来分析并协调不同类型的社会物质元素之间的相互作用[37],或以创新的方式协调与实现人员、机构和技术系统之间的交互或交叉点[38]。2018年,露西拉·卡瓦略(Lucila Carvalho)、彼得·古德伊尔(Peter Goodyear)从研究教育领域提出以活动为中心的分析和设计(Activity Centred Analysis and Design)参与式服务创新方法[39]。2018年,埃佐·曼奇尼(Ezio Manzini)等人提出了社会技术系统的协同社区框架支撑社区驱动的社会创新语境中的协同服务创新[40]。服务设计的目标旨在构想和实现新的以人为本的服务价值主张[20],取决于对用户的体验、互动、实践和梦想(Dreams)的理解[41]。2018年,塞科曼迪与斯内尔德斯[42]认为,服务设计从多个角度进行,并嵌入不同的学科话语中,且将现有的服务设计研究划分为三类,即参与创建和体验的参与者或技术,新服务开发中的功能或阶段,服务提供的经济活动中的企业或部门;"参与者""功能""企业"被视为表达以用户为导向的创新社会化视角;"技术""阶段""部门"被视为表达以商业或生产为导向的创新视角。

5) 强调服务设计的跨领域、跨学科性

服务设计是一种跨学科的实践与研究领域[39],它整合了设计、管理和

工程中的多种技能和方法,产出实际系统、流程的设计旨在为客户提供全面的服务[哥本哈根交互设计研究所(Copenhagen Institute of Interaction Design,CIID)],设计实践已经扩展到不同领域,包括行政和社会创新等[43-47,23,39]。它是一种交叉学科的研究方向[18],包括交互设计、服务营销等[48]。服务设计综合考虑了战略、系统、过程等为用户所知的接触方式,其过程是多学科的、持续的、反复的(SDN)。

2.2　服务设计的多学科比较

2.2.1　服务设计涉及的五个方面

设计学科关于服务设计的定义主要包括以下五个方面:

(1)就服务设计的系统特质而言,该部分定义受服务科学的影响较大,主要关注点在于服务体验、服务价值、服务工具、服务系统、服务实施、服务概念与服务流程。

(2)就服务设计的内容对象而言,服务营销的研究成果被大量引入,主要关注点在于服务体验、服务价值、服务质量、服务机会、服务工具、服务系统、服务实施、服务触点、服务政策、服务界面、服务传递、服务收益、服务规则、服务场景和服务流程。

(3)就服务设计的用户视角而言,该部分定义主要从设计学科自身的用户体验研究拓展而来,部分也融合了服务管理的客户观点。如"服务接触前、接触中和接触后的体验"显然来自国际标准化组织(ISO 9241-210)对用户体验的定义;"有用的、可用的、易用的、想用的"等也是从用户体验转化而来[49]。其主要关注点包括服务体验、服务价值、服务质量、服务共创、服务实施、服务触点、服务需求和服务流程。

(4)就利益相关者的协作与共创而言,其主要观点也大多来自服务营销领域的研究,主要关注点包括服务体验、服务价值、服务机会、服务共创、服务系统、服务实施、服务触点、服务组织、服务迭代和服务场景。

(5)就服务设计的跨领域、跨学科性而言,本质在于"服务"这一设计对象的跨领域、跨学科性。服务科学的提出就是在强化这一客观事实。从多学科整合的视角探讨服务设计的跨学科范式,更多地呈现出将服务设计作为一种思维、一个专业、一个方法论的本体视角。其主要关注点在于服务体验、服务系统、服务实施、服务触点、服务战略、服务迭代、服务评估和服务流程。

2.2.2　服务设计的关注点

就学科性而言,服务营销和服务科学对服务设计的定义影响最大,前者对服务本身进行了充分探讨,后者对服务的跨学科性做出完整描述。需要强调的是,"用户视角"是设计学科服务研究的一个独特视角;相对于服务经济、服务营销、服务管理和服务科学的研究,"服务体验"应是设计学科研究服务的重要关注点之一。

就关注点而言(表 2-1),上述五个方面的服务设计定义对"服务体验""服务实施"两个关注点表现出完全一致,对"服务价值""服务系统""服务触点""服务流程"四个关注点表现出高度一致。

表 2-1 设计学科对服务设计的关注点比较

分类	服务体验	服务价值	服务质量	服务机会	服务工具	服务共创	服务系统	服务实施	服务触点	服务战略	服务政策	服务界面	服务需求	服务组织	服务传递	服务收益	服务规则	服务迭代	服务评估	服务概念	服务场景	服务流程
服务设计的系统特质	○	○			○		○	○												○		○
服务设计的内容对象	○	○	○	○			○	○			○			○	○						○	○
服务设计的用户视角	○	○	○			○							○									○
利益相关者的协作与共创		○		○		○								○		○						
服务设计的跨领域、跨学科性	○						○	○	○							○	○					○

2.3 定义"服务设计"

2.3.1 服务设计的定义

综上,对商务部、财政部、海关总署发布了《服务外包产业重点发展领域指导目录(2018 年版)》中服务设计的定义修正如下(图 2-2):

服务设计是以用户为主要视角、与多方利益相关者协同共创,通过人员、场所、设施、信息等要素创新的综合集成,实现服务提供、服务流程、服务触点的系统创新,从而提升服务体验、服务品质和服务价值的设计活动。

2.3.2 "服务设计"定义的学理依据

笔者将上述定义逐一拆解,并基于第 1 章的研究结论,厘清定义中各概念、措辞的理论来源,具体内容见表 2-2。

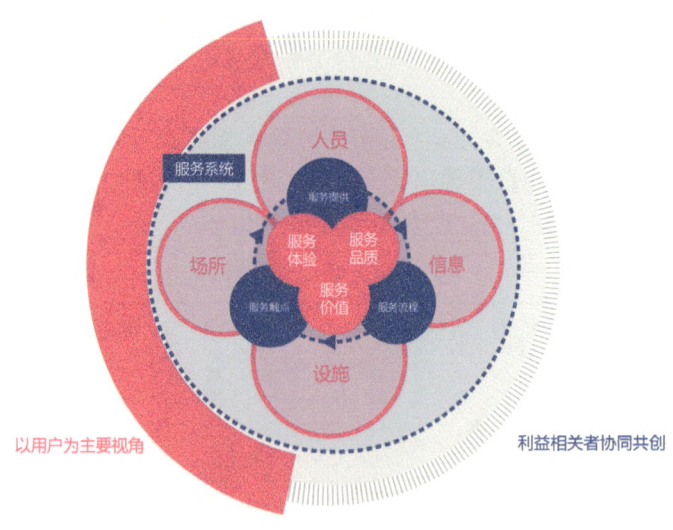

图 2-2　图解"服务设计"的定义

表 2-2　"服务设计"定义的学理依据

分类	定义拆分	学科视角	学理依据
原则	用户视角	服务管理/设计学	顾客体验工程;用户体验
	多方利益相关者	服务管理	科特勒解释服务是一个群体(组织或个人)给另一个群体(组织或个人)提供无形的且无法拥有该事物的所有权的活动或绩效,它的产生不一定与某项实体产品有关
	协同共创	服务营销/服务管理	顾客常是服务的共同创造者;服务是一种客户直接参与其中作为合作生产者(Co-producer)随时间消逝的无形体验
外延	人员要素	服务营销	布姆斯和比特纳在其基础上增加了参与人员(Participant)、有形证据(Physical Evidence)、服务流程(Service Process)三个变量,从而形成了服务营销的 7Ps 组合
	场所要素	服务营销	洛夫洛克和赖特在之前的基础上,提出了"8Ps"的市场营销服务概念,包括服务产品、服务流程、服务场所(Place)、有形证据、参与人员、生产力和质量、价格和促销
	设施要素	服务营销	
	信息要素	服务经济	诺曼认为服务经济是指物品、人、信息或组织产生一定影响却不改变其物质形态的"服务活动",或不涉及物质形态改变的物品使用活动
内涵	服务提供创新	服务经济/服务管理	瓦戈尔和卢施认为服务是某一个个体利用本身某种特定的技能、知识或能力,透过行动或程序来提供给另一个个体,使其得到益处或价值,此谓服务提供(Service Provision)。 所罗门认为"服务是一种行为、表现或体验、接触——在产品的生产和交付中提供某种形式的价值"
	服务流程创新	服务营销	布姆斯和比特纳在其基础上增加了参与人员(Participant)、有形证据(Physical Evidence)、服务流程(Service Process)三个变量,从而形成了服务营销的 7Ps 组合

续表 2-2

分类	定义拆分	学科视角	学理依据
内涵	服务触点创新	服务营销/设计学	所罗门在《关于双向互动的角色理论：服务接触》一文中，提出服务提供者和顾客之间的互动是顾客对服务满意的决定因素。 卡尔顿将服务接触（Service Encounter）称为服务的"关键时刻/瞬间"，主要研究服务提供者与顾客之间的互动问题。 服务设计旨在创新或改进全面的服务体验，通过探索客户活动来识别、协调、编排新服务流程和服务界面（Service Interface）的机会
	服务系统创新	服务营销/服务科学	格罗路斯做出总结："服务是以无形的方式，在顾客与服务人员、有形资源商品或服务系统之间发生的，可以解决顾客问题的一种或一系列行为。" 服务科学是对服务系统的研究，通过整合不同学科的知识来实现服务的创新
作用	提升服务体验	设计学	克拉克等人丰富了服务设计的整体环节，包括服务传递方式、服务体验、服务收益、服务价值
	提升服务品质	服务管理	格罗路斯指出了服务成功的关键是顾客感知的服务质量；并提出了以服务为导向的顾客感知服务质量和全面质量模型的质量理论。他认为，服务质量包括与服务产出相关的技术质量和与服务过程相关的功能质量
	提升服务价值	服务经济	希尔认为，服务活动是这样一项生产活动，即生产者的活动会改善其他一些经济单位的状况，既可以改善消费单位所拥有的一种或一些商品的物质变化形式，或改善某个人或一批人的生理或精神状态；生产者增加了对其他经济单位的商品或个人的价值。 里德尔认为，服务是提供时间效用、场所效用、形式效用的同时给服务接受者或其所有物带来一种变化的经济活动

进一步将服务设计定义中的 14 个要素进行学科溯源（图 2-3）。可见，服务设计是设计学与服务经济、服务管理、服务营销、服务科学的跨学科交叉研究；更为关键的是，"服务体验"这个要素是设计学科服务研究区别于其他学科的独特性要素。因此，设计学科进行服务设计研究与实践时，应加强本学科的研究特色，而不要在相关学科的各种概念中迷失自我（图 2-4）[②]。

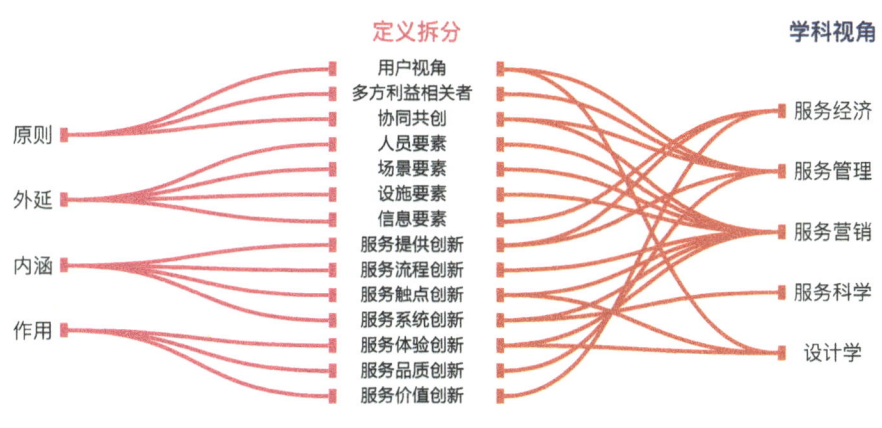

图 2-3 服务设计定义拆分与学科视角

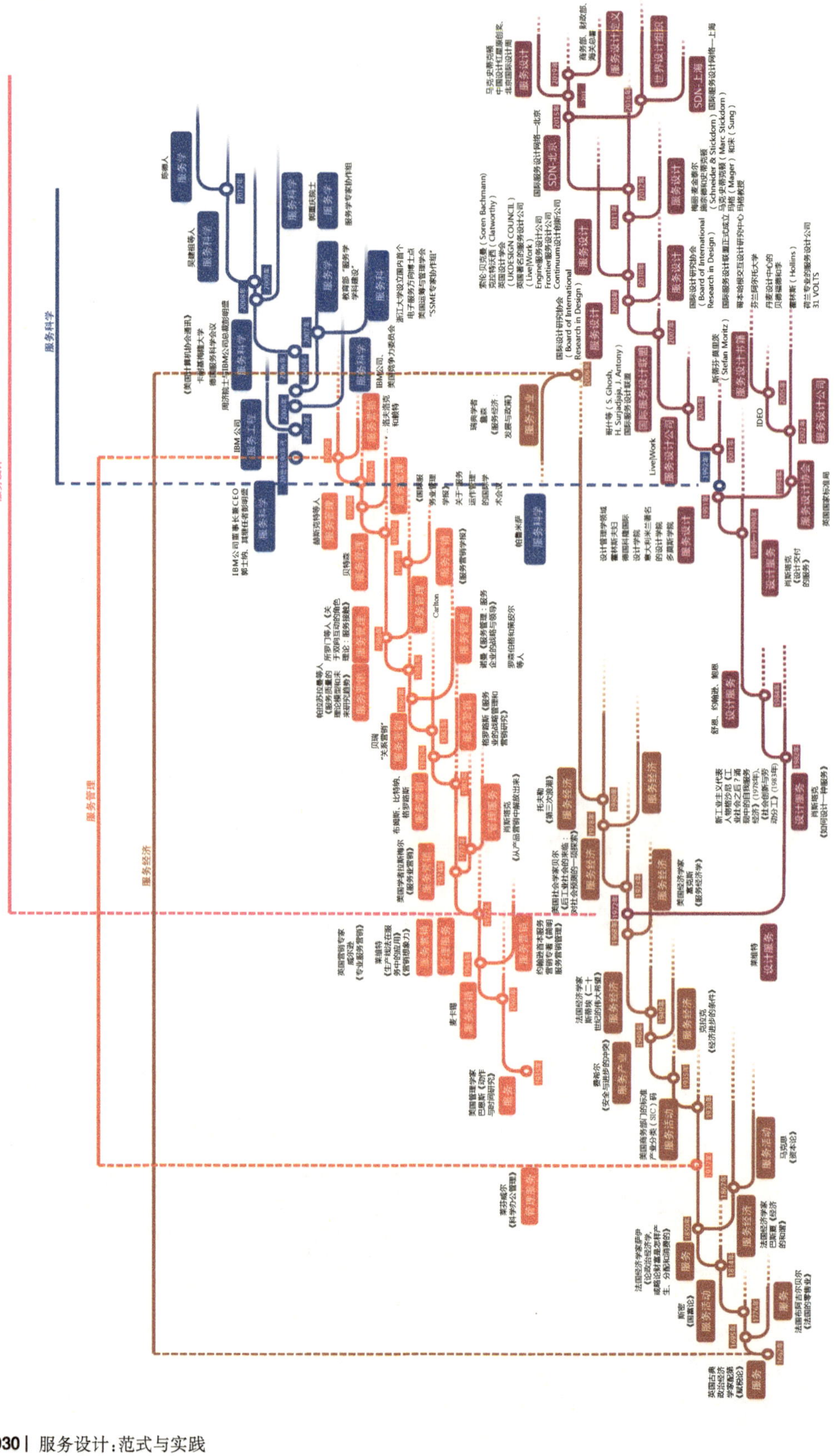

图 2-4 多学科服务研究的全景图

第2章注释

① 2018年7月,商务部服贸司委托北京光华设计发展基金会向多位专家征集服务设计的定义。笔者提交了一个版本:服务设计是"以用户为中心、协同多方利益相关者(原则),通过进行服务提供、流程、触点的全局优化和系统创新(内涵),引导人员、环境、设施、信息等要素创新及其综合集成(外延),从而提升服务体验、效率和价值(作用)"。

② 此章节内容已发表至《包装工程》,详见胡飞,李顽强.定义"服务设计"[J].包装工程,2019,40(10):37-51.

第2章参考文献

[1] KIM M. An inquiry into the nature of service:a historical overview (part 1)[J]. Design Issues,2018,34(2):31-47.

[2] SHOSTACK G L. How to design a service[J]. European Journal of Marketing, 1982,16(1):49-63.

[3] SHOSTACK G L. Designing services that deliver[J]. Harvard Business Review,1984,62:133-139.

[4] SCHEUING E E, JOHNSON E M. A proposed model for new service development[J]. Journal of Services Marketing,1989,3(2):25-34.

[5] HOLLINS G, HOLLINS B. Total design:managing the design process in the service sector[M]. London:Pitman,1991.

[6] MAGER B, GAIS M. Service design:design studieren[M]. Stuttgart:UTB,2009.

[7] 高颖,许晓峰. 服务设计:当代设计的新理念[J]. 文艺研究,2014(6):140-147.

[8] Live|Work. Service design[EB/OL]. (2019-02-11)[2019-04-30]. https://www.liveworkstudio.com/themes/customer-experience/service-design/.

[9] MORITZ S. Service design:practical access to an evolving field[Z]. Köln:Köln International School of Design,2005.

[10] 付秀飞. 试匡正对ICSID工业设计定义的不当引译[J]. 艺术教育,2011(7):12-13.

[11] 张曦,胡飞. 服务设计的一般性策略流程研究[J]. 包装工程,2018,39(2):42-47.

[12] SACO R M, GONCALVES A P. Service design:an appraisal[J]. Design Management Review,2008,19(1):10-19.

[13] 罗仕鉴,邹文茵. 服务设计研究现状与进展[J]. 包装工程,2018(24):43-53.

[14] 佚名. 北科大工业设计系正式加入国际服务设计联盟SDN[EB/OL]. (2012-10-21)[2019-04-30]. http://blog.sina.com.cn/s/blog_4f0b30e801014g0r.html.

[15] 商务部,财政部,海关总署. 商务部 财政部 海关总署公告2018年第105号关于《服务外包产业重点发展领域指导目录(2018年版)》的公告[EB/OL].(2019-01-10)[2019-04-30]. http://www.mofcom.gov.cn/article/b/xxfb/201901/20190102825402.shtml.

[16] STAFFER D. Designing for interaction:creating innovative applications and devices[M]. Berkeley:New Riders,2007.

[17] BEDFORD C, LEE A. Would you like service with that?[J]. Design

Management Review,2008,19(1):38-43.

[18] STICKDORN M, SCHNEIDER J, ANDREWS K, et al. This is service design thinking:basics,tools,cases[M]. Hoboken:Wiley,2011.

[19] WETTER-EDMAN K, SANGIORGI D, EDVARDSSON B, et al. Design for value co-creation:exploring synergies between design for service and service logic [J]. Service Science,2014,6(2):106-121.

[20] COSTA N, PATRÍCIO L, MORELLI N, et al. Bringing service design to manufacturing companies:integrating PSS and service design approaches[J]. Design Studies,2018,55:112-145.

[21] CLARK G, JOHNSTON R, SHULVER M. Exploiting the service concept for service design and development[M]//FITZSIMMONS J, FITZSIMMONS M. New service design. Thousand Oaaks, CA:Sage, 2000:71-91.

[22] 陈嘉嘉. 服务设计:界定·语言·工具[M].南京:江苏凤凰美术出版社,2016: 81-82.

[23] SECOMANDI F, SNELDERS D. The object of service design[J]. Design Issues,2011,27(3):20-34.

[24] CLATWORTHY S. Service innovation through touch-points:development of an innovation toolkit for the first stages of new service development [J]. International Journal of Design,2011(2):15-28.

[25] 王国胜. 服务设计与创新[M]. 北京:中国建筑工业出版社,2015.

[26] 代福平,辛向阳. 基于现象学方法的服务设计定义探究[J]. 装饰,2016(10): 66-68.

[27] YU E, SANGIORGI D. Service design as an approach to new service development:reflections and futures studies[C]. Lancaster:Fourth Service Design and Innovation Conference "Service Futures",2014:194-204.

[28] MAGER B. Service design as an emerging field[J]. Designing Services with Innovative Methods,2009(1):27-43.

[29] MAGER B. Service design[M]. Boston:Birkhäuser Basel,2008:354-357.

[30] Design Council. Eleven lessons:managing design in eleven global companies-desk research report[C]. [S. l.]:Design Council,2007.

[31] MAGER B,SUNG T J D. Special issue editorial:designing for services[J]. International Journal of Design,2011,5(2):1-3.

[32] HOLMLID S,EVENSON S. Prototyping and enacting services:lessons learned from human-centered methods[C]. [S. l.]:Proceedings from the 10th Quality in Services Conference,2007.

[33] HOLMLID S. Participative;co-operative;emancipatory:from participatory design to service design[C]. Linkoping:First Nordic Conference on Service Design and Service Innovation,2009.

[34] SANGIORGI D. Building a framework for service design research [C]. Aberdeen:8th European Academy of Design Conference,2009:415-420.

[35] GRONROOS C,VOIMA P. Critical service logic:making sense of value creation and co-creation[J]. Journal of the Academy of Marketing Science,2013,41(2): 133-150.

[36] HOLMLID S, EVENSON S. Bringing service design to service sciences, management and engineering[M]//Anon. Service science, management and engineering education for the 21st century conference. Boston: Springer, 2008: 341-345.

[37] KIMBELL L. Designing for service as one way of designing services[J]. International Journal of Design, 2011, 5(2): 41-52.

[38] GRENHA TEIXEIRA J, PATRÍCIO L, HUANG K H, et al. The MINDS method: integrating management and interaction design perspectives for service design[J]. Journal of Service Research, 2017, 20(3): 240-258.

[39] CARVALHO L, GOODYEAR P. Design, learning networks and service innovation[J]. Design Studies, 2018, 55: 27-53.

[40] BAEK J S, KIM S, PAHK Y, et al. A sociotechnical framework for the design of collaborative services[J]. Design Studies, 2018, 55: 54-78.

[41] MERONI A, SANGIORGI D. Design for services[M]. Aldershot: Gower Publishing, Ltd., 2011.

[42] SECOMANDI F, SNELDERS D. Design processes in service innovation[J]. Design Studies, 2018, 55: 1-4.

[43] VERGANTI R. Design, meanings, and radical innovation: a metamodel and a research agenda[J]. Journal of Product Innovation Management, 2008, 25(5): 436-456.

[44] BROWN T, WYATT J. Design thinking for social innovation[J]. Development Outreach, 2010, 12(1): 29-43.

[45] DONG A. Design × innovation: perspective or evidence-based practices[J]. International Journal of Design Creativity and Innovation, 2015, 3(3-4): 148-163.

[46] DORST K. Frame innovation: create new thinking by design[M]. Cambridge: MIT Press, 2015.

[47] MANZINI E. Design, when everybody designs: an introduction to design for social innovation[M]. Cambridge: MIT Press, 2015.

[48] PATRÍCIO L, FISK R P. Creating new services[J]. Serving Customers Globally, 2013(8): 185-207.

[49] 胡飞, 姜明宇. 体验设计研究: 问题情境、学科逻辑与理论动向[J]. 包装工程, 2018, 39(20): 60-75.

第2章图表来源

图2-1 源自: 李顽强、郑泽先绘制.

图2-2 源自: 胡飞、李顽强绘制.

图2-3 源自: 李顽强、彭凌绘制.

图2-4 源自: 李顽强、黄嘉敏、郑泽先绘制.

表2-1、表2-2 源自: 李顽强、胡飞绘制.

3 服务设计的方法学脉络

由于服务设计跨学科、跨领域的特性,其工具和方法也具有复杂性和交叉性的特点,目前尚未建立清晰、完整、系统的服务设计方法体系。本章以服务设计方法为对象进行多维分析,进而展现服务设计的方法图景。

3.1 服务设计的方法

3.1.1 服务设计方法的数据采集

首先,以"服务设计"和"Service Design"(服务设计)为关键词进行检索。我们主要通过豆瓣、广州图书馆等网站渠道搜集相关书籍;通过知网检索中文期刊论文、会议论文和硕士、博士学位论文;通过 Web of Science(科学引文索引)、SpringerLink(施普林格数据库)、Taylor & Francis(泰勒—弗朗西斯)等电子期刊数据库检索英文期刊和会议论文;通过维基(Wikipedia)、谷歌学术(Google Scholar)等网站查找外文资料;还访问了全球服务设计联盟(SDN)、Live|Work[①]、SDtools[②]、Design Council[③]等相关专业网站。

其次,经过初步筛选,共选取了 32 部服务设计相关书籍、62 篇强关联文献、4 个工具网站,检索出服务设计相关的 154 种方法。

最后,依据服务设计的定义对上述方法进行复核,合并类似方法,并剔除相关度较低的方法,最终确定了 81 种服务设计相关方法。

3.1.2 服务设计方法分类的维度

1) 方法属性维度

从方法属性维度将服务设计方法分为定性方法、定量方法和混合方法。(1)定性方法:将观察者置于现实世界之中的情境性活动,包括使用和收集各种经验材料的研究[1];在自然状态下,以实地体验或实物文献分析为研究起点,通过对设计活动和现象的长期、整体的分析来解释设计现象和意义的一种研究方法。常用策略有实地实物、自然主义观察,当事人视角、参与式互动,研究者测量、语言分析模式,审视长期过程、注重整体归纳等[2]。(2)定量方法:依赖于统计学方法、步骤和计算工具,用于预测、检验、确定定理或法则等可推广性,具有较强的客观性[3];利用对事物的测量和计算,将设计资料转化为数值形式再进行分析的一种实证主义研究方法。定量研究侧重客观事实,多以描述总体的分布、结构、趋势及其相关特征,揭示变量之间的关系,验证已有理论假设等为目标。相比于定性研究,其具有很强的系统性、固定性和结构性[4]。(3)混合方法:将定性研究与定量研究路径互为补充、混合使用的方法[5],在方法的不同阶段中有不同偏重。

2)设计流程维度

英国设计协会归纳出设计流程的"双钻石模型"(Double Diamond Model)[6],将设计流程分为探索(Discover)、定义(Define)、开发(Develop)、交付(Deliver)四个阶段,并呈现"发散—聚焦"的两次往复过程(图3-1)。(1)探索阶段,旨在探索和研究问题的本质,洞察用户需求和发现新的问题。设计师应大胆提出质疑,列举用户可能遇到的真实场景和要素,并针对问题进行研究,最终得到一系列的研究结果。(2)定义阶段,对所发现的问题进行思考和总结,明确问题重点并制订项目目标。利用问题洞察、归纳,以及行业竞品分析等手段,寻求设计的机会点。(3)开发阶段,将问题具体化,创建初步解决方案、原型开发和测试。(4)交付阶段,输出产品或服务、测试与评估。将上一阶段的解决方案通过原型、测试、迭代等,逐一分析验证,淘汰其中不合理的想法,保留设计的精华。

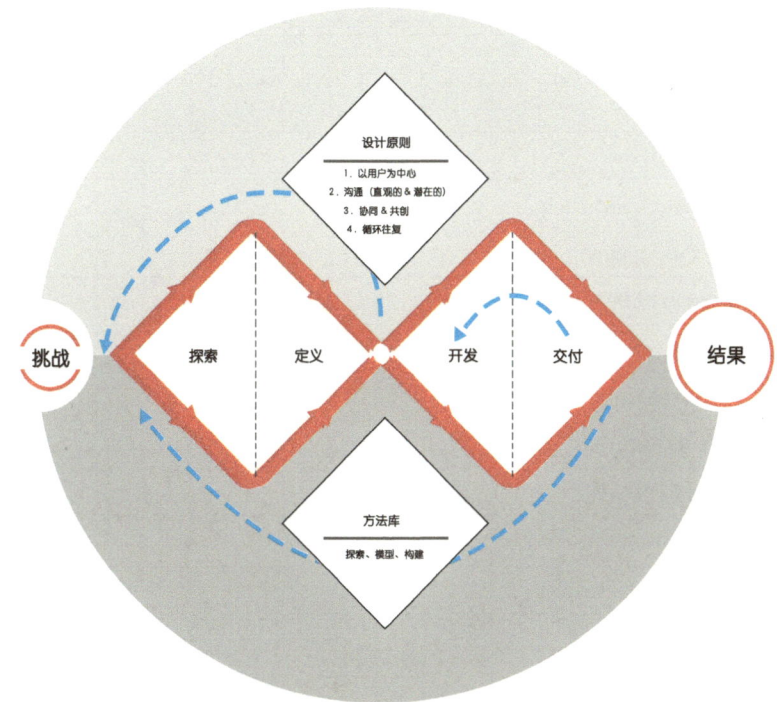

图3-1 设计流程的"双钻石模型"

3) 设计要素维度

依据第 2 章中对服务设计的界定,以服务设计的内涵要素进行分析,即服务提供、服务流程和服务触点。服务提供是利用本身某种特定技能、知识或能力,通过行动或程序提供给另一个个体[7],主要包括资源、政策、长短期目标、限制、责任、语言、关键决策者以及利益相关者。服务流程指为满足客户服务需求,服务企业将相关业务活动进行有序排列组合,以实现服务效率和效益最大化[8]。在此,服务流程主要是针对服务开发涉及的设施、价值、场所、促销、有形证据、人员等问题的探索[9]。服务触点是服务提供者/服务与顾客之间互动的"关键时刻/瞬间"[10],包括从需求或问题角度识别、协调、编排新服务流程和服务界面的机会[11]。

3.1.3 服务设计方法的分类

以中文名称为序,从方法属性、设计流程、设计要素三个维度对 81 种服务设计方法进行分类,结果如表 3-1 所示。

表 3-1 服务设计方法分类

序号	方法名称		方法属性维度			设计流程维度				设计要素维度		
			定性	混合	定量	探索	定义	开发	交付	服务提供	服务流程	服务触点
1	AESEO 量表	AESEO-the Ergonomics of Needs	○			○	○			○		
2	CATWOE 分析	CATWOE Analysis	○			○		○		○		
3	PEST 分析	PEST Analysis	○			○				○		
4	SWOT 分析	SWOT Analysis	○			○				○		
5	参与式观察	Participant Observation	○			○					○	
6	初级原型	Rough Prototyping	○					○			○	○
7	触点矩阵	Touchpoints Matrix		○				○			○	
8	调查排练	Investigative Rehearsal	○			○				○	○	○
9	动机矩阵	Motivation Matrix	○			○		○				
10	多元演练	Pluralistic Walkthrough	○			○				○	○	
11	二手资料研究	Secondary Research	○			○				○	○	
12	非参与式观察	Non-participant Observation	○			○					○	○
13	服务广告	Service Advertisement	○			○			○	○	○	○
14	服务规范	Service Specification	○				○			○		
15	服务蓝图	Service Blueprint	○			○		○			○	
16	服务生态图	Service Ecology Map	○			○		○		○		

续表 3-1

序号	方法名称		方法属性维度			设计流程维度			设计要素维度		
			定性	混合	定量	探索	定义	开发	交付	服务提供	服务流程	服务触点
17	服务形象	Service Image	○			○						○
18	服务演出	Service Staging	○						○	○	○	○
19	服务原型	Service Prototype	○						○		○	○
20	服务证据	Service Evidencing	○			○		○		○		○
21	概念联系图	Concept-linking Map	○					○		○		
22	故事板	Storyboarding	○			○		○			○	○
23	过程链网络	Process Chain Network	○			○		○			○	○
24	海报法	Poster	○						○			○
25	活动网络	Activity Network		○		○		○			○	
26	基于场景的设计	Scenario-based Design	○					○		○	○	○
27	讲故事	Storytelling	○					○		○		
28	交互式点击模型	Interactive Click Modeling		○		○		○		○		○
29	焦点小组	Focus Groups	○			○				○		
30	角色扮演	Role Playing	○							○	○	○
31	角色脚本	Role Script	○							○	○	○
32	角色图	Actors Map	○			○	○			○		
33	建设性交互	Constructive Interaction	○			○				○	○	○
34	卡片分类	Card Sorting	○			○				○		
35	可用性测试	Usability Testing		○		○				○		
36	客户旅程图	Customer Journey Maps	○			○		○		○		
37	客户生命周期图	Customer Lifecycle Maps	○							○		
38	乐高深度游戏	Lego Serious Play	○					○		○		
39	利益相关者图	Stakeholder Maps	○			○		○		○		
40	绿野仙踪	Wizard of Oz	○			○		○		○		
41	明日头条	Tomorrow Headlines	○						○			○
42	排练数字服务	Rehearsing Digital Services		○		○					○	○
43	期望地图	Expection Maps	○				○			○		
44	潜台词	Subtext	○			○				○		
45	亲和图	Affinity Diagram	○				○			○		

续表 3-1

序号	方法名称		方法属性维度			设计流程维度				设计要素维度		
			定性	混合	定量	探索	定义	开发	交付	服务提供	服务流程	服务触点
46	情绪板	Moodboard	○					○				○
47	趋势矩阵	Trend Matrix	○			○				○		
48	缺口分析	Gap Analysis	○				○			○		
49	人物画像	Character Profile	○			○					○	○
50	认知演练	Cognitive Walkthrough	○			○					○	○
51	任务分析网络	Task Analysis Grid	○			○						○
52	商业模式画布	Business Model Canvas	○			○		○		○		
53	社会网络图	Social Network Map	○			○		○		○		
54	深度访谈	In-depth Interview	○			○				○	○	○
55	生活中的一天	A Day in the Life	○			○				○		
56	实体模型	Mock Ups	○					○				
57	视觉影像	Video Visualization	○					○		○	○	○
58	特征树	Feature Tree	○			○		○		○		○
59	提供—活动—文化地图	Offering-Activity-Culture Map	○			○						○
60	体验原型	Experience Prototype	○					○	○	○		○
61	投射法	Shadowing	○			○					○	○
62	微全景	Micro Panoramic	○					○		○	○	○
63	文化探测	Cultural Probes	○			○				○		○
64	问题卡片	Issue Cards	○				○			○		
65	无焦点小组	Unfocus Group	○			○					○	
66	五个为什么	Five-whys	○			○				○		
67	戏剧法	Theatrical Methods	○						○	○	○	○
68	戏剧性弧线构思旅程	Journey Ideation with Dramatic Arcs	○			○					○	○
69	系统图	System Map	○			○		○		○		
70	线框图	Wireframing	○					○			○	○
71	用户博客	User Blog	○			○					○	○
72	用户日记	User Diary	○			○					○	○
73	鱼骨图	Fishbone Diagram	○				○			○		

续表 3-1

序号	方法名称		方法属性维度			设计流程维度				设计要素维度		
			定性	混合	定量	探索	定义	开发	交付	服务提供	服务流程	服务触点
74	语意形象图	Semantic Profile			○			○				○
75	预备研究	Preparatory Research	○			○				○	○	○
76	在线民族志	Online Ethnography	○			○						○
77	章鱼聚类	Octopus Clustering	○			○				○		
78	纸质原型	Paper Prototyping	○					○	○	○		○
79	桌面系统映射	Desktop System Mapping	○			○						
80	桌面演练	Desktop Walkthrough	○					○	○			
81	自我民族志	Autoethnography	○			○						○

注：AESEO 量表帮助服务设计师了解各种人物角色对特定服务的反应，并以独特且易理解的方式链接角色①，包括态度（Attitude）、期望（Expectation）、时间表（Schedule）、环境（Environment）、缘起（Origin）等分析维度；PEST 分析是外部环境分析的一部分，概述了服务必须考虑的各种宏观环境因素，包括政治（Politics）因素、经济（Economic）因素、社会（Society）因素和技术（Technology）因素。CATWOE 分析、SWOT 分析详见附录。

3.2 服务设计方法的分析及其可视化

为了直观了解服务设计方法的规律与特性，选取数据可视化工具 Gephi，从单维、双维、三维多层次对设计方法进行比较分析。Gephi 常用于图形和网络分析，使用 3D（三维）渲染引擎来显示尺寸大小[12]，可实现网络实时化和快速搜索，多任务体系结构可以处理复杂的数据集并产生有价值的结果。本书主要利用 Gephi 的模块化（Modularity）和特殊布局形式［力图集（Force Atla）和 Yifan Hu 多层布局（Yifan Hu Multilevel）］，从不同维度进行关键节点网络关系和频次分析，以探寻方法的潜在规律。

3.2.1 单维度分析

就方法属性维度而言，从数据可视化结果可以看出（图 3-2），目前服务设计方法以定性方法为主，共 75 种，占方法总数的 92.6%。另外，混合方法共 4 种，分别为触点矩阵、交互式点击模型、可用性测试、排练数字服务，占方法总数的 4.9%；定量方法仅 2 种，分别为活动网络、语意形象图，占方法总数的 2.5%。

就设计流程维度而言，探索阶段的方法共 52 种、定义阶段的方法共 7 种、开发阶段的方法共 30 种、交付阶段的方法共 19 种（图 3-3）。其中，有 26 种方法可应用于多个阶段，属于服务设计的高频方法。"服务证据"的频次最高，可同时应用于"探索—发展—交付"三个阶段。"AESEO 量表"

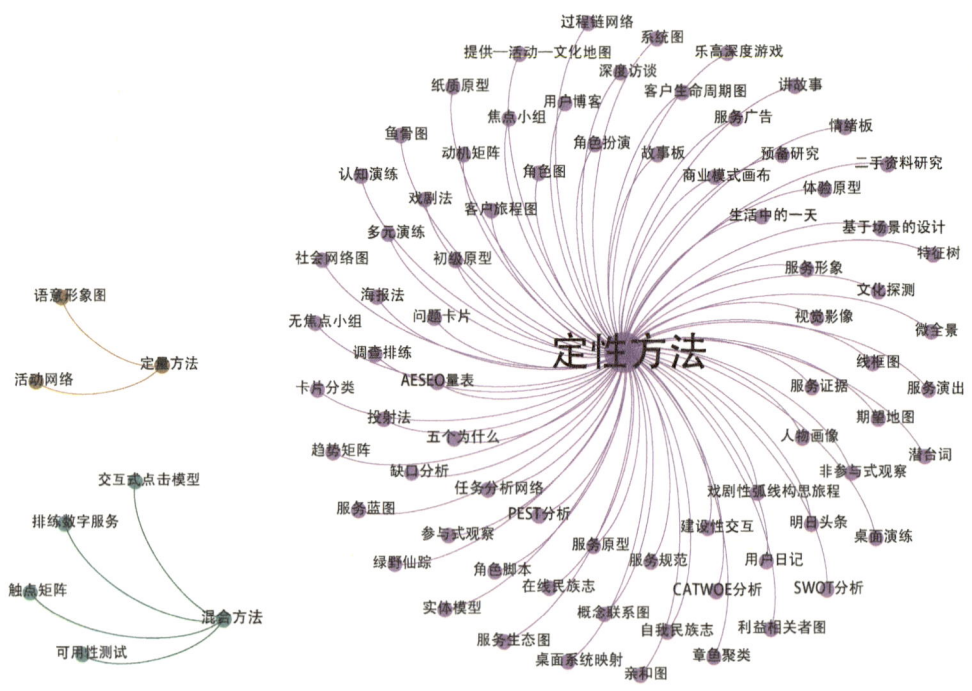

图 3-2 方法属性维度分析图

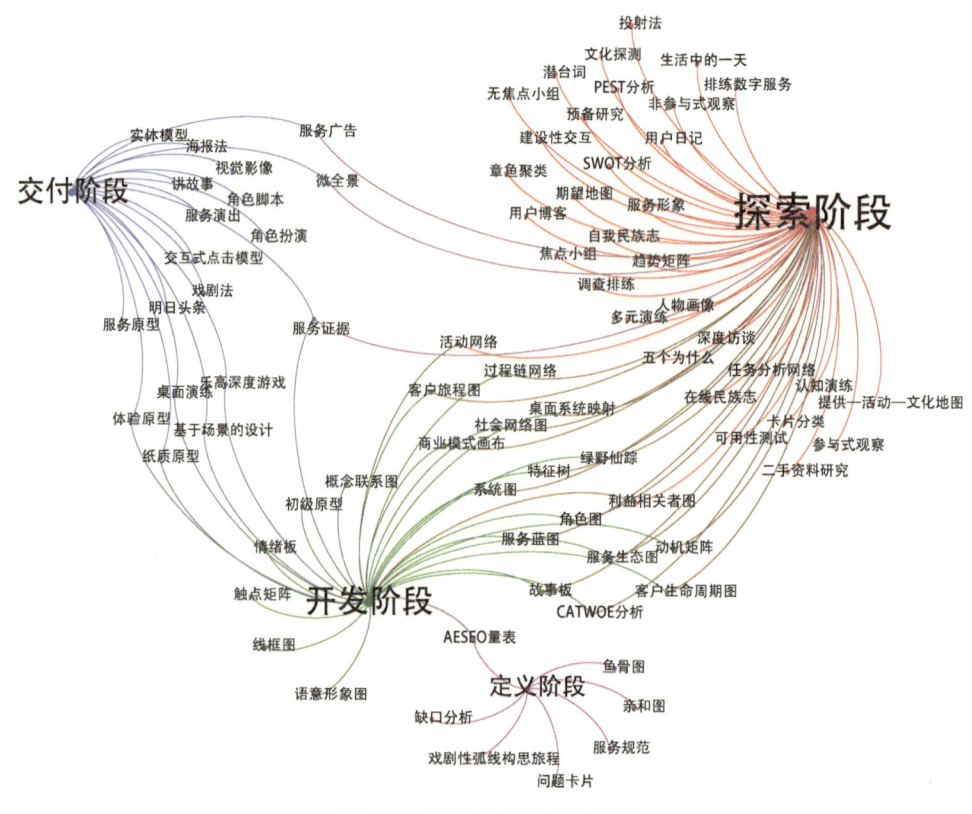

图 3-3 设计流程维度分析图

可用于"定义—开发"两个阶段;"CATWOE分析""动机矩阵""服务蓝图""服务生态图""服务证据""故事板""过程链网络""活动网络""角色图""客户旅程图""客户生命周期图""利益相关者图""绿野仙踪""商业模式画布""社会网络图""特征树""系统图""桌面系统映射"可用于"探索—开发"两个阶段;"基于场景的设计""乐高深度游戏""体验原型""纸质原型""桌面演练"可用于"开发—交付"两个阶段;"服务广告""微全景"应用于"探索—交付"两个阶段。

设计要素维度的方法分布较均衡,针对服务提供的方法有42种、针对服务流程的方法有49种、针对服务触点的方法有52种(图3-4)。其中,"调查排练""二手资料研究""服务蓝图""服务演出""概念联系图""基于场景的设计""角色扮演""建设性交互""乐高深度游戏""深度访谈""视觉影像""微全景""戏剧法""用户博客""预备研究""桌面演练"16种方法的应用可得出服务提供、服务流程、服务触点开发的设计机会;"初级原型""多元演练""非参与式观察""服务广告""服务原型""服务证据""故事板""交互式点击模型""焦点小组""卡片分类""可用性测试""客户旅程图""排练数字服务""期望地图""人物画像""认知演练""生活中的一天""体验原型""投射法""文化探测""无焦点小组""戏剧性弧线构思旅程""线框图""用户日记""在线民族志""纸质原型""自我民族志"的应用可得出服务流程、服务触点的设计机会。

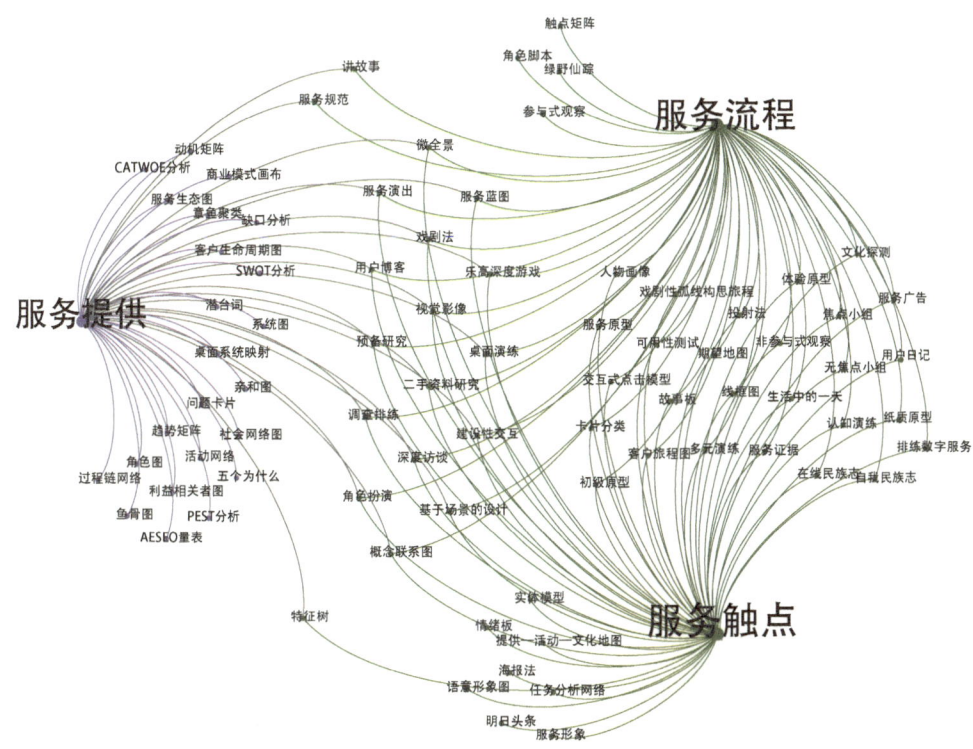

图 3-4　设计要素维度分析图

3.2.2 双维度分析

通过方法属性维度与设计流程维度两个维度的比较分析发现（图3-5）：(1)定性研究方法应用于设计流程的全流程；(2)混合研究方法应用于设计流程的"探索""开发""交付"三个阶段；(3)定量研究方法仅应用于设计流程的"探索""开发"阶段。从设计流程视角来看，"定义"阶段没有混合和定量研究方法，"交付"阶段没有定量研究方法。

通过方法属性与设计要素两个维度的比较分析发现（图3-6）：一方面，研究服务提供、服务流程与服务触点的方法都以定性方法为主，定量研究方法极少；另一方面，缺乏针对服务流程的定量研究方法。

通过设计流程与设计要素两个维度进行比较分析发现（图3-7）：(1)"探索""开发""交付"阶段的设计方法覆盖服务提供、服务流程和服务触点全导向维度；(2)"定义"阶段以明确服务提供的内容为主；(3)针对服务提供的方法集中在"探索""开发"阶段；(4)针对服务流程和服务触点的方法集中在"探索""开发""交付"，"定义"阶段方法不足。

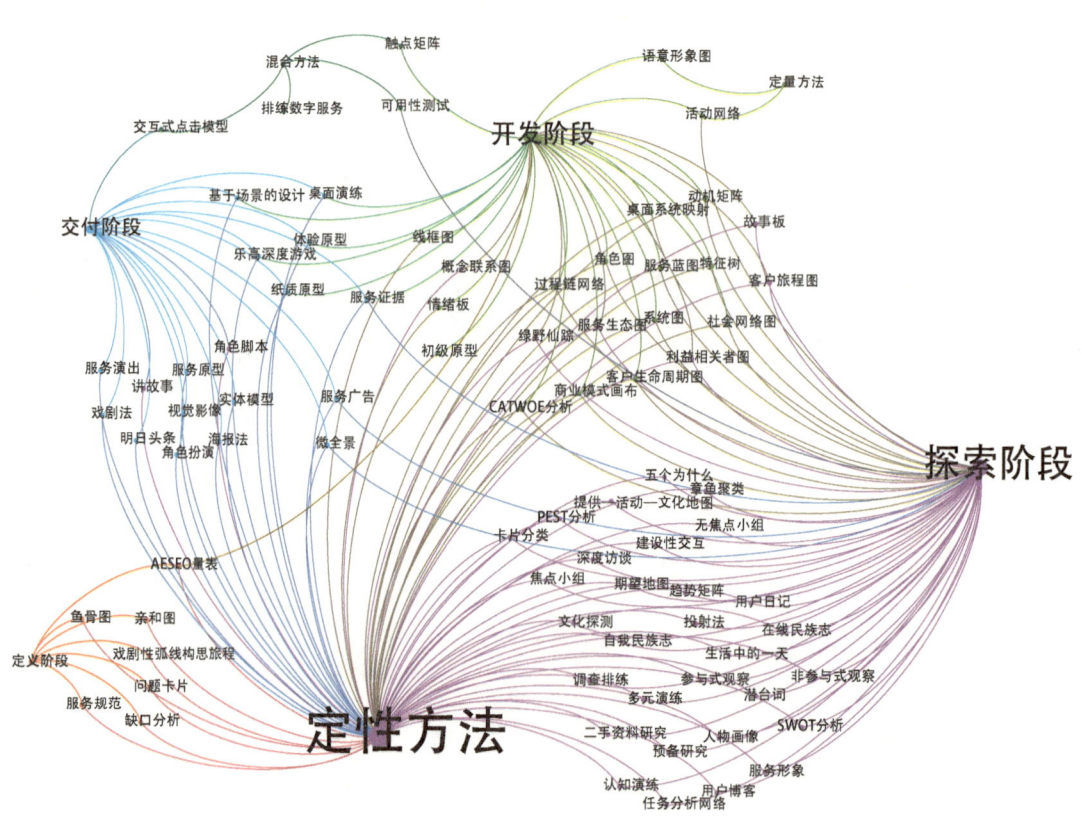

图3-5 方法属性维度与设计流程维度比较分析图

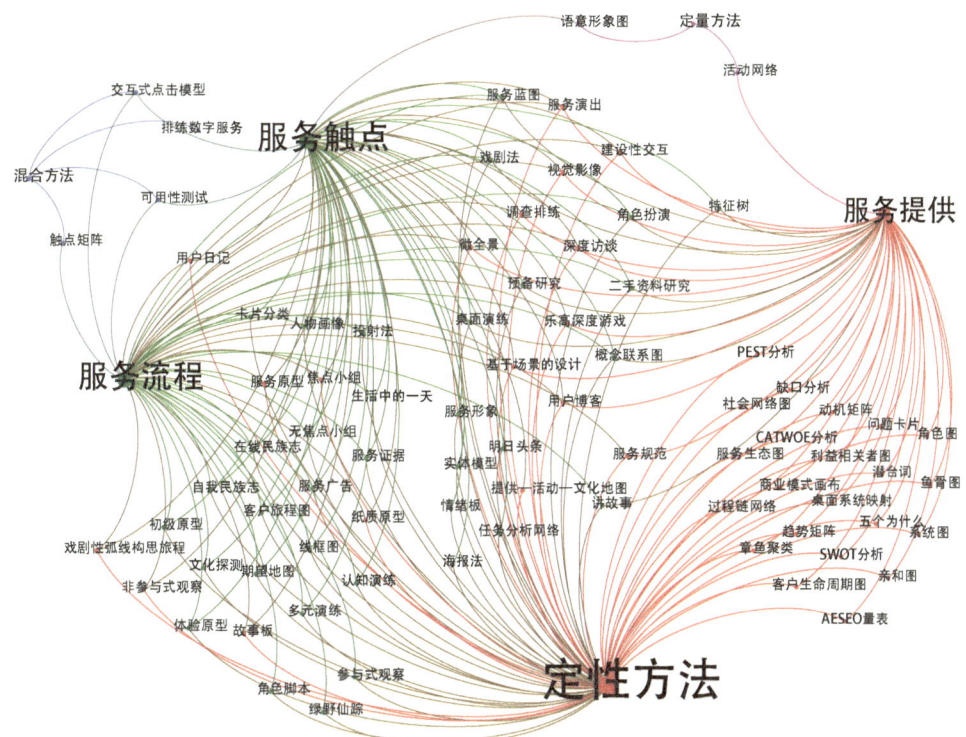

图 3-6 方法属性维度与设计要素维度比较分析图

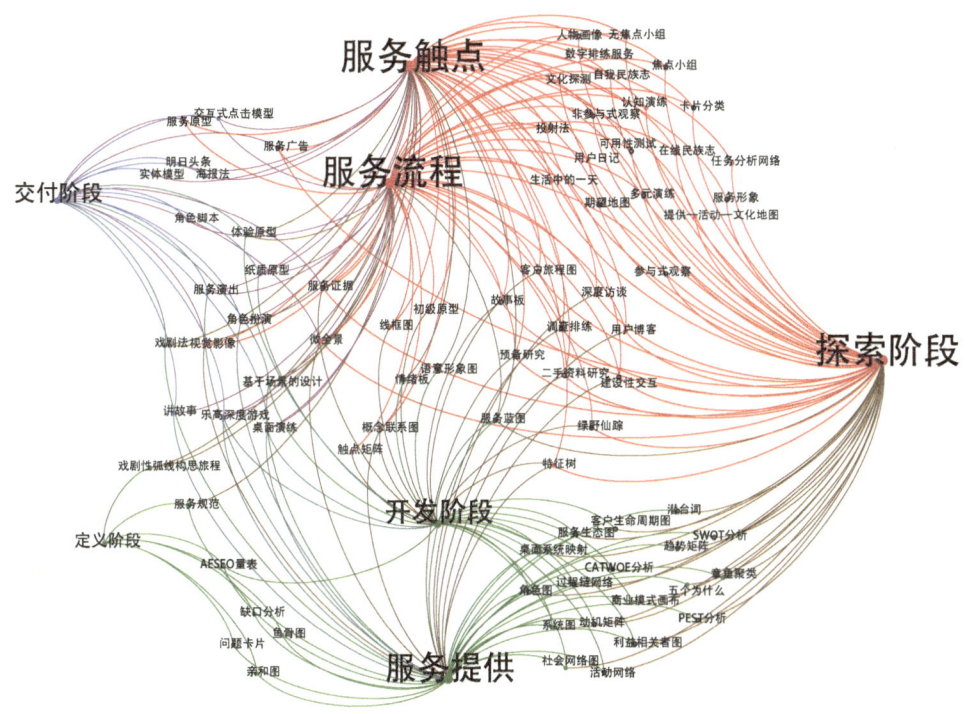

图 3-7 设计流程维度与设计要素维度比较分析图

3 服务设计的方法学脉络 | 043

3.2.3　三维度分析

根据"峰—终定律"[13]发现服务设计方法的"峰—终时刻":(1)现有服务设计方法的"峰"值在"定性—探索—服务触点"节点,共30种方法,包括:"调查排练""多元演练""二手资料研究""非参与式观察""服务广告""服务蓝图""服务形象""服务证据""故事板""焦点小组""建设性交互""卡片分类""客户旅程图""期望地图""人物画像""认知演练""任务分析网络""深度访谈""生活中的一天""特征树""提供—活动—文化地图""投射法""微全景""文化探测""无焦点小组""用户博客""用户日记""预备研究""在线民族志""自我民族志"。(2)现有服务设计方法的"终"值在"定量—定义—服务提供",在"定义"阶段没有针对设计要素的定量方法。通过三维度综合分析发现(图3-8):(1)针对服务流程的方法一般都包括对服务触点的开发;(2)方法属性维度的分布极不均衡,突出表现在"定义"阶段缺乏针对服务流程和服务触点的定量与混合方法,而"交付"阶段针对服务提供、服务流程、服务触点均没有定量研究方法。为了有效提升服务体验、服务品质以及服务价值,更需要科学、理性的方法来支撑。同时,为了保证服务设计程序的完整性,可合理开发结合定性、定量优势的混合研究方法。

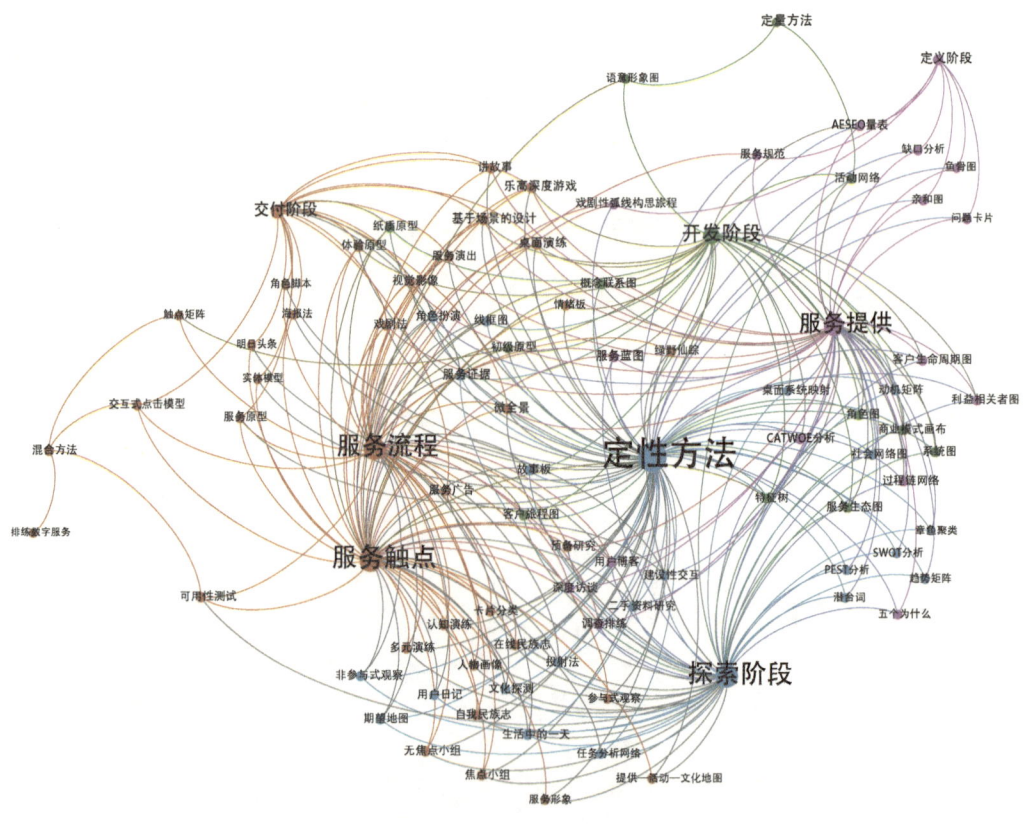

图3-8　三维度综合分析图

3.3 服务设计的一般程序

"流程"(Process)是一系列具有目的性、重复性及程式化的行动,并通过这一系列单元的串联将任务合理化、透明化和共识化[14]。服务设计的一般流程可分为分析流程(Analysis Processes)和战略流程(Strategic Processes)两类。分析流程主要从解构的视角分析、展示服务的发生、交互和传递,以时间、程序(任务)和触点作为线索对服务系统和流程进行视觉化呈现。它可以帮助人们发现服务中的问题,也可以作为最终服务设计交付的展示。如1984年肖斯塔克指出,服务蓝图就是一种辅助系统服务设计的流程图技术[11]。战略流程则注重从更宏观的系统思考,以建构的视角对服务问题进行研究,通过有目的的阶段策略执行来最终完成服务设计。如宋同正提出的IDEA服务设计流程、英国Nile服务设计咨询公司提出的专注于品牌体验差异化的服务流程等。策略流程常见于专业服务设计公司为行业或产业提供服务设计创新的解决方案中。本节重点分析美国IDEO、英国Live|Work和Engine等设计咨询公司的服务设计流程,以及中国台湾地区针对服务产业开发的服务体验工程(Service Experience Engineering)。

3.3.1 Live|Work 的服务设计流程

Live|Work服务设计公司成立于2001年,是一家专注于服务和消费者的战略设计咨询公司。Live|Work的服务设计流程分为以下六个步骤⑤:

1) 理解(Understand)

充分了解客户所在的行业、企业用户及其利益相关者,同时还要关注那些影响其行为的要素。建构对当下语境的全视角分析,需要对客户商业目标、目标优先顺序、商业组织和组织面临的挑战保有充分的理解。

2) 想象(Imagine)

针对潜在的机会设想出更为清晰的概念和体验,并进一步优化设计方案。而这些新概念的建立是来自于对用户的洞察和对服务整体体验的把握。在创造性方法的帮助下,帮助客户创建整体的新服务,开发新的服务方式和体验。

3) 设计(Design)

把握服务设计定义的两个方面,即未来的服务体验和服务功能的传递。需要让客户和员工参与服务原型的开发中,并对服务有一个整体的把控,从而使其更好地了解新概念所带来的变化。

4) 创造(Create)

设计师承担权威的角色,通过设计执行以确保服务的方向和质量。创建实际运行的解决方案将包括广泛的活动,从实施新系统到改变流程和程序。

5)使可行(Enable)

确保组织本身能够采用新服务与创建解决方案一样重要,需要与管理团队和前线员工通力合作,最终使客户了解并购买解决方案。

6)改进(Improve)

随着市场、技术、监管和其他因素的演变,改进对任何服务来说都应该是一个持续的活动。在不断变化着的执行过程中,确保客户体验质量是一个挑战。我们帮助客户通过客户体验工具和体验指标来管理这一挑战。

安迪·宝莱恩等人在《服务设计与创新实践》[15]中描述了许多 Live|Work 的实践案例,如针对挪威最大的综合保险公司蒙特利尔(Gjensidige)进行的服务设计。作为专业服务设计公司,Live|Work 要求从设计团队开始介入项目时,所有人员都要理解服务所涉及的所有人之间的关系,并保证在整个开发过程中客户和员工的充分参与。而这也保证了每一个细节的改变都是可行和可接受的。

3.3.2 IDEO 的服务设计流程

作为一个设计咨询公司,IDEO 不断尝试帮助企业或组织发现和开辟新的市场,创造新的服务和服务体验。IDEO 的服务创新流程主要包括以下五个任务[16]:

1)针对市场发展洞察(Develop Insight About the Market)

创新源于对市场的深刻洞察。这种洞察来自消费者、商业和技术三个并行的领域。当商业模式、市场愿景和可控的技术产业相互之间进行组合,并满足了消费者的需求时,创新就产生了。

2)创造突破性的价值主张(Create Radical Value Proposition)

要给人们一种尝试服务的理由,提供与当下市场众多服务所不同的体验,使消费者感受到体验新事物的价值。突破性的服务往往不是跟随市场,而是改变和主导市场。我们需要管理人员和一线人员的共同参与,并在早期把极端的服务原型扩展至组织中来了解他们的态度,并对期望性、可行性和可用性进行梳理。

3)发掘创造性服务模式(Explore Creative Service Models)

重新定义市场的创新通常源自于产业、技术和客户需求之中的根本变化。创新的解决方案对于提供可行的新服务是必要的,并且常常会产生组织内部的根本性变革,但最终还是要满足商业视角和技术层面的可行性。

4)改变交付规则(Bend the Rules of Delivery)

创新过程的一部分是从失败中学习。服务设计团队需要确保能够接受并去尝试一些还存在许多问题的新概念。对失败的恐惧有碍于突破性的服务创新从检验和尝试的结果中获得帮助。早期突破性的服务概念往往往具有模糊性,也许并不符合现有公司的财务规定或六西格玛准则。成功的设计新准则是关注用户的价值、情感和体验。当一个新的服务概念逐渐成熟,传统的措施就会开始活跃起来了。

5) 重复探索与修正新服务(Iteratively Discover and Refine the New Service)

突破性创新伴随着内在风险,而管理风险的最佳方式是掌控服务。人的行为和市场的趋势都处在不停的变化中,设计者要在可控的时间范围内为大规模服务做好准备。

图3-9展示了IDEO的服务设计流程。IDEO希望通过合理的流程和策略避免创新性想法在初始阶段和过程中被终结,并确保一个服务概念产生后能在组织内部被不断论证、修正直到实施。虽然这会带来一次对组织内部的变革,但它会帮助公司在可预测的方向上针对市场提供突破性的服务。就流程本身而言,它是一个从"概念"到"现实"不断映射的往复过程。X轴显示了从"关注客户需求"到"注重业务可行性和技术可行性"的连续性,Y轴显示了从"为灵感寻找现实的存在"到"把现实的存在转变成为设想的另一个世界"的连续性。

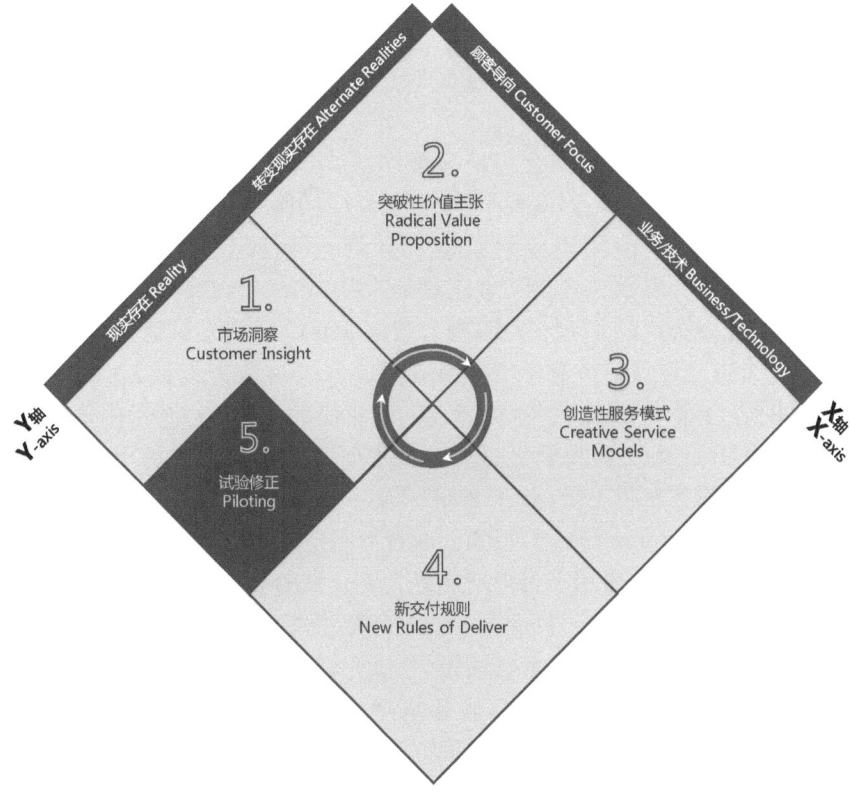

图3-9　IDEO的服务设计流程

3.3.3 Engine 的服务设计流程

英国设计咨询公司 Engine 提出了服务设计的三个阶段和九个流程任务⑥,具体包括:(1)策略阶段:启动、研究和视域设定。首先要建立一个以设计师和企业主要成员共同组成的项目组,以保证设计师对企业的商业背景和业务流程有足够的了解。通过研究发现影响用户体验和预期的证据,然后和企业的高级管理成员建立共识,一同确定一个提升顾客体验的服务目标,并进行可视化的表达。(2)服务设计阶段:概念、需求和规划。通过确定服务目标,进一步描绘和定义出与服务相关的所有要素,包括服务价值主张、用户旅程图、产品和渠道等。一旦针对用户体验的目标和服务被明确,设计师将和企业专家共同合作把设计方案转化为实际业务流程,保证在每个阶段中的价值主张有效地向用户传递。(3)执行阶段:设计开发、测试、设计和项目管理。需要明确每一个参与服务的要素所生成的结果,通过建立服务原型进一步对服务进行测试,设计师的作用则是在整个过程中,确保企业从项目的开始到结束始终保持对过程中的每一步专注。

3.3.4 服务体验工程的设计流程

服务体验工程是中国台湾地区财团法人资讯工业策进会(Institute for Information Industry,简称资策会)创新应用服务研究所执行相关部门委托的《创新咨询应用研究科技专案计划》,于 2007 年与欧洲研究机构——德国弗劳恩霍夫协会工业工程研究所(Fraunhofer IAO)合作引进其服务工程方法论的 41 个方法、融合美国 IDEO 公司在顾客体验洞察方面的 52 个方法以及意大利学者罗伯塔(Roberta)在服务设计方面的 40 个工具,并结合辛辛那提大学教授、美国智能维修系统研究中心(IMS Center)主任、上海交通大学先进产业技术研究院院长李杰博士所研发的"创新矩阵"服务发想工具,并于 2008 年综合分析创新服务发展的实务经验与技术诀窍(Know-How),特别针对台湾制造业及服务业的研发活动与服务实例,提供一套适用于台湾产业界发展计划的创新服务架构服务体验工程(Service Experience Engineering)方法,简称 SEE 方法[17]。2008 年资策会出版了《服务体验工程方法指引:研究篇》《服务体验工程方法指引:实务篇》,2011 年资策会出版了《服务体验工程方法:蓝图·工具·案例》。资策会于 2014 年推出服务体验工程方法工具平台 V1.0,此平台工具为台湾首套服务设计与专案管理的软件工具,主要包括服务设计工具(从洞察研究规整分析到情景设计解答的各类工具)⑦;并于 2015 年推出了服务体验工程方法工具平台 V2.0,该平台提供服务塑模工具、亲和图工具、服务设计工具、个案资料管理、专案管理、文件管理、协同运作、使用者管理、线上问卷及量表、行为分群等模组,以支援服务体验工程方法的有效执行⑦。亚洲大学为了将美学经济的精神落在服务产业的发展,并促进服务产业相关的学术研究、实务经验、人员互访等交流,特建立美学经济与服务体验工程研究中心⑧。资策会主办了 2009 年服务体验工程国际论坛,其主题为"顾客价值导向之服务研发",此次论坛是台湾首次针对服务设计与体验设计研究/设计方法的论坛。

服务体验工程方法论是服务研发工作流程模型,服务体验工程方法 V1.0 模型包含三大阶段(Phase),分别为趋势研究(Foreseeing Innovative New Digiservices,FIND)、服务价值链研究(Innovation Net,InnoNet)、服务实验(Design Lab)(图 3-10)。服务体验工程方法论在此架构下将创新服务发展所必须面对的相关议题以及可供利用之方法、工具或模型进行系统化的归整。2011 年,资策会创新应用服务研究所于《服务体验工程方法:蓝图·工具·案例》一书中基于原有的"服务体验工程方法 V1.0 模型"升级为"服务体验工程方法 V2.0",将三阶段模型转型为四阶段模型[FIND、InnoNet、Design Lab、服务实施(Living Zone)](图 3-11)。

FIND 主要针对消费者及环境面的趋势性研究,InnoNet 专注于产业价值链以及服务塑模,Design Lab 则专注于服务可行性的验证。这是一个阶段模型,此模型的特色是以现行顺序将每个流程步骤相继完成,每个阶段都有其互相关联性,也就是说,上个阶段的完成是下个阶段的启动条件。以下说明各阶段的内容:

(1) 第一阶段:趋势研究

本阶段研究外部环境的趋势发展所体现的消费者需求以及潜在的机会缺口,有条理地寻觅、收集、过滤新想法,以期产出成功率高的服务创意。

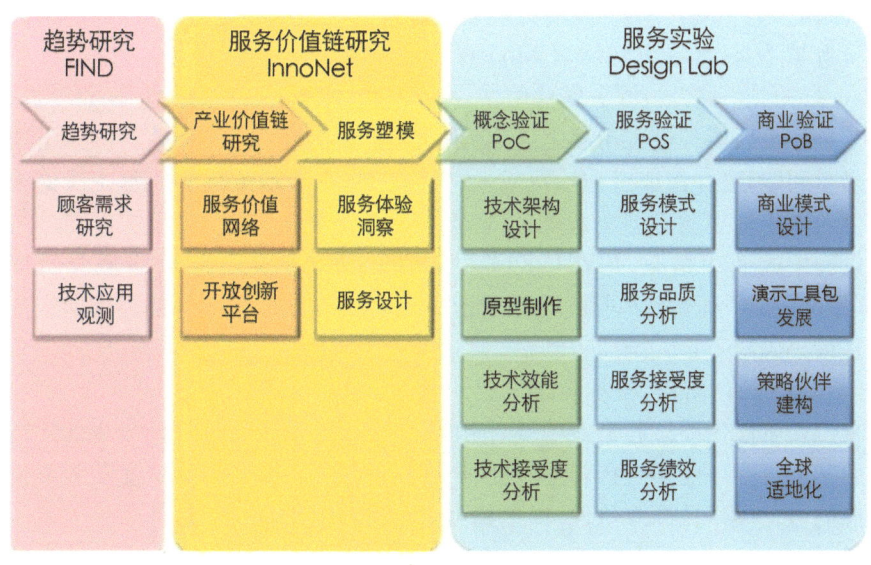

图 3-10　服务体验工程方法 V1.0 架构图

SEE总论					
FIND	InnoNet		Design Lab		Living Zone
趋势研究	产业价值链研究	服务塑模	概念验证 PoC	服务验证 PoS	商业验证 PoB
服务创新环境指标	开放创新平台	服务验证洞察	服务系统解析	网路服务验证	商业模式分析
技术应用契机	网路服务创新平台	服务设计	雏形系统设计与测试	服务模式设计与验证	国际发表演示工具包
生活形态与消费趋势	制造服务创新平台	服务雏形	技术可行性分析	使用者接受度分析	制造服务验证	生活实验室场域实证
	智慧商店创新平台	企业关系人洞察			场域实证与成效评估

图 3-11 服务体验工程方法 V2.0 架构图

(2) 第二阶段：服务价值链研究

本阶段为服务价值链研究阶段，分为产业价值链研究与服务塑模两个程序(Stage)。当开发新服务产品及交易活动，即产生新的产业价值链，同时将重新构建或重组新的参与者和利益相关者，因此，在此阶段的第一步产业价值链研究中必须界定产业价值链中所涉及的利益相关者，构建出新的服务原型。第二步服务塑模主要包括服务体验洞察与服务设计，服务体验的洞察通过深入使用者的日常生活，发觉其兴趣与爱好，分析其生活形态，以启发设计师灵感作为最新服务的起始点；服务设计则利用技术性工具[如质量功能展开(简称"质量屋")(Quality Function Deployment，QFD)；卡诺模型等]设计出三重模型，即服务产品模型(Service Product Model)、服务流程模型(Service Process Model)以及服务资源模型(Service Resource Model)，作为日后推动创新服务的依据。

(3) 第三阶段：服务实验

在创新服务进入市场之前，必须经过检验与测试，以避免上市后出现多重问题，避免造成资源浪费或影响企业形象。在服务体验工程方法论中创建了生活实验室创新系统，以现实生活环境为场景，检测受试者在参与过程中的使用情况，进而做必要的调整和改良。此阶段分为概念验证(Proof of Concept，PoC)、服务验证(Proof of Service，PoS)，能够确保服务在最小风险下正式推向市场。

(4) 第四阶段：服务实施

此阶段主要试验商业模式、国际发表 Demo Kit、场域实证与成效评估的实验创新事业来进行商业验证(Proof of Business，PoB)，验证某服务概念的可行性以及商业价值，以达到可复制的解决方案。

3.3.5 服务设计流程比较

1996 年,拉马斯瓦米(Ramaswamy)认为,服务设计流程呈现了服务设计从开始到执行的整个过程,是服务操作活动和顾客服务活动的顺序总和,且一个服务流程可再细分成多个小流程或次流程。比较上述服务设计流程,可以发现在服务策略流程中存在着结构相近性和应用差异性。

结构相近性:米特嫩(Miettinen)和科伊维斯托(Koivisto)提及,尽管不同学者在服务设计流程的步骤数量界定上有所不同,但各论述皆源自相同的理论逻辑。通过对上述流程中各任务内容和研究目的进行聚类分析,可以发现在服务设计中的不同策略流程都是围绕四个主要内容展开(图 3-12):(1)服务语境研究,即阐述服务设计的范畴和研究背景;(2)服务需求洞察,即探索服务中利益相关者的需求;(3)服务概念设计,即为核心的服务需求设计提案;(4)服务设计执行,即对服务设计方案的测试和实践。这与英国设计协会归纳的设计流程"双钻石模型"较为一致。

应用差异性:IDEO 的服务设计流程更强调打造突破性创新的服务体验。在初始阶段,它就强调要充分关注企业的外部因素,从而建立一种更为宏观的视角。整个流程呈现出一种从概念产生到现实映射的往复过程,目的是保证突破性的服务设计理念可以在设计过程中被组织接受,并通过不断进行可行性论证和实践来降低风险。Live|Work 和 Engine 的服务设计流程较为近似,都更关注企业本身的内部因素,在每一个流程任务中都强调了不同利益相关者和设计师的共同参与,同时更为细分的任务保证了流程的精准性。因此,Live|Work 和 Engine 的服务设计流程较适用于快速和精准地帮助企业进行服务业务和顾客体验的提升。服务体验工程在

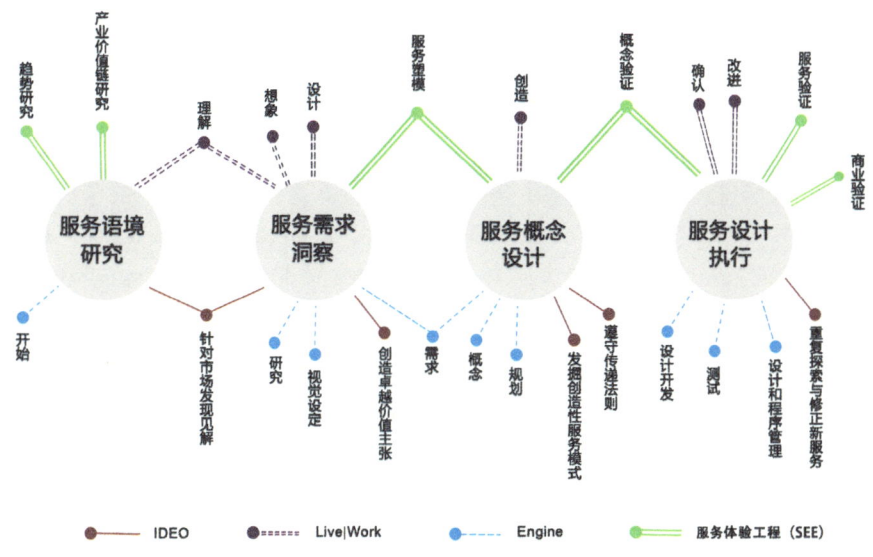

图 3-12 服务设计的一般性策略流程

服务流程任务中强化了技术应用,所以较适用于以技术为导向的服务设计中。

面对不同的服务设计项目时,具体的服务对象都会具有一定的特殊性,因此在服务设计项目开展之前,可依据服务项目的不同内涵或特征对上述流程进行调整,从而制订具有针对性的服务设计个别性策略流程,以提高服务设计的精度和效度[9]。

第 3 章注释

① 参见 Live|Work 网站,搜索于 2019 年 5 月 6 日。
② 参见服务设计工具(sdt)网站,搜索于 2019 年 5 月 6 日。
③ 参见设计委员会(Design Council)网站,搜索于 2019 年 5 月 6 日。
④ 参见这是服务设计(THIS IS SERVICE Design Doing)网站。
⑤ 参见 Live|Work 网站,搜索于 2017 年 10 月 26 日。
⑥ 参见引擎(Engine)公司网站,搜索于 2017 年 10 月 26 日。
⑦ 参见财团法人资讯工业策进会网站。
⑧ 参见亚洲大学官方网站"美学经济与服务体验工程研究中心"。
⑨ 此章节部分内容已发表至《包装工程》,详见张曦,胡飞.服务设计的一般性策略流程研究[J].包装工程,2018,39(2):42-47。

第 3 章参考文献

[1] 诺曼·K.邓津,伊冯娜·S.林肯.定性研究(第1卷):方法论基础[M].风笑天,等译.重庆:重庆大学出版社,2007.

[2] 李立新.设计艺术学研究方法[M].南京:江苏美术出版社,2010.

[3] 蓝石.社会科学定量研究的变量类型、方法选择及范例解析[M].重庆:重庆大学出版社,2011.

[4] 风笑天.定性研究与定量研究的差别及其结合[J].江苏行政学院学报,2017(2):68-74.

[5] 阿巴斯·塔沙克里,查尔斯·特德莱.混合方法论:定性方法和定量方法的结合[M].唐海华,译.重庆:重庆大学出版社,2010.

[6] The Design Council. The design process: what is the double diamond[EB/OL]. (2015-03-17)[2019-05-20]. https://www.designcouncil.org.uk/news-opinion/design-process-what-double-diamond.

[7] VARGO S L, LUSCH R F. The four service marketing myths: remnants of a goods-based, manufacturing model[J]. Journal of Service Research, 2004, 6(4): 324-335.

[8] 刘爱珍.现代服务学概论[M].上海:上海财经大学出版社,2008.

[9] BOOMS B, BITNER M J. Marketing strategies and organization structures for service firms[M]. New York: AMA Services, 1981.

[10] PINA E CUNHA M, REGO A, KAMOCHE K. Improvisation in service recovery[J]. Managing Service Quality: An International Journal, 2009, 19(6):

657-669.
[11] SECOMANDI F,SNELDERS D. The object of service design[J]. Design Issues, 2011,27(3):20-34.
[12] BASTIAN M,HEYMANN S,JACOMY M. Gephi:an open source software for exploring and manipulating networks[C]. San Jose:Third International AAAI Conference on Weblogs and Social Media,2009.
[13] KAHNEMAN D, DIENER E, SCHWARZ N. Well-being: the foundations of hedonic psychology[M]. New York:Russell Sage Foundation,1999.
[14] 宋同正.序一 服务设计的本质内涵和流程工具[J].设计学报,2014,19(2):1-8.
[15] 安迪·宝莱恩,拉夫伦斯·乐维亚,本·里森.服务设计与创新实践[M].王国胜,张盈盈,付美平,等译.北京:清华大学出版社,2015.
[16] CASTRO-LEON E, HARMON R. Cloud as a service:understanding the service innovation ecosystem[M]. New York:Apress,2016:80-81.
[17] 李瑞元.数位电子看板之创新服务实证研究[M].台北:秀威资训科技,2010.

第3章图表来源

图 3-1 源自:设计委员会(Design Council)网站.
图 3-2 至图 3-8 源自:晋漪萌、刘钊明绘制.
图 3-9 源自:MARK J,FRAN S. From small ideas to radical service innovation[J]. Design Management Review,2010,19(1):20-26.
图 3-10 源自:服务创新电子报网站.
图 3-11 源自:《服务体验工程方法:蓝图·工具·案例》.
图 3-12 源自:张曦绘制.
表 3-1 源自:晋漪萌、李顽强、刘钊明绘制.

下编 服务设计案例研究

4 服务设计案例研究之"医"

4.1 强化门诊护理服务设计[①]

4.1.1 背景简介

随着社会的发展以及人口老龄化趋势的日益加剧,越来越多的病人患有一种甚至多种慢性病长达数十年。对于复杂慢性病患者而言,由于治疗时间持久,需要接受经年累月不同程度的健康管理。然而,多种慢性病的合并不仅在悄无声息地缩短患者的生命,而且在无形中对复杂慢性病患者甚至社会的经济状况产生负面影响。据世界卫生组织(WHO)数据显示,2012年70岁以下的过早死亡占慢性病总死亡的40%以上。其中由于过早死亡而造成的生产力损失以及处理慢性病的个人和国家成本,成为减贫和可持续发展的重要障碍[1]。在这种情况下,社会对当前慢性病管理的效率和有效性提出了更高要求。

与此同时,随着医疗科技的极速发展,一种新型的以信息科技为支撑的"移动医疗"受到越来越多的关注。目前已有的移动医疗健康平台有谷歌公司的谷歌健身(Google Fit)、苹果公司的苹果健康(HealthKit)、高通公司的移动健康创新中心(CCmHI)计划等。例如,CCmHI 计划就是针对慢性病管理开发的一项移动健康项目。可见,借助先进的医疗科技,针对复杂慢性病的护理实践从反应治疗转变为以患者为中心的主动健康管理将成为趋势。本节介绍的强化门诊护理(Intensive Ambulatory Care, eIAC)[②]计划是飞利浦公司远程医疗产品组合中的一项服务内容。

4.1.2 用户与利益相关者分析

复杂慢性病患者在接受长期治疗的过程中,不仅需要按时就医复诊、听从不同责任医师的护理建议,还要面临由于患有多种慢性病而导致的经济困境与生活压力。此外,健康管理过程中如有不慎,容易引发并发症而频繁入院。长此以往,对于患者而言,身心健康将受到极大损耗;对于社会和医疗机构而言,将产生更高的护理成本。

在此,将以一位患有多种慢性病的老年患者为目标用户展开案例分析。苏珊,女,72岁,复杂慢性病患者。由于几种慢性病的并发症,这一年她已经住院两次。在现阶段,苏珊每天需要定时服用数十种的药物,难以跟上所有医生和护士提供的护理建议。不仅如此,苏珊的生活基本上完全被"慢性病治疗"包围。由于身体和心理长期受到疾病影响等原因,苏珊需要比一般慢性病患者更频繁地就医复诊,每次就医复诊时都需要花费大量的时间在等待上。同时,由于身体原因,苏珊与社会的接触也越来越少。

在过往复杂慢性病管理的利益相关者中,以患有多种慢性病的患者为中心向四周辐射主要涉及两个方面:一是医护人员,包括社区医生和护士、门诊医护人员、住院医护人员等;二是以家人、亲戚、朋友、社会工作者为主的社会支持力。然而,由于患者的情况复杂,与其关联的社区医护团队、门诊医护团队、住院医护团队缺乏有效的联系途径和方式,同时其社会力量也难以及时地提供相应的服务支持(图4-1)。

综上,复杂慢性病患者主要的需求与痛点包括三个方面:(1)多种慢性病的有效控制与管理。然而由于缺乏专业的护理技能与培训,患者的病情往往反复、不稳定。(2)生活独立自主、拥有更多的自由时间。然而由于病情的反复无常,需要不定期的前往医院进行就医,加之医院的挂号、排队时间久,患者需要花费大量的时间在医院。(3)获得社会价值的认同感。然而由于多种慢性病,患者的身体机能受到大幅影响,患者不仅失去工作能力、提前退休,还可能无法出远门甚至需要长期在家休养。

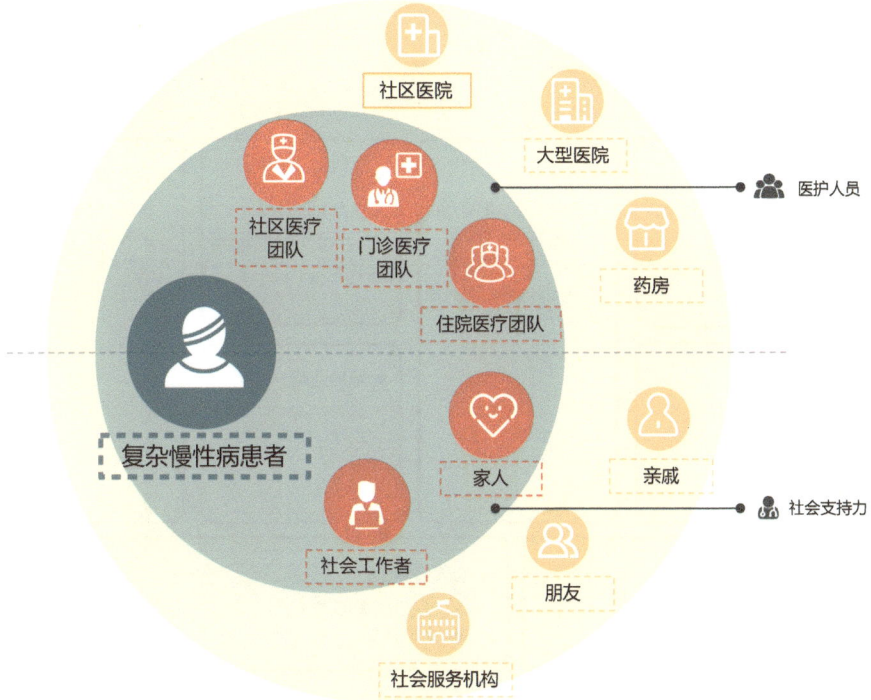

图4-1 过往的复杂慢性病管理的利益相关者图

4.1.3 服务提供与商业模式分析

强化门诊护理计划专注于患有多种慢性病的患者,旨在支持复杂慢性病患者在家中管理他们的病情。其价值主张是,创建一个有凝聚力的远程医疗护理系统,减少患者的住院率,同时为患者提供最高水平的护理服务。强化门诊护理计划通过电子护理协调平台(eCare Coordinator)远程医疗软件技术,联合医疗机构、社会管理机构组成协作团队,以患者为中心,依据患者护理需求定制服务,同时为其提供远程监控生命特征、管理健康情况并及时做出决策反馈的关键业务(图4-2)。

在具体的协作团队组建过程中,强化门诊护理计划针对传统复杂慢性病管理中存在的问题对其相关利益者进行了资源重组,以患有多种慢性病的患者为中心,向四周辐射形成三大服务主体(图4-3):(1)核心服务主体。由护理协调员、医生、社会工作者、药剂师和注册护士共同组成远程医疗团队,同时通过设置私人健康教练为患者提供协同服务。其中私人健康教练不仅是患者的倡导者和陪练伙伴,更是远程医疗团队的眼睛和耳朵。(2)社会辅助服务主体。由家人、亲戚、朋友、社会工作者、志愿者等组成社会支持力团队,同时通过社会工作者连接、配合核心服务主体以及患者选定的社会服务提供支持。(3)医疗辅助服务主体。由社区医护人员、门诊医护人员、住院医护人员共同组成医疗辅助团队,同时从以往的直接服务提供者转变为间接服务提供者,配合核心服务团队提供医疗支持。

在具体的服务提供过程中,强化门诊护理计划通过电子护理协调平台联系和促进所有相关利益者之间的合作关系,实现了高度协作的服务提供

重要伙伴	关键业务	价值主张	客户关系	客户细分
· 医疗机构; · 远程医疗团队(由一名护理协调员、一名医生、一名社会工作者、一名药剂师和一名注册护士共同组成) · 健康教练	· 远程监控患者的生命特征、管理患者的健康情况并及时做出决策反馈	· 创建一个有凝聚力的远程医疗护理系统,减少患者的住院率,同时为患者提供最高水平的护理服务	· 以患者为中心; · 依据患者护理需求定制服务	· 患有多种慢性病的患者; · 医疗机构; · 医疗专业人员
	核心资源 · eCare Coordinator远程医疗软件技术; · 协同合作团队		**渠道通路** · eCare Coordinator软件平台	

成本结构	收入来源
· eCare Coordinator平台维护成本以及技术开发成本; · 远程医疗团队等服务人员的服务、培训成本	· 医疗机构技术购买收入; · 患者的服务支付收入

图4-2 强化门诊护理计划的商业模式画布图

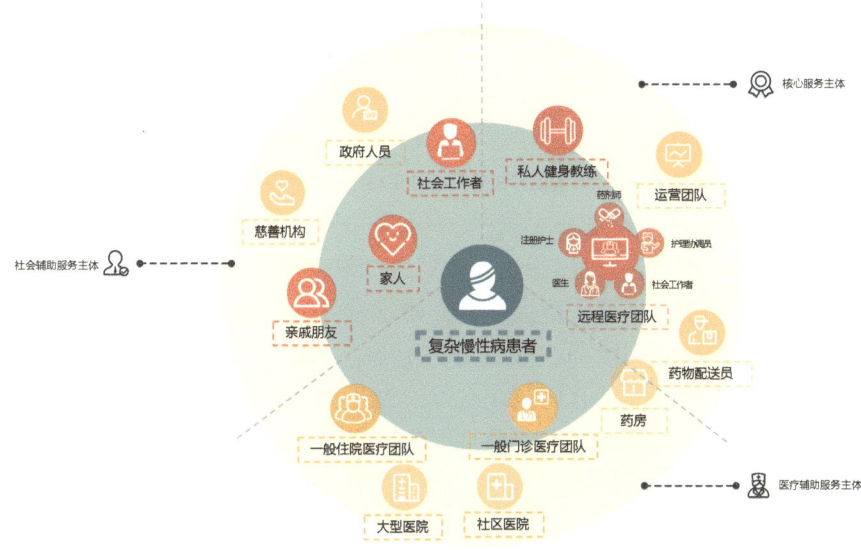

图 4-3　强化门诊护理计划的利益相关者图

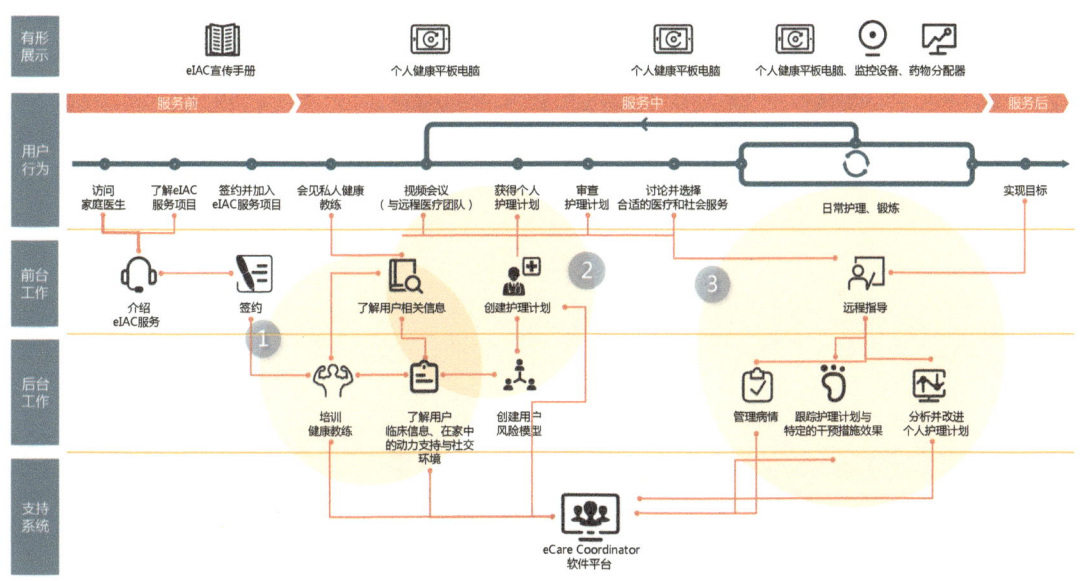

图 4-4　强化门诊护理计划的服务蓝图

注:图中数字1、2、3是指"服务中阶段"中的三大核心服务,即私人健康教练、个人护理计划、远程护理指导。

环境(图 4-4)。强化门诊护理计划的服务提供依据流程可分为三个方面:(1)服务前阶段,即主要通过社区、社区医生或者家庭医生的推广服务项目吸引满足条件的患者,并签订合约。(2)服务中阶段包括三大核心服务:一是私人健康教练,即通过健康教练的介入了解用户的临床信息与其获得的社会支持力现状;二是个人护理计划,即远程医疗团队依据算法得到的用户风险模型为用户定制个人护理计划,用户在此基础上与健康教练讨论并选择合适的医疗和社会服务;三是远程护理指导,即远程医疗团队通过电子护理协调平台与用户建立联系,实时了解用户的生命特征和自我护理障碍,依据算法分析并调整用户的个人护理计划。(3)服务后阶段,即最终实现用户预先定制的个人目标。

4.1.4 服务流程与服务场景分析

基于用户视角,强化门诊护理计划的服务流程可分为五个部分:(1)加入服务项目。用户通过家庭医生的介绍了解并签约强化门诊护理计划的远程医疗服务计划,此后便可以减少到达医院的次数以及在医院的等待时间,享受更多在家的时间(图4-5)。(2)私人健康教练。强化门诊护理计划为用户匹配专业的私人健康教练与远程医疗团队。用户通过视频面对面交流的形式与护理团队交流信息,以便定制个人护理计划与健康管理。(3)个人护理计划。强化门诊护理计划依据获取到的信息建立用户风险模型并为用户定制个人护理计划。用户通过科学算法并依据个人喜好选择合适的医疗服务与社会服务,更好地融入社会生活。(4)远程护理指导。强化门诊护理计划通过个人健康平板电脑和监控设备实施检测用户身体特征、药物分配器跟踪用户药物服用情况,实现用户在家的安全锻炼、健康护理与管理的目标,"归还"用户更多的自由时间。(5)实现个人目标。最终用户通过强化门诊护理计划的远程医疗服务实现病情的有效控制,生活上更加独立自主。

下文针对私人健康教练、个人护理计划、远程护理指导三种服务,展开服务场景和服务触点的具体分析。

服务场景1:私人健康教练(图4-6)。(1)健康教练介入。私人健康教练经过专业培训,作为用户的日常护理生活陪练伙伴,给予用户支持与陪

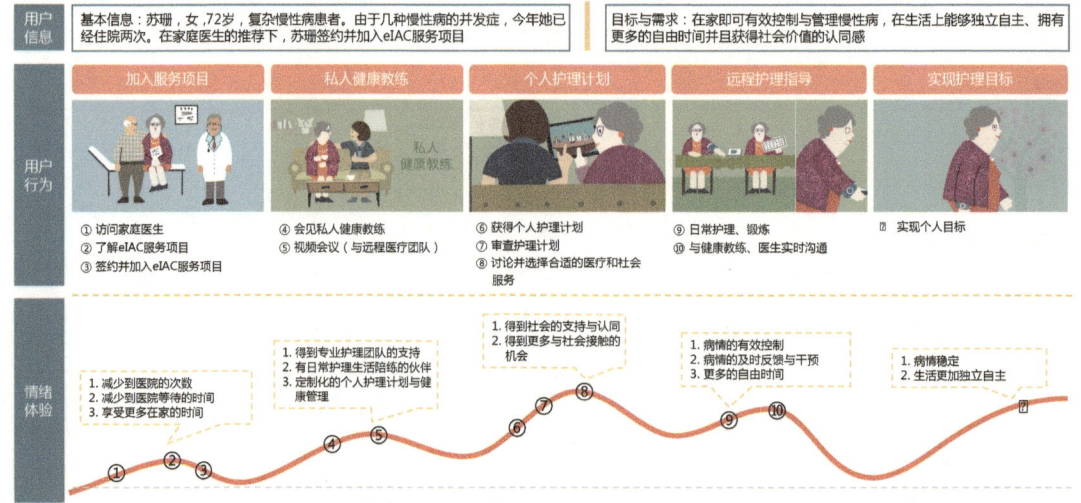

图4-5 强化门诊护理计划的客户旅程图

伴,同时作为远程医疗团队的眼睛与耳朵,及时反馈用户的情况。(2)深层背景理解。用户的个人目标与所在环境获得的社会支持力极大地影响用户的健康护理情况。通过这一服务触点全面地了解用户的相关信息,真正地实现以用户为中心的健康管理。(3)风险模型创建。强化门诊护理计划具有飞利浦公司的专有算法,依据获得的用户信息创建风险模型。同时考虑了用户群体的动态特征,可根据每位患者的状态进行调整,有助于患者选择合适的医疗和社会服务,以减少其再入院的频次。(4)远程视频会议。通过电子护理协调平台,远程医疗团队与用户建立联系,从而实现更准确的评估;通过将照片附加到他们的记录中来深入了解用户的生活环境,并在日历视图中访问护理计划活动的全面日志。

服务场景 2:个人护理计划(图 4-7)。(1)护理计划定制。远程医疗团队根据用户的特定需求(包括病情、语言和认知或特定业务需求、转诊来源、付款人和地理位置)制订新的护理计划。用户与健康教练共同审查护理计划,如其中有不符合用户意愿之处可以调整护理计划,直至双方达成认同。(2)协同服务定制。用户依据护理计划讨论并选择合适的医疗服务和社会服务(例如药物配送、生活照料、娱乐活动、精神慰藉等)。护理协调员、医生、药剂师、注册护士、健康教练、社会工作者、志愿者等协同合作为用户提供定制服务。

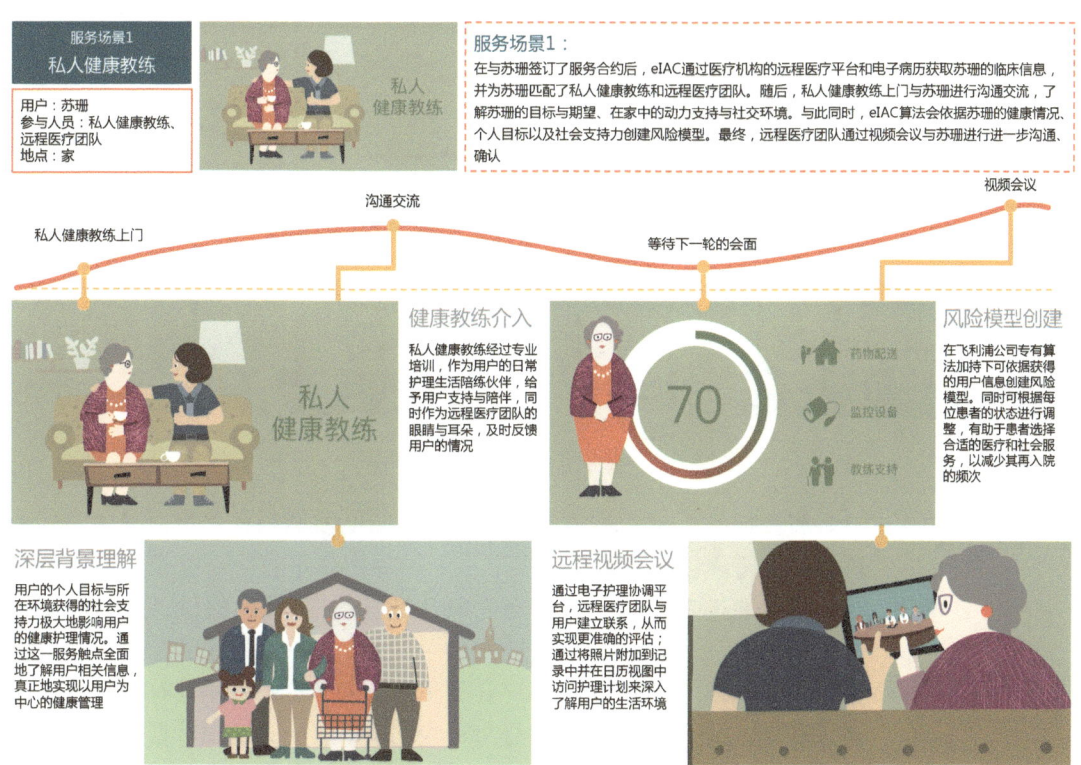

图 4-6　服务场景 1:私人健康教练

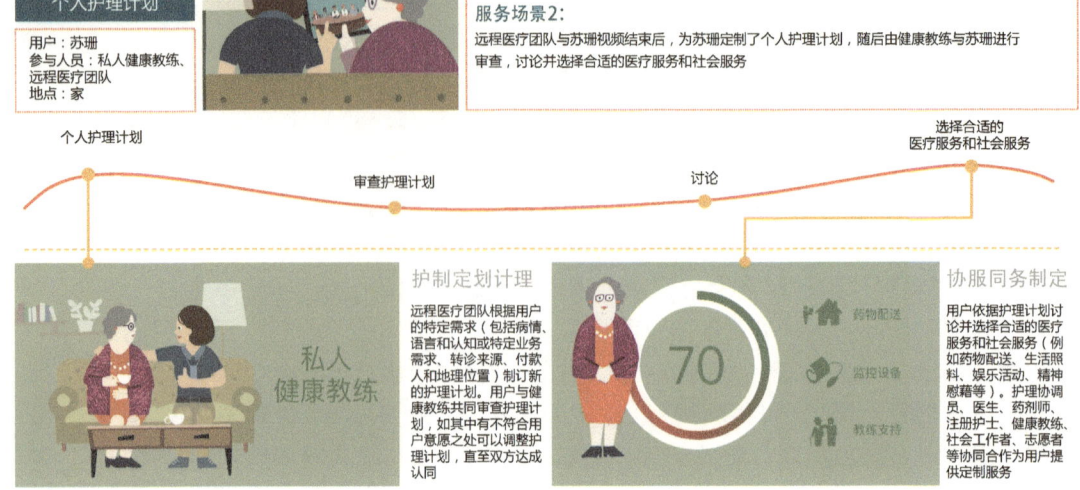

图 4-7　服务场景 2：个人护理计划

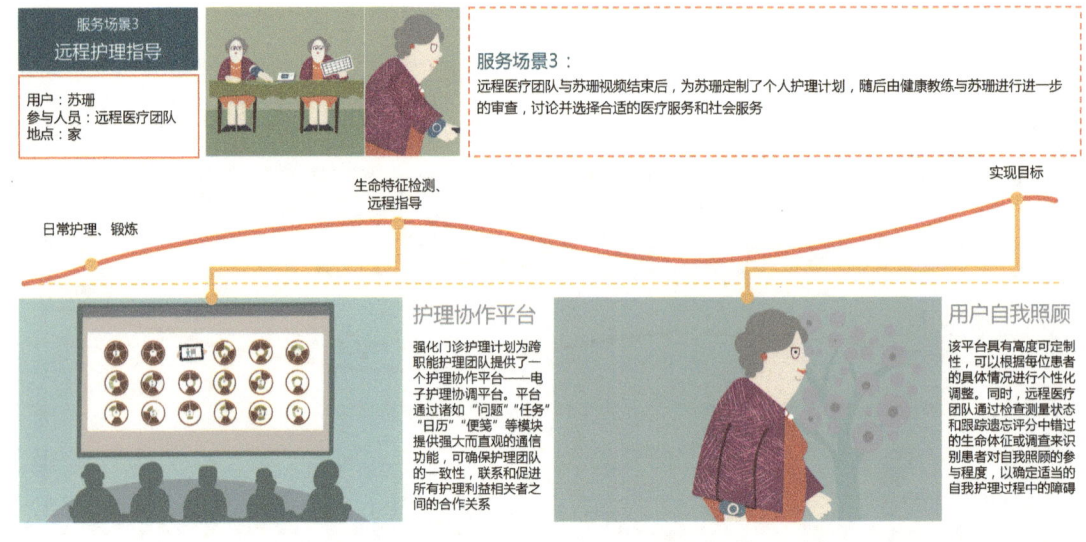

图 4-8　服务场景 3：远程护理指导

服务场景 3：远程护理指导（图 4-8）。(1)护理协作平台。强化门诊护理计划为跨职能护理团队提供了一个护理协作平台——电子护理协调平台。平台通过诸如"问题""任务""日历""便笺"等模块提供了强大而直观的通信功能，可确保扩展护理团队的一致性，联系和促进所有护理利益相关者之间的合作关系。(2)用户自我照顾。该平台和程序具有高度可定制性，可以根据每位患者的当前行为和变化准备情况对护理计划进行个性化调整。远程医疗团队通过检查测量状态（完成/部分完成/完全没有完成/未分配）、跟踪遗忘评分中错过的生命体征和识别患者对自我照顾的参与程度,以确定适当的自我护理过程中的障碍。

4.1.5 服务创新及其价值

总体而言,在服务人员上,强化门诊护理计划基于电子护理协调平台发展组织能力,医生、护士、药剂师、社会工作者、护理协调员、志愿者、家人、亲友等多方人员为用户提供综合、协调的护理服务。在服务场所上,通过结合监控和教育的领先的远程医疗技术,以及将前一派系护理团队成员联合起来的转化临床模型,强化门诊护理计划为用户提供高水平的护理服务,实现在家护理、自我照顾的可能性。在服务设施上,强化门诊护理计划通过个人健康平板电脑、健康检测设备、智能可穿戴设备等产品与用户建立联系,通过全面评估了解成员、远程监控收集临床数据,实现与用户的远程会诊。在服务信息上,通过电子护理协调平台这个远程医疗软件平台,允许临床医生远程监控患者的生命体征,并向患者发送有关其健康状况的简短调查。这种客观数据和主观反应的结合使临床医生能够做出明智、及时的护理决策。

根据飞利浦公司发布的信息显示,强化门诊护理计划通过服务提供实现了显著的服务创新效益:护理成本降低27%,急性和长期护理费用降低32%。对于用户而言,基于易于使用的电子服务伴侣(eCare Companion),获得量身定制的远程医疗护理服务,实现住院率与住院次数的有效降低。对于护理人员而言,协同设计的临床工具便于各种护理团队专业人员远程监控患者的生命体征。对于医疗机构而言,强化门诊护理计划重新定制了工作流程以支持护理组织流程,有效利用了现有医疗与社会资源。最终,强化门诊护理计划实现了以用户为中心的定制化、全天候的健康管理服务体验,多学科团队协同合作的科学、专业的服务品质,基于医疗大数据的远程健康管理服务价值。

强化门诊护理计划最关键的服务特色在于其"高科技"和"高接触"相结合的服务触点。"高科技"的核心部分为基于医疗大数据与分析算法的电子护理协调平台,旨在实现用户在家得到更安全、更及时的护理服务;"高接触"的核心部分为协同护理团队(由私人健康教练、护理协调员、医生、社会工作者、药剂师和注册护士共同组成),旨在通过整合用户周边最密切的人员共同提供服务,实现用户的个人目标。

4.2 "人民的药房"服务设计③

4.2.1 背景简介

为了减少客户用药的经济负担,国家通过完善药品采购机制、强化医保控费、加大创新药研发投入等积极举措稳定药品市场价格。长此以往,客户可以得到价格稳定的用药保障,甚至可以在廉价仿制药和品牌专利持有者之间更自由地选择。然而对于只专注于销售医药的药房而言,其传统的商业模式已不具备竞争优势。同时,随着生活的日益富裕,人们对医疗保健服务、健康生活的需求也日益强烈。据德勤发布的《2019全球医疗保健展望:塑造未来》报告显示,2018—2022年,全球医疗保健支出将以每年5.4%的速度增长,而2013—2017年的增速为每年2.9%,提速明显。

转变药房的战略定位,提供全新的、广泛的医疗保健服务已成为药房业务应对挑战的趋势之一。药房业务正在以销售医药为中心转向以用户健康需求为中心,给予用户更好的医疗保健服务体验,以增加客户黏性。用户与药房之间的关系正发生着潜移默化的变化。本节介绍的"人民的药房"(The People's Pharmacy)[①]项目,正是基于此语境下由海伦(Hellon)为芬兰药品连锁企业YTA提出的一种新型药房概念。

4.2.2 用户与利益相关者分析

过去,传统药店只专注于销售医药,用户与药房之间的关系只是简单的关于药品的买卖关系。然而随着人们对健康需求的不断提升,这样一种追求健康生活方式的消费者群体对药店的整体服务水平有了更高的要求。如今,用户去药店不仅是为了购买药品,而且想获得更多医疗咨询、健康护理、健康管理等相关服务。

本节将以一位追求健康生活方式的消费者为用户角色展开案例分析。马特先生,男,40岁,企业经理,亚健康人群。处于事业稳定期的马特先生,由于常年面临着生活和工作的双重压力,一直处于亚健康状态。虽然没有明确的疾病,却出现精神活力和适应能力下降的状况。为了恢复到正常的健康状态,马特先生会时常到药房购买相应的药品调理身体,但缺乏相应的药理知识,想向药剂师进行详细的咨询却又因药房员工不足不能叨扰太久,有时涉及隐私问题不方便在公共空间里询问。此外,由于药房提供的服务有限,马特先生还需要去往不同的场所咨询相关医疗保健问题。

因此,在普通药房的利益相关者中,用户与药房的关系仍以买卖医药为主。药房虽然可以提供简单的医疗咨询服务,但仍难以满足用户关于医疗保健的需求。此外,用户的主要利益相关者往往还会涉及拥有价格优势的其他药房,可提供基础医疗保健服务的大型医院医师团队或社区医院医师团队,可提供医疗保险、社会福利咨询的相关机构人员,可提供其他促进健康服务的人员,例如膳食营养师、健身教练、保健按摩师等。完善的医疗保健体系应是联合各方资源共同为用户提供完善的医疗保健服务,然而,目前各机构处于分离状态,缺乏有机联系,以至于社会医疗保健的压力大多由医疗中心所承担(图4-9)。

可见,用户在普通药房中的主要需求与痛点在于:(1)广泛的健康和医疗保健服务。由于普通药房主要提供药品的销售服务,难以满足用户多样

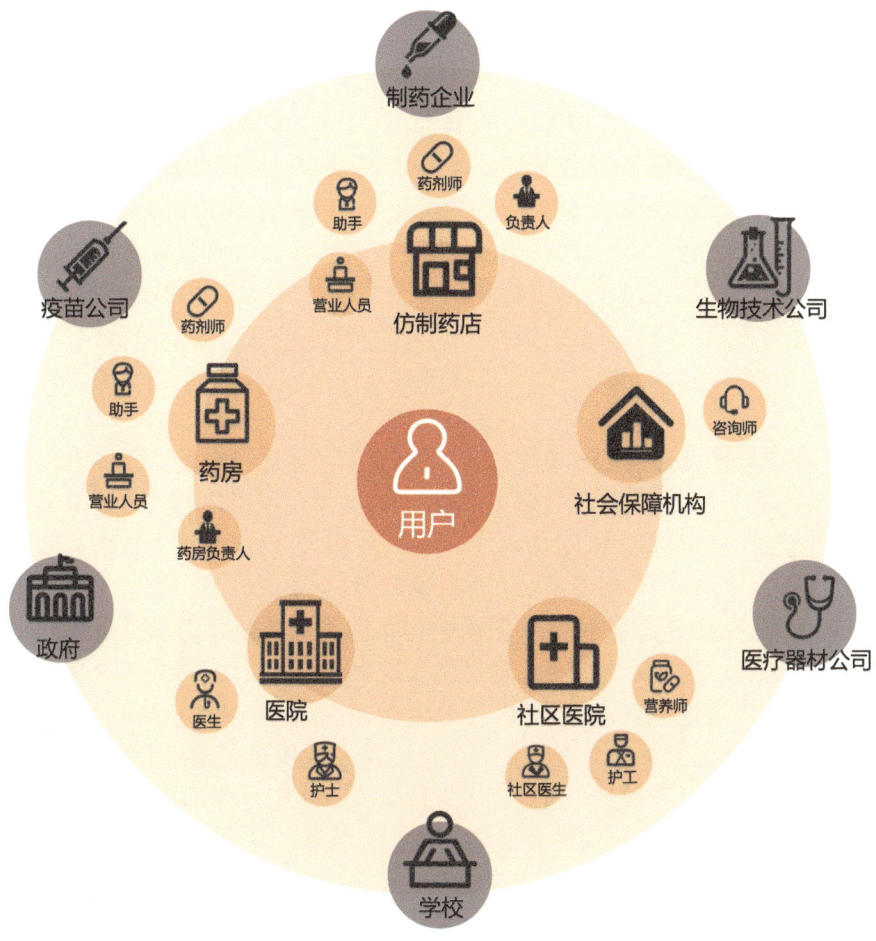

图 4-9 普通药房的利益相关者图

化的需求,使得用户往往需要访问多家机构来满足健康管理需要。(2)健康信息的隐私需求。由于普通药房开放式的空间设计,用户往往不能处于松弛状态与药剂师交流。

4.2.3 服务提供与商业模式分析

"人民的药房"着重于通过改善用户体验和提供新的医疗保健服务来改善用户的福祉,将药房链指向医疗保健生态系统中更积极的角色。其价值主张是,从销售处方药转向改善客户福祉,从疾病治疗转向健康管理,提供与人们的福祉和积极生活方式相关的服务和产品。一方面,"人民的药房"通过强化药房作为医疗保健专家的作用,并与公共医疗保健建立新的合作关系,为用户提供健康促进服务、护士护理服务和沙龙治疗服务。另一方面,"人民的药房"通过线下实体店的相关设计,为不同类型的客户(快速服务型客户和不紧急服务型客户)提供更多的定制服务,从而提高客户的满意度和忠诚度(图 4-10)。

"人民的药房"通过服务设计的方法重构了以用户为导向的商业模式，形成了三类服务主体(图 4-11)：(1)健康促进服务团队，主要由药剂师、药剂护士、健康分析师、营养教练组成，为用户提供健康促进服务。(2)护士护理服务团队，主要由医疗保健专业人员、注册护士组成，为用户提供护士护理服务。(3)沙龙治疗服务团队，主要由美容师、足部按摩师、修脚师、康复理疗师、刮痧师等专业医师组成，为用户提供沙龙治疗服务。此外，"人民的药房"重新定义了药品零售业在整个医疗保健生态系统中的角色，为公共部门最紧急和最复杂的医疗服务分配资源，整合制药公司、医疗器材公司、生物技术公司以及其他医疗保健服务机构为用户提供完整的医疗保健服务。

在具体的服务提供过程中，"人民的药房"主要通过各利益相关者的相互配合，在与用户进行谈话、倾听、观察的过程中理解用户的真实需求并为用户提供个性定制服务(图 4-12)。"人民的药房"的服务提供依据流程可分为服务前、服务中、服务后。在服务前阶段，主要通过门店的视觉形象设计吸引用户进入门店。服务中阶段依据不同类型的用户需求可分为四项核心服务：(1)快速处方服务。通过站立式服务台的设计，将快速处理处方需求的用户进行引流，为其提供处方更新、药物审查、药物分发的快速服务。(2)健康促进服务。该服务主要指为用户提供普通药房服务、健康分析服务与营养指导服务。通过让用户预先填写信息表格、与用户进行访谈充分了解用户的健康状态、生活方式和生活压力，为用户提供相应的指导与建议。(3)护士护理服务。该服务主要指为用户提供个性化的医疗资讯、测量、疫苗接种和注射等护理服务。其中在为用户注射疫苗前，注册护

重要伙伴	关键业务	价值主张	客户关系	客户细分
• 公共医疗保健机构； • 制药企业； • 政府	• 健康促进服务； • 护士护理服务； • 沙龙治疗服务	从销售处方药转向改善客户福祉，从疾病治疗转向健康管理，提供与人们的福祉和积极生活方式相关的服务和产品	• 以客户为导向开发人民药房的业务； • 通过新的服务理念提高客户的满意度和忠诚度	• 快速服务型客户； • 不紧急服务型客户
	核心资源		渠道通路	
	• 药房作为医疗保健专家的作用，可提供低屏障的医疗服务		• 人民的药方的线下实体店； • YTA官方网站	

成本结构	收入来源
• 药房服务人员的劳动支出成本； • 药物、产品的采购成本； • 相关活动的举办、维护成本	• 客户购买服务/处方药； • 与公共医疗保健机构的合作分成

图 4-10 "人民的药房"商业模式画布图

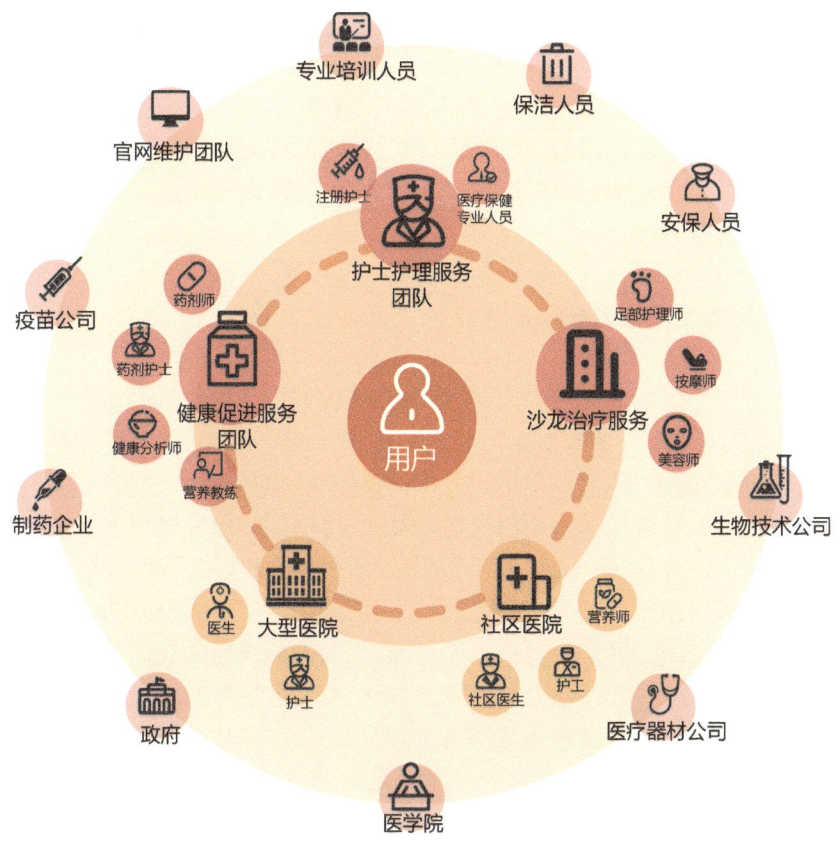

图 4-11 "人民的药房"利益相关者图

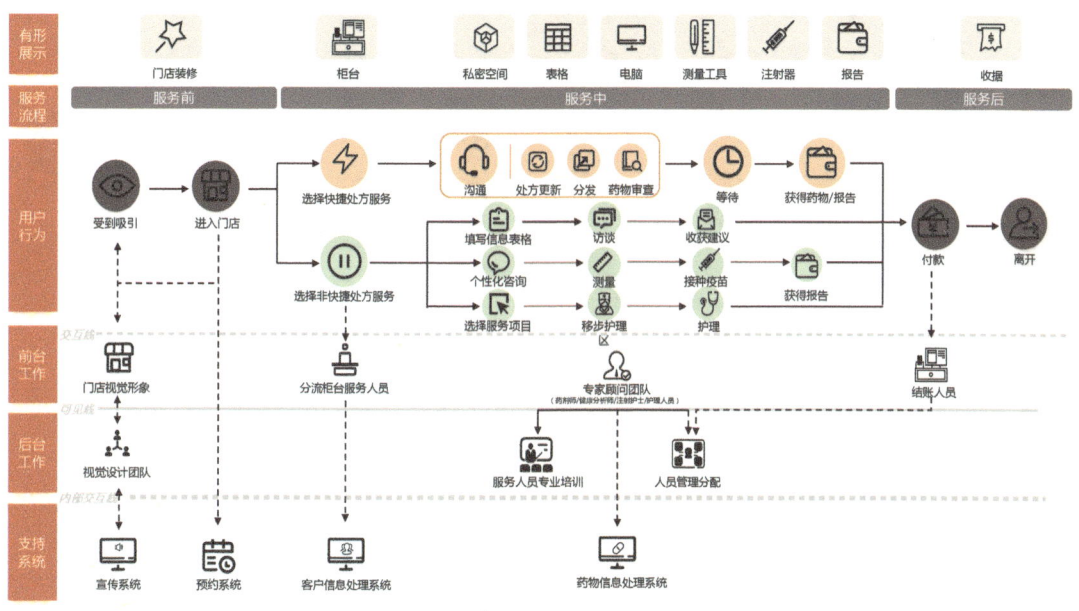

图 4-12 "人民的药房"服务蓝图

4 服务设计案例研究之"医" | 067

士通过相关的咨询、测量对疫苗的适用性以及接种疫苗的禁忌证进行评估，达到要求方对用户提供疫苗接种服务。(4)沙龙治疗服务。该服务主要指为用户提供包括皮肤治疗、腿部治疗、按摩等在内的治疗服务。通过专门沙龙空间的设计，为其营造既私密又舒适的环境氛围。同时依据不同用户的需求提供定制的护理套餐。在服务后阶段，用户在享受到相应的服务提供后缴费、离店。

4.2.4 服务流程与服务场景分析

基于用户视角，"人民的药房"的服务流程可分为四个部分（图4-13）：(1)进入门店。用户受到整体门店的环境设计吸引而选择"人民的药房"。这里不再是"隔绝"药剂师与用户而仅提供传统疾病治疗方法的购药场所，而是既可自由交流又注重用户健康隐私的、可供探索积极健康生活方式的舒适空间。(2)选择服务。"人民的药房"通过站立式服务台的设计快速地将用户分成快速服务型客户、不紧急服务型客户，并提供相应的服务。用户可依据自身的实际情况选择服务，如若当天需要快速购买药品或是无需咨询其他服务即可选择站立式服务台快速处理处方需求。(3)定制服务。"人民的药房"依据不紧急服务型客户不同的服务需求提供相应的定制服务。在这里，用户可享受完善的医疗保健服务，而无需访问其他药房。其中可享受的定制服务包括处方更新、药物审查、药物分发在内的普通药房服务；包括健康分析服务、营养指导服务在内的全面健康服务；包括个性化

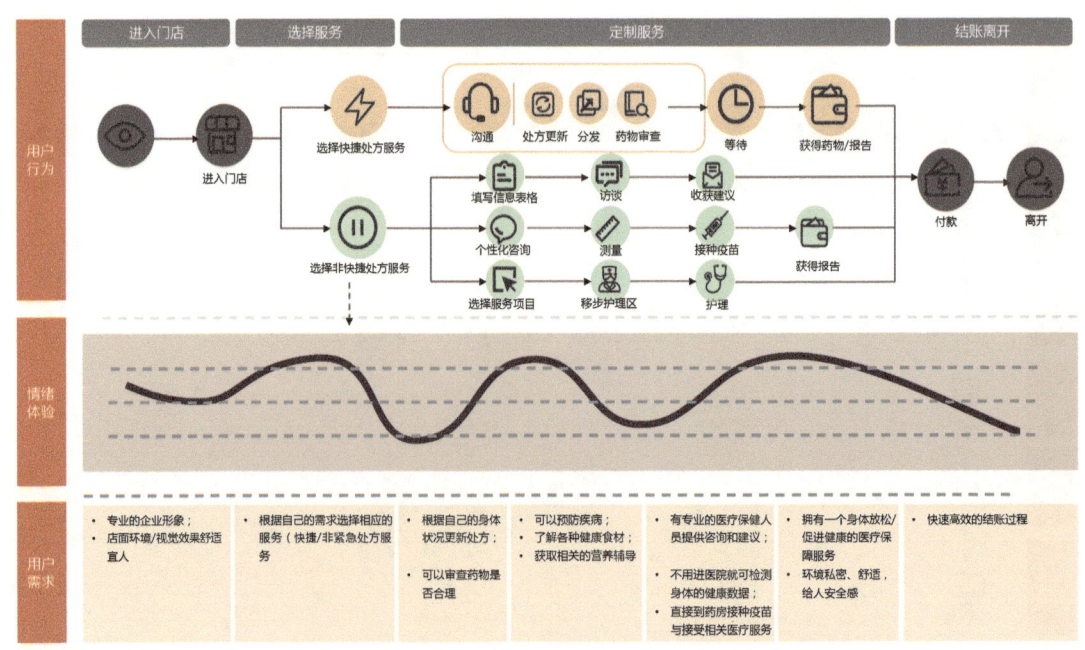

图4-13 "人民的药房"客户旅程图

的医疗咨询、测量、疫苗接种在内的护士护理服务；包括皮肤治疗、腿部治疗、按摩等在内的沙龙治疗服务。(4)结账离开。最终用户通过"人民的药房"实现了关于医疗保健服务的需求，获得更加积极的健康生活方式的指导建议。

"人民的药房"的核心服务可分为快速处方服务、健康促进服务、护士护理服务、沙龙治疗服务四种模式。因此，基于四种场景对服务触点展开具体分析。

服务场景1：快速处方服务(图4-14)。(1)站立式服务台。在普通药房里，一般顾客坐在药房角落等待他们的处方服务叫号，一旦到达处方台，即可得到服务并开具处方。站立式服务台正基于这样的认知，当用户进入门店选择站立式服务台也即表示他可获得快速处方服务。(2)药物配药。药物配药服务适用于使用常规药物的所有年龄段的顾客。服务包括药物分发、处方更新和药物审查。客户将获得一份为期两周的药物，一次用小袋分装。

服务场景2：健康促进服务(图4-15)。(1)私密交谈空间。对隐私的需求：用户在与药剂师谈论需求时不希望被其他人听到。因此，在私密交谈空间中的桌子上方设有一个扬声器系统，在服务区域周围发出声音，但在桌子正上方创建了一个安静的区域，以便在客户所在的直接空间内没有噪音[2]。(2)营养辅导。"人民的药房"通过用户预先填写的信息表格、访谈和食物日记深入了解用户的健康状态、生活方式和生活压力，为用户提供相应的关于适当饮食和膳食补充剂使用指导的建议。

服务场景3：护士护理服务(图4-16)。(1)科学测量。"人民的药房"拥有多种科学检测身体健康情况的方法与工具。在这里，用户可以快速准确地进行测量并绘制成图，如果测量结果显示有风险，测量人员会及时提

图4-14　服务场景1：快速处方服务

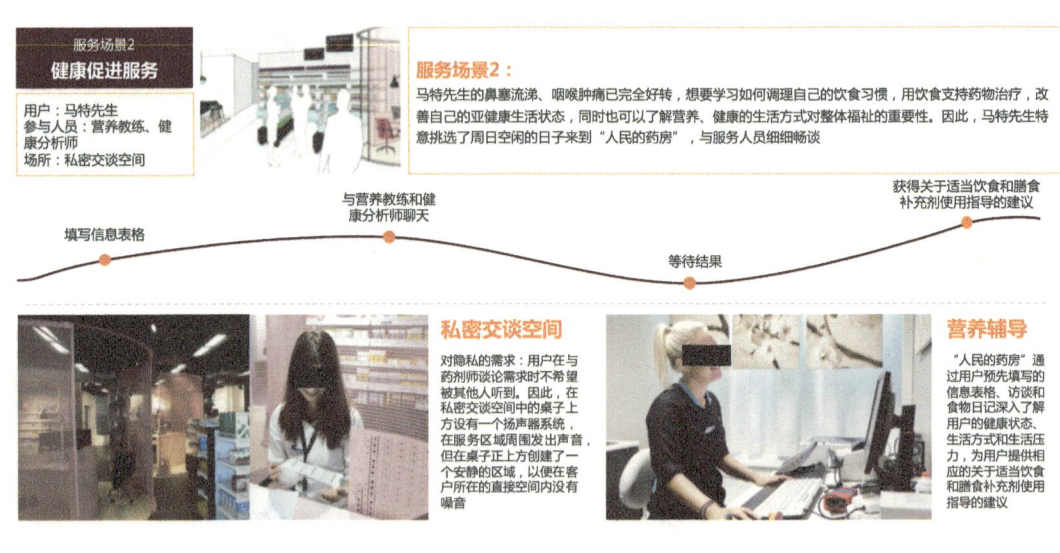

图 4-15 服务场景 2：健康促进服务

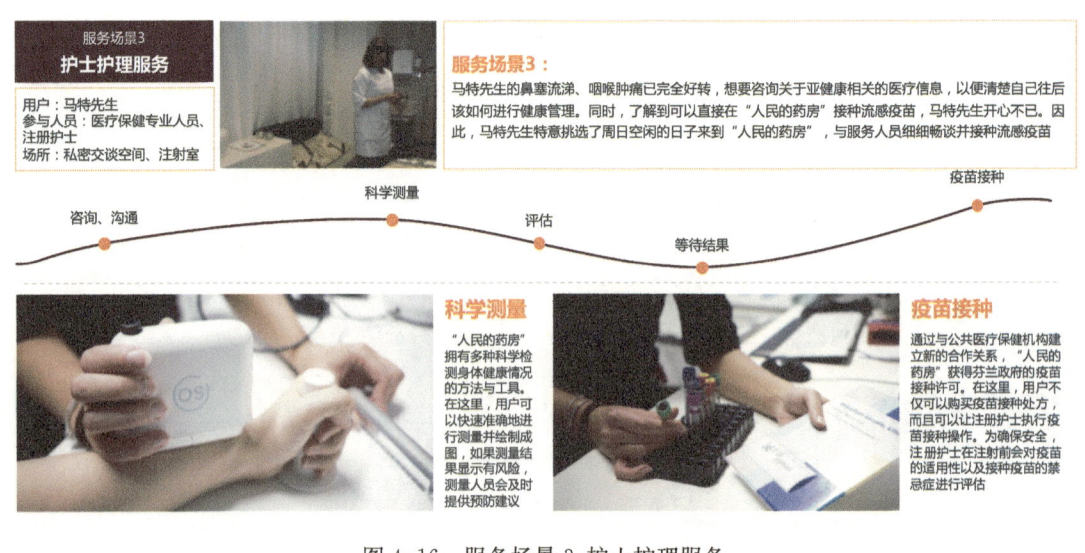

图 4-16 服务场景 3：护士护理服务

供预防建议。(2)疫苗接种。通过与公共医疗保健机构建立新的合作关系，"人民的药房"获得芬兰政府的疫苗接种许可。在这里，用户不仅可以购买疫苗接种处方，而且可以让注册护士执行疫苗接种操作。为确保安全，注册护士在注射前会对疫苗的适用性以及接种疫苗的禁忌证进行评估。

服务场景 4：沙龙治疗服务（图 4-17）。(1)沙龙治疗空间。沙龙治疗空间由多个区间组成，每个区间每次都仅供一位用户使用，可为其营造既私密又自由的空间氛围，可以全身心享受沙龙治疗服务，而不受其他因素影响。(2)沙龙服务项目。"人民的药房"提供全新的沙龙治疗护理服务。沙龙服务项目主要为皮肤治疗、腿部治疗以及按摩，并配备不同的医师团

图 4-17 服务场景 4：沙龙治疗服务

队。由于每位用户的身体、肤质状况不一，负责医师会为每位用户推荐不同的服务套餐（服务周期、具体的服务内容等）。

4.2.5 服务创新及其价值

根据 Hellon 公布的信息显示，"人民的药房"通过服务提供实现了显著的服务创新效益：总销售额增长 21%，处方服务销售额增长 27%，其中 86% 的客户不止产生一次购物行为，4/5 的客户极有可能向其他人推荐"人民的药房"新服务。对于用户而言，基于"人民的药房"扩展的全新服务，他无需再访问多家机构即可轻易实现对于广泛的健康和医疗保健服务的需要。对于药房而言，从销售处方药转向改善客户福祉，从疾病治疗转向健康管理，将药房链指向医疗保健生态系统中更积极的角色。此外，"人民的药房"这一服务模式充分调动了药房资源，一方面通过空间设计提高药房的内部工作效率；另一方面发挥了药房员工的主观能动性，为客户提供建议和指导。最终，"人民的药房"实现了基于客户需求提供个性化医疗保健的服务体验，基于人员、场所、设施、信息为用户提供的细致、周全的服务品质，基于整体人员的医疗专业知识改善客户福祉的服务价值。

例如，在服务人员上，"人民的药房"在内部组成健康促进服务团队、护士护理服务团队、沙龙治疗服务团队三大服务主体为用户提供定制服务，在外围整合制药公司、医疗器材公司、生物技术公司以及其他医疗保健服务机构为用户提供完整的医疗保健服务。在服务场所上，"人民的药房"打破了普通药房中药剂师与用户的"隔绝"状态，更加强调环境的可持续性和怡人性，平衡不同用户群体对空间情感的需要，例如站立式服务台、私密交谈空间和沙龙治疗空间。在服务设施上，"人民的药房"配备了药物检测仪、骨骼健康测量仪、各式美容仪等完善的医疗设备，为用户提供全面的、专业的医疗保健服务。在服务信息上，"人民的药房"综合了测量仪器的客观数据和服务团队的专业评估为用户提供具有针对性的指导与建议。

"人民的药房"区别于普通药房的核心在于它重新定义了自身的战略定位，并突出强调了它作为医疗保健专家的作用。从销售处方药转向改善客户福祉，从疾病治疗转向健康管理，"人民的药房"依靠的不仅仅是强大的医疗专业知识，更是将用户以及周遭可能涉及的所有服务要素（服务人员、服务场所、服务设施、服务信息）视为一个整体，最终在舒适的现代化设施中为用户提供广泛的产品和服务。

第 4 章注释

① 案例研究人员为彭凌、钟海静、李梦珂；指导人员为胡飞。
② eIAC 中的 e 指代企业远程医疗（Enterprise Telehealth），是飞利浦企业远程医疗产品组合中的一项；eIAC 的实际全称为 Enterprise Telehealth for Intensive Ambulatory Care。该项目获得 2016 年 SDN 最佳专业项目服务设计奖。参见飞利浦官方网站。
③ 案例研究人员为胡飞、彭凌、钟海静。
④ 该项目获得 2015 年 SDN 国际服务设计大奖、2014 年沃登·惠普特（Vuoden Huiput）服务设计类别一等奖、2013 年芬兰优秀设计奖（Fennia Prize）设计竞赛名誉提名奖。参见海伦（Hellon）官方网站。

第 4 章参考文献

[1] World Health Organization. Global status report on noncommunicable diseases 2014[R]. Geneva：World Health Organization，2014.
[2] PENIN L. An introduction to service design：designing the invisible [M]. London：Bloomsbury Publishing，2018.

第 4 章图片来源

图 4-1 源自：彭凌、钟海静绘制.
图 4-2 源自：彭凌绘制.
图 4-3、图 4-4 源自：彭凌、钟海静绘制.
图 4-5 至图 4-8 源自：彭凌、李梦珂、钟海静绘制.
图 4-9 源自：彭凌、钟海静绘制.

图 4-10 源自:彭凌绘制.

图 4-11 至图 4-13 源自:彭凌、钟海静绘制.

图 4-14 源自:彭凌、钟海静绘制[照片源自海伦(Hellon)官方网站;媒体(Medium)分享网站].

图 4-15 源自:彭凌、钟海静绘制[照片源自服务创新与设计(Service Innovation & Design)网站;药房 360(Apteekki 360)网站;PENIN L. An introduction to service design:designing the invisible[M]. London:Bloomsbury Publishing,2018)].

图 4-16 源自:彭凌、钟海静绘制[照片源自药房 360(Apteekki 360)网站;海伦(Hellon)官方网站].

图 4-17 源自:彭凌、钟海静绘制[照片源自药房 360(Apteekki 360)网站;纳瓦(Naava)网站].

5 服务设计案例研究之"食"

5.1 汉莎天厨儿童餐饮服务设计[①]

德国汉莎航空公司成立于20世纪50年代,以"差异化＋高端化"航空服务产品著称。按照载客量和机队规模计算,它为欧洲最大的航空公司;按照乘客载运量计算,它是世界第四大航空公司[1]。汉莎航空公司的主要服务领域包括客运、地勤、飞机维修、航空餐食、旅游和IT服务,国际国内的客运和货运是其核心业务。同时,汉莎航空公司拓展了团队旅游、接机、租车等业务,并与酒店、汽车租赁、邮轮、书籍订阅、银行和保险、电信与电子、购物和生活等行业展开合作(图5-1)。2017年12月,汉莎航空公司被天创(Skytrax)评为五星级航空公司,成为欧洲首个获此评级的航空公司。

汉莎天厨公司源自德国和北美,在航空配餐业有超过60年的经营管理经验。1942年美国航空公司创办了天厨公司(Sky Chefs)。1966年,汉莎航空公司在德国成立汉莎航空公司服务公司(Lufthansa Service GmbH,LSG)为其国内航线提供配餐。2001年汉莎航空公司服务公司与天厨公司完成合并,德国汉莎航空公司服务公司全资拥有天厨公司所有股

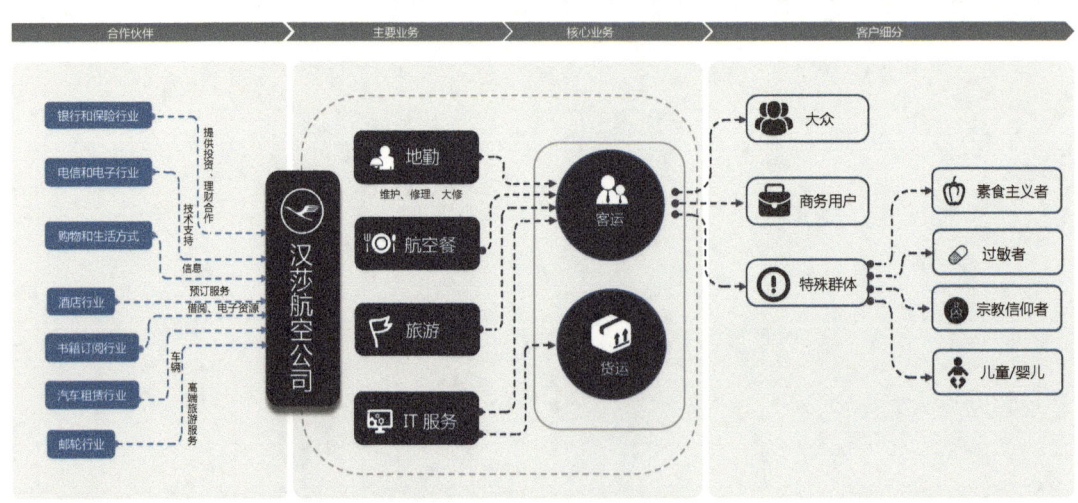

图 5-1 汉莎航空公司的组织架构

份。汉莎天厨公司是全球最大的客舱服务供应商,其服务包括航空配餐、航空用具配送、物流、客舱管理以及客舱零售管理等,也提供非航空公司的服务,例如在 7-11 便利店和奥兰多超市贩售三明治。汉莎天厨公司为全球 50 个国家、300 多个客户提供服务,2017 年生产了 6.96 亿份餐食,总营业额达到 32 亿欧元[②]。

在客运业务活动中,汉莎航空公司将客户细分为大众、商务用户、特殊群体(素食主义者、过敏者、宗教信仰者、儿童/婴儿)。汉莎天厨公司对用户进行细分时发现:儿童对于飞机上餐饮的提供非常挑剔,与大众统一的口味无法满足其需求;同时,机上统一的餐食摆盘也使儿童对空中餐食感到乏味。针对这一现象,汉莎航空公司通过观察用户行为,尝试寻找解决方案。本案例以德国汉莎航空公司在客运服务中推出的"机上儿童餐饮"为切入点,对儿童乘机服务进行分析。

5.1.1 语境分析

1) 社会背景分析

随着大众消费理念的变化,消费者的服务需求也处于动态变化中。例如,乘客不仅关注航空运输的安全与速度,也关注乘机的舒适度与体验感。面对顾客需求的变化,如何敏锐地把握用户需求及特征、充分利用技术资源以满足旅客需求是航空服务的重要课题之一。从乘机人群特征来看,有商务一族、业务人员以及各类游客,不同类型的乘机人群对乘机服务的需求存在较大差异。因而,在航空服务创新中要建立个性化的服务理念,对不同的乘客实施相应的服务,以提升乘客的满意度。近年来,越来越多的父母选择假期带孩子出游,既有国内游,也有出境游;部分地区还出现了有特殊需求的"无陪"儿童,儿童群体乘机频次开始大幅度增加。因此,针对儿童这一特殊群体的乘机问题成为各大航空公司关注的重要问题。

2) 经济背景分析

根据国际民航组织(ICAO)报告,2015 年全球定期航班客运量达到 35 亿人次,并呈现逐年上涨的趋势[2]。面对竞争激烈的服务市场,各航空公司采取不同的创新策略以获得竞争优势,进而逐步占领市场份额。新加坡航空公司采用"40-30-30 法则"[③]创新服务理念和产品,通过产品革新和服务升级实现服务品质的持续发展[3];新西兰航空公司与 IDEO 合作,从机舱内的布局、设施、服务和娱乐系统等方面,重新打造长途旅行体验[4];厦门航空公司在客舱服务中融入地方特色,机上广播除了普通话和英语外,增加了闽南语播报,并提供有闽南特色的功夫茶等服务,实现客舱服务的特色化品牌效应[5]。由此可见,国内外航空企业在差异化服务方面的关注度日益提高。

3) 技术背景分析

由于航空飞行的安全因素,乘客在飞行过程中有较多限制因素,通过服务来优化乘机体验是提升服务品质的重要途径。在英国航空公司与数据导向型趋势研究机构远见工厂（Foresight Factory）合作编写的《英航2119：未来飞行》[6]报告中指出，消费者希望飞行体验更具个性化，航班具备用于开展社交活动的公共空间、可以根据乘客个人需求定制食品和饮料、基于云的工作设施和娱乐设施等。目前，部分航空公司已经实现机上使用无线网（Wi-Fi）的功能，机上服务智能化、定制化已成为航空服务发展的新趋势。

5.1.2　目标用户与利益相关者分析

在机上儿童餐饮问题中，儿童与相应的航空服务人员是核心主体，也是机上儿童餐饮服务系统的主要服务对象，其中服务提供者是航空服务人员，服务对象是乘机儿童。为了深入了解儿童餐饮的主要问题，首先要对儿童乘机行为流程进行调研分析，观察儿童、航空服务人员在机上餐饮服务中的具体情况，明确整个机上餐饮服务过程中的操作行为、心理动机、期待偏好等用户信息。此外，还要对儿童乘机流程进行调研，从整个行为流程中发现关联问题。考虑到儿童与航空服务人员有可能出现的沟通障碍，将儿童登机流程分为登机前（主要针对候机）、机上、下机三个场景。目标用户主要是两类人群：一是带孩子一起旅行的家庭，孩子年龄在0岁到12岁之间；二是年龄在5岁以上的"无陪"儿童，前往机场及目的地有接机人（年满18周岁），接送机人需要时刻保持电话畅通。

用户角色：小明，8岁，家住上海浦东区，就读于上海某实验小学，父母工作稳定且收入较高，但由于工作繁忙，很少陪伴他，但父母每年抽出时间带他出游6—8次，通常选择乘机出行。小明喜欢穿黑色有图案的衣服，因为感觉比较酷；喜欢吃形状特别、颜色搭配好看的食物，常常告诉父母自己想吃的食物，不吃自己不喜欢的食物；学习之余，喜欢玩电子游戏消磨时间，对游戏和动画片有极高的兴趣（图5-2）。

图5-2　用户角色

在儿童乘机时,经常会遇到以下几个问题:(1)由于环境不熟悉,加上周围没有自己感兴趣的东西,在候机厅内感到很无聊;(2)飞机餐没有可选品类、口味难以适应,不是太辣就是太咸;(3)机内环境封闭且限制条件较多,如果飞行时间较长,没有适合的娱乐消遣方式;(4)下机后,急匆匆离开飞机,对飞行模式感到厌倦。

针对这些问题可提取出四个主要需求:(1)候机时有专属儿童的娱乐活动;(2)有儿童餐饮预约服务,可以品尝到口味合适、菜品好看的儿童餐;(3)飞行时有符合儿童喜好的娱乐消遣方式;(4)下机后可以回顾自己的飞行旅程。

针对机上儿童餐饮目标群体的儿童,以满足儿童的就餐需求为中心,有利于梳理不同利益相关者之间的关系,建立利益相关者网络图(图5-3)。机上儿童餐饮的核心利益相关者包括儿童(不同年龄段的婴儿、低龄儿童等)、父母、汉莎天厨公司等;直接利益相关者包括运营团队、汉莎物流、乘务员、品控人员、仓库管理员等直接影响儿童就餐体验的个人或组织;间接利益相关者包括技术供应商、媒体、食材供应商、外包公司、星空联盟合作公司等间接影响儿童就餐体验的个人或组织。

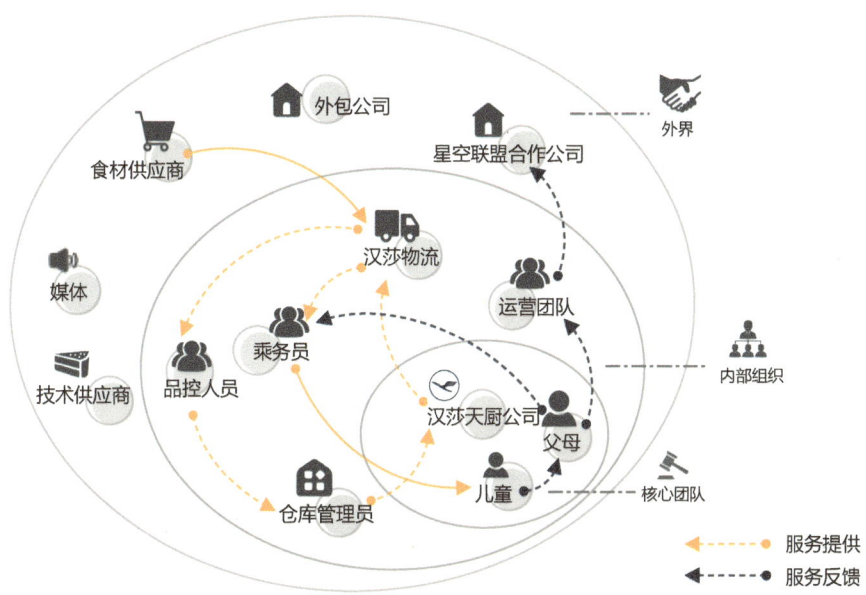

图5-3 汉莎航空公司儿童餐饮服务的利益相关图

5.1.3 服务提供与商业模式分析

商业模式的创新是在最大限度内满足不同利益相关者的诉求,汉莎航空公司以多渠道跨界合作和持续性价值传递的两种主要方式建立机上儿童餐饮服务商业模式(图5-4)。在增加收入来源方面,汉莎航空公司注重探索如何充分发挥自身的关键业务,例如机上餐食、娱乐等,以及与第三方公司的合作方式,充分利用合作商、代理商的渠道拓宽业务类型,发展新兴赢利点。由于服务客户的特殊性,汉莎航空公司注重与客户群建立起独特的主动服务型客户关系,积极探索不同客户群的实际需求,为不同类型的旅客提供差异化服务及优惠方式,向客户及潜在客户传递"家庭友好型、精细化、高品质、灵活创新"等价值主张。

整个机上儿童餐饮的服务过程分为餐食预订、餐食供给、服务反馈三个部分(图5-5):(1)餐食预订。儿童向父母提出饮食和娱乐需求,父母在登机前通过APP(应用程序)/官方网站告知相关航班,乘务员及运营团队收到通知后会提前做好相应准备。(2)餐食供给。供给流程如"服务提供"所示:由食材供应商通过汉莎物流将食材送至品控检测部门,食材经过检测进入仓库后转送至汉莎天厨公司进行加工制作,汉莎天厨公司通过物流送餐到相应的航班,由机组的乘务员提供食品给儿童。(3)服务反馈。父母可根据儿童的用餐情况对餐食进行评价,用餐相关信息会反馈到运营团队及星空联盟合作公司,为优化儿童用餐体验提供参考。

汉莎航空公司通过开发儿童餐食预订系统,为每个带孩子出行的家庭提供核心服务模块,设置儿童专用登机通道并发放礼品,为儿童营造类游戏化的场景体验;在候机室里提供游戏设备,为儿童提供个性、直观的活动空间;通过优化机舱空间及座椅尺寸打造舒适的乘机环境;增加儿童电影、电视、专辑、有声读物、博客、游戏等机上娱乐服务满足儿童丰富多样的兴趣爱好。以最大限度地满足儿童个性化、多样化的前后台运营以及支持系

图5-4　汉莎天厨公司儿童餐饮的商业模式画布图

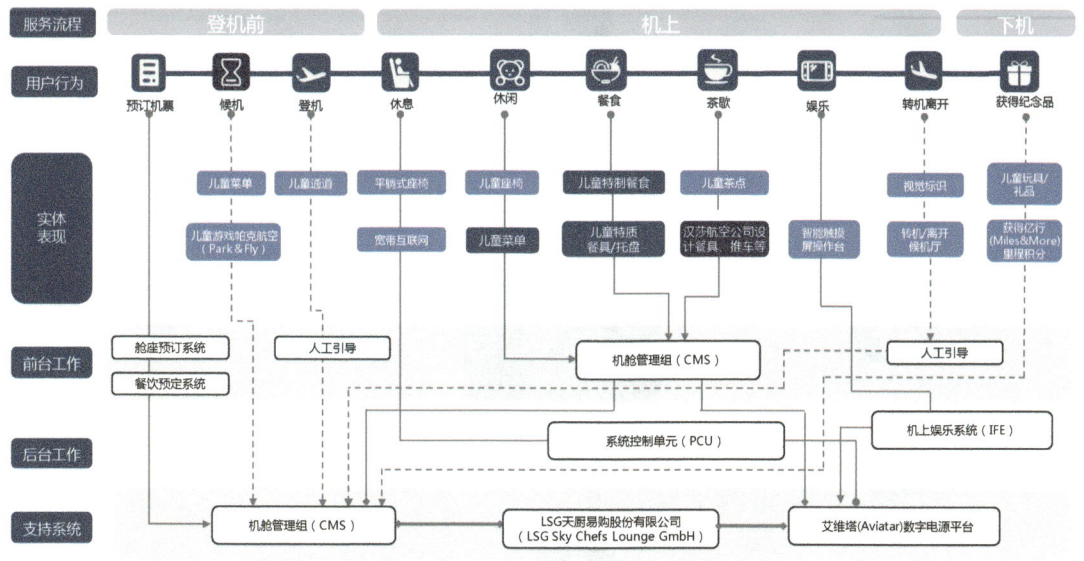

图 5-5　机上儿童餐饮的服务蓝图

统构建汉莎航空公司机上儿童餐饮业务的服务蓝图,将传统关注大众用户的"标准化、普适化"餐饮服务转型为"个性化、定制型"的新型机上儿童餐饮服务模式。

5.1.4　服务流程与服务场景分析

汉莎航空公司以儿童需求为中心,整合汉莎天厨公司、汉莎物流、运营团队、供应商、外包公司的资源优势,实现包括餐食预订、餐食供给和服务反馈的机上儿童餐饮系统(图 5-6)。

信息流包括:(1)父母通过线上平台将儿童餐饮偏好及个性需求提供给航空公司;(2)运营团队收到信息后,将需求信息发送给汉莎天厨公司;(3)汉莎天厨公司向供应商、外包公司发出供货信息;(4)仓库管理员、品控人员对供货信息进行校对后将需求信息传递给乘务组;(5)乘务组将餐饮信息提供给相应客户;(6)父母可根据儿童用餐情况进行评价,信息反馈将送至运营团队及其他媒体。资金流包括:父母向航空公司付费,运营团队划拨资金给汉莎天厨公司用于采购材料和制作餐饮,运营团队与外包公司、汉莎天厨公司与供应商之间存在资金流动。物质流包括:从供应商处采购原材料,汉莎天厨公司加工制作后配送至客舱乘务组,乘务组将餐食提供给儿童。

机上儿童餐饮服务流程在登机前、机上、下机后三个阶段进行优化并增加了多个行为节点,以提高儿童的乘机兴趣,满足他们个性的用餐需求以及丰富多样的兴趣爱好,并记录他们的飞行体验(图 5-7)。主要包括:(1)订购机票时,父母可以通过移动设备或网站预订儿童餐食;(2)经过安

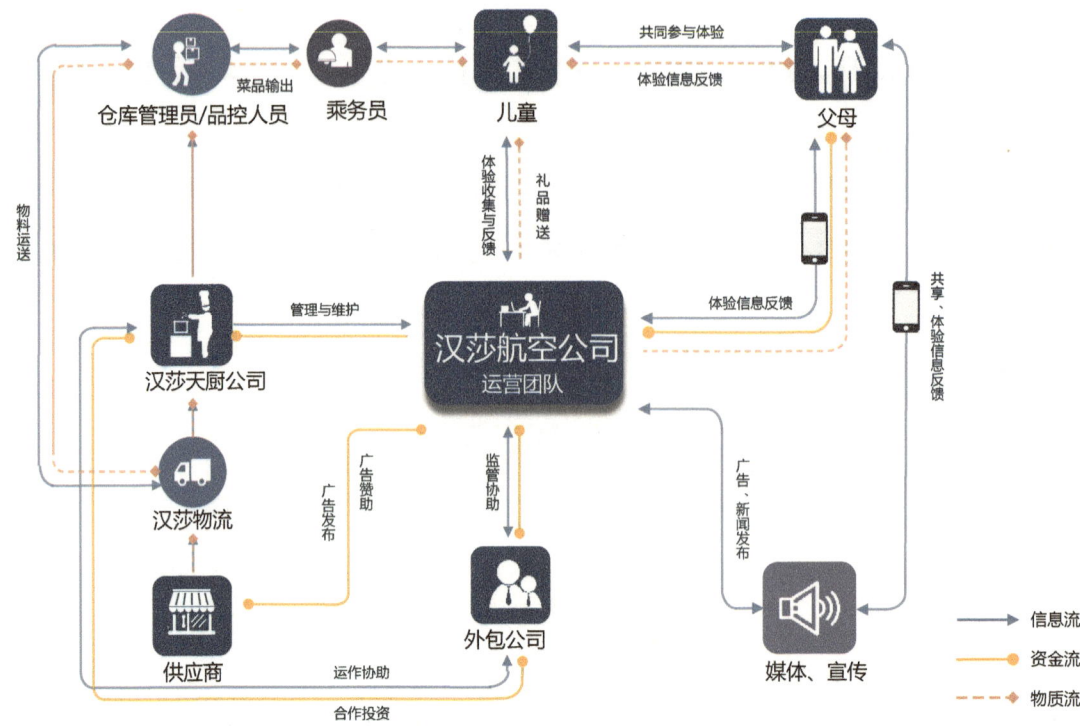

图 5-6　机上儿童餐饮服务系统图

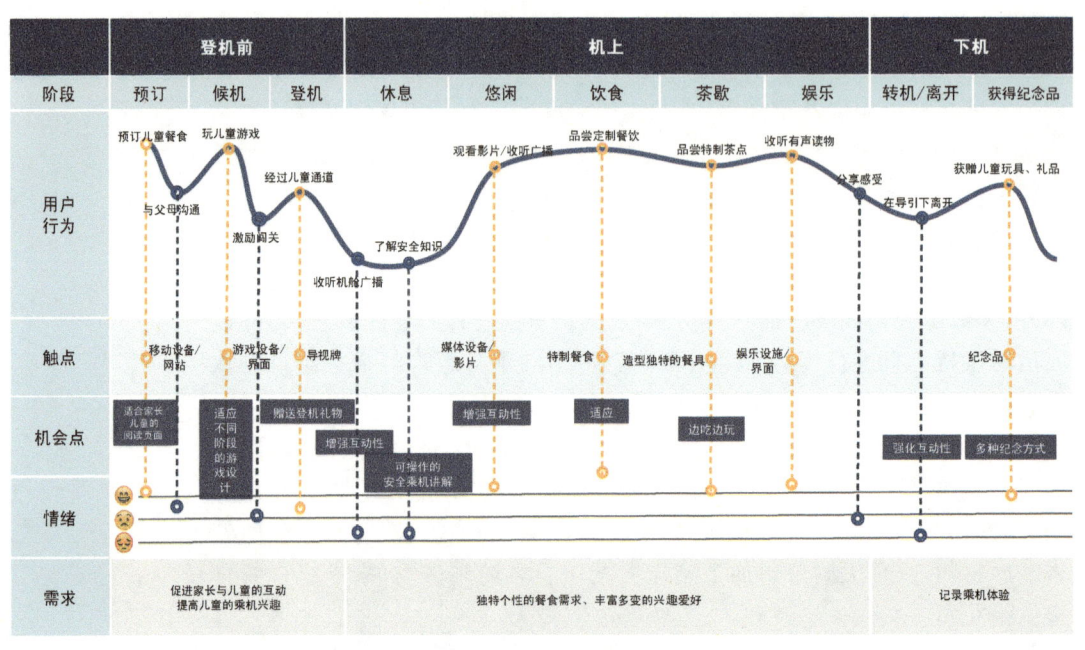

图 5-7　机上儿童餐饮服务流程图

检后,儿童来到候机厅的儿童影院/绘画桌/游戏机前玩耍,他们不会感到无聊;(3)登机通道设有儿童专属指示牌,在这里,儿童不仅可以获得小礼物,而且可以产生游乐园的场景感;(4)在乘务员进行安全讲解后,可以选择观看最新的儿童影片或广播;(5)乘务员送上预订的餐饮和符合其喜好的茶点;(6)收听儿童有声读物或游戏;(7)下机时可以获赠飞行日志和个人初级飞行员证书。

服务场景:2019年春节,妈妈准备趁着年假带小明去德国旅游,在汉莎航空公司官网预订机票后,选择预订儿童餐,询问小明的意见后,在儿童餐中备注小明喜欢吃牛肉、花椰菜、巧克力和草莓,在兴趣爱好一栏备注小明喜欢玩益智游戏,看铁甲战士、超人类的动画片和科幻电影等信息。到达上海虹桥国际机场候机室后,妈妈带小明来到儿童候机娱乐区,小明先选择了最喜欢的电动游戏开始玩耍,又来到益智游戏区玩。登机时间到了之后,小明从儿童通道经过并拿到飞行日志,听完安全广播后就可以选择要观看的电影/播客/游戏/专辑。乘务人员送来了用复仇者联盟主题的餐具套装盛满的餐饮——小明最爱的牛肉盖浇饭,小明很开心地品尝起来。饭后,小明通过机内设施,以飞行员的视角观察飞行状况,好奇地观察高空环境,很快便到达目的地,小明携带专属纪念品下机了,因为是首次拿到飞行日志,他还获赠一本卡通飞机画报(图5-8)。

在服务人员方面,机上儿童餐饮服务系统的服务人员主要包括运营团

图5-8 服务场景和触点

队、汉莎天厨公司、安保人员、地勤人员和乘务组。在预约过程中，服务人员主要包括运营团队、汉莎天厨公司；在候机时，服务人员主要包括安保人员、地勤人员；在飞行中，服务人员主要是乘务组；下机后，服务人员包括运营团队和乘务组。

在服务场所方面，根据服务场景可将服务场所细分为候机室的儿童娱乐区、登机口的儿童通道、机舱内：(1)候机室的儿童娱乐区需要根据登机口的数量合理规划，以免发生误机情况；根据航线距离分布不同的娱乐区域；(2)登机口的儿童通道应有专人引导；(3)机舱内依据儿童年龄提供相应的娱乐活动。

在服务设施方面，例如在候机室的儿童娱乐区应设置益智游戏、书画涂鸦、彩色画册和拼图玩具等产品；针对2岁以下的婴幼儿，除了提供盥洗室、换衣台等设施和尿布等用品外，还需提供儿童安全座椅、摇篮、玩具、辅食等产品；在机舱内设有儿童游戏、儿童动画、儿童电影、儿童播客等相关设备及电子资源、设置机外摄像头等飞行体验设施、飞行日志等航班纪念品。

在信息交互方面，汉莎航空公司将儿童享受空中餐食的味觉体验进一步拓展至其他方面。汉莎天厨公司的厨师沃尔克·艾森曼（Volkeer Eisenmann）将摆盘视作"食用景观"，将体验从餐食口味延伸至外观、包装和声音[④]，这意味着用户不仅可以在网站上为儿童预订空中餐食，还能够通过购买不同主题的套餐来为儿童提供定制化的空中餐食体验。

汉莎航空公司的儿童餐食服务系统从菜单、餐具到菜品都是与顶级大厨合作推出的，儿童可以在丰富的美食中做选择，也可以享受到自己提前定制的食品，有趣又美味，再也不挑食了。汉莎航空公司持续关注儿童乘机需求，除了有儿童优先登机权，还不断推出针对家庭出行乘客的服务内容，例如为儿童提供趣味玩具、彩色画册、拼图玩具等礼品，还有儿童专属纪录片、影片、广播剧等机上娱乐节目。家长再也不用担心小朋友在机上哭闹了，因为他们都沉迷在娱乐节目里。

5.2　K Pro轻食服务设计[⑤]

2016年年初，肯德基就已经洞察到线上线下融合的趋势，以及数据化经营的重要性。作为国内连锁快餐的一大巨头，2017年9月1日，肯德基公司在杭州万象城正式推出了首个子品牌——K Pro餐厅，该餐厅是肯德基在获得蚂蚁金服投资之后在中国市场做出的大胆尝试。"Pro"是professional的缩写，意为专业的。作为专为中国都市白领量身打造的第一家全新概念"轻食餐厅"，K Pro餐厅的理念是"美味、新鲜、准备"（Tasty, Fresh, Ready），特点是菜单时尚创新、现点现做、随季节更新、新潮而富有活力（图5-9）。

图 5-9　肯德基与 K Pro 的标志

5.2.1　语境分析

1) 居民消费呈升级趋势，新消费以人为本

从改革开放基本国策确定和实行以来，我国开始全面深化改革，不断释放发展动力，经济社会发生了翻天覆地的变化，居民消费结构得以不断改善、升级，以消费者为核心，满足其美好生活需求的个性化升级的新消费时代正在来临。新消费是一个持续发展演变的过程，在以消费者为核心的基础上，不断满足其需求，利用时代新技术或新模式重构"人—货—场"的关系，进而带动商品创造和服务升级，最终实现对消费结构、消费需求、消费理念和消费渠道的深刻变革[7]。

2) 细分餐饮品类快速增长，年轻一代人的餐饮需求被释放

居民消费水平在提升，人们对于餐饮的诉求也在不断提升。90后（1990—1999 年出生）餐饮消费人群比重是 80 后的 2.6 倍，年轻一代人的餐饮需求被释放。80 后（1980—1989 年出生）、90 后逐渐对营养健康有了更高要求，而"轻食"受到越来越多人的喜爱。《轻食消费大数据报告》显示，2018 年，美团外卖轻食订单量突破 2 662 万单，同比 2017 年轻食订单量增长 157.9%，消费金额增长 159%。90 后占到轻食消费人群的 62%以上，其次是 80 后，占到 26%[8]。

3) 人工智能提升零售体验，互联网＋餐饮开创消费新模式

新零售利用新技术和新内容来构建新的消费场景的叠加，从而让消费者获得更好的体验与服务。人们发现凭借传感器融合、视觉识别、人工智能等技术，可以实现"无需现金，无需排队结账"的购物体验。人们把计算机视觉、生物识别与在线支付方案应用到了消费场景当中。"互联网＋"与餐饮业正在加速融合，形成对餐饮业各个方面的全面渗透和拓展，目前 1/4 的移动互联网用户使用餐饮类移动应用，近六成餐饮结账方式来自移动支付。

同时,服务和体验也成为当下商家的重要竞争手段之一。新零售的根本目的是进行消费体验的升级。

5.2.2 目标用户与利益相关者分析

1) 目标人群定位

K Pro 诞生之初的目标就是要进驻城市高端商场,因此,其核心顾客群体主要以注重饮食健康但平时工作繁忙、生活节奏较快,却注重品质、追求时尚的精致健康饮食的都市白领,他们有自己追求的"关注健康、追求时尚、注重效率、消费能力较强"的生活方式,已经潜移默化地"消费升级",并且会以此消费标准选择并衡量自己接触的事物。与此同时,生活节奏越来越"快",顾客希望花更少的时间用餐,同时又希望吃饭时有更好的体验——这也符合肯德基的诉求,在提高效率的同时,还能让顾客满意而归。

根据目标人群定位与需求分析,构建了"关注健康、追求时尚、注重效率、消费力强"的健康饮食的都市白领用户角色(图 5-10)。李诗琪,27岁,现居广州,是一名注重生活品质的互联网公司交互设计师,基本月薪 6 500 元,加上奖金平均月收入 8 000 元左右。她平时工作较忙,由于午休时间有限,一般午饭在公司附近商圈解决。她平时爱好摄影、美食、社交媒体,在消费方面重视饮食与运动,购物以时尚美观产品为主。其价值取向为"生活不在于诗和远方,更重要的是当下的每一天"。

2) 用户旅程痛点分析

根据用户旅程图(图 5-11)中的情绪曲线,排队等待无疑是最痛的那一点,也是最需要解决的核心问题;排队让顾客望而却步,很多顾客在等待

图 5-10 用户角色

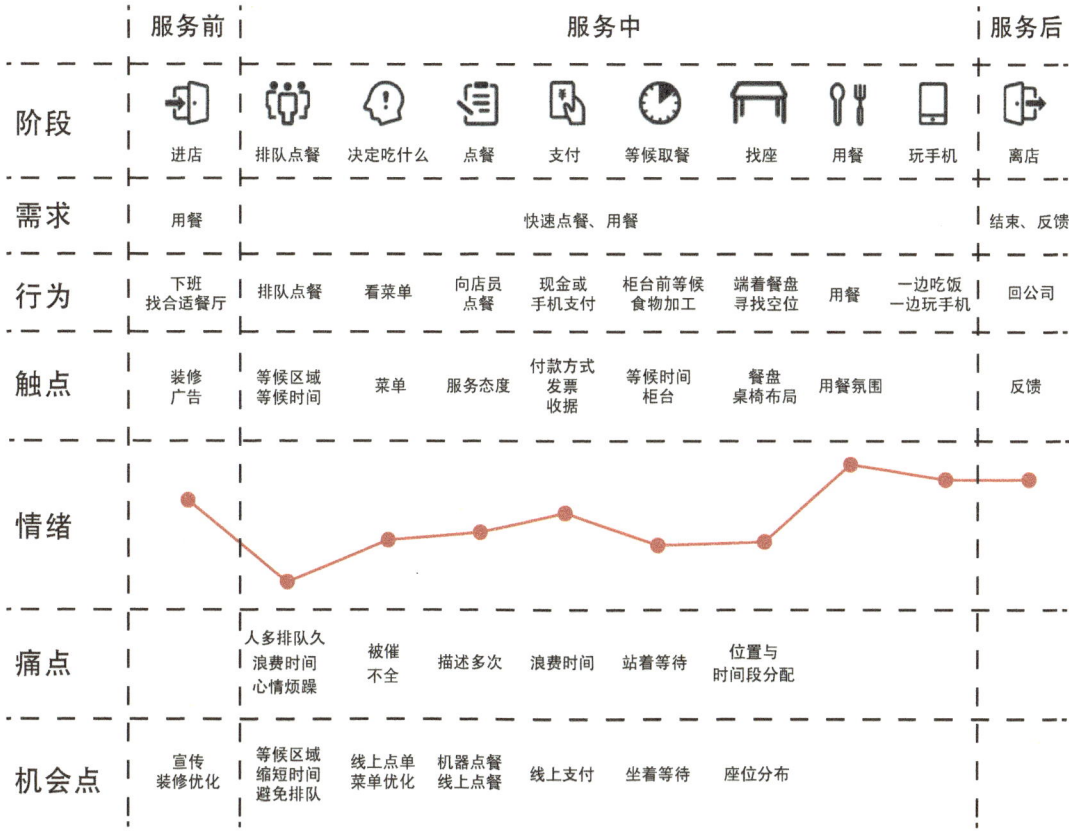

图 5-11 用餐用户旅程图

中不耐烦地走掉,连带损失的是其对品牌的好感度。餐厅的面积有限,顾客的时间有限(高峰期往往要持续 1—2 个小时),但顾客在餐厅排队等位的时间明显更难熬,原因是餐厅的消费环节繁杂且平均消费时间冗长。比如,餐厅的消费行为有选座、点餐、等餐、用餐、结账等环节,而其他行业的消费行为仅需挑选和结账即可。

有研究指出,只要餐饮店排队超过 10 分钟,就会出现顾客流失现象;到达 20 分钟时,这个流失率会呈快速上升的趋势;30 分钟以上,流失顾客会超过新加入的顾客。理论上的最佳排队时间为 2 分钟。从表面上看,排长队对商家是好事儿;但如果让顾客等太久,轻则影响顾客体验,重则造成顾客流失。餐厅看似人头攒动,但潜在的消费群体在不断流失,从而影响复购率和口碑;因为顾客等得越久、期望值就越高,对餐厅的各个环节也就会愈发吹毛求疵,这时候顾客维护成本也比较高。餐厅不管是常年排队,还是高峰期偶尔出现了排队,都应该重视并专门管理,从而给顾客更好的体验,保证品牌效应和营收。

3) 利益相关者分析

K Pro 轻食的利益相关者根据核心用户、内部直接关联、外部间接关联可分为三类(图 5-12):(1)核心用户,即健康饮食的都市白领顾客群体等。(2)内部直接关联,即厨师、服务员、经理、K 积分平台客服人员、打包员等,此部分利益相关者为 K Pro 轻食的服务体系提供日常运作,为用户享受其聚餐体验提供支撑与保障。(3)外部间接关联,即百胜餐饮集团、供应商(食物、餐具、设备)、运输方、其他餐厅、商场管理方、定位器数据平台、点餐系统平台、支付平台、餐饮协会、外卖员、外卖平台(客服、数据维护人员、管理人员)、政府部门(消防局、工商局、环保局、卫生防疫站、税务局)等。此部分利益相关者为 K Pro 轻食的服务体系提供了多样化的运作可能性,从外部资源上支撑服务链的有效完成,以此来满足用户的多重需求,以期为用户提供更好的服务体验。其中根据用户点单场景可划分线上订餐与门店下单两方面的利益相关者。门店下单方面的利益相关者为用户在店内完成服务提供了场景、人员、设施等体验保障;线上订餐方面的利益相关者为用户随时随地能体验 K Pro 轻食提供了体验渠道,让用户能快速、便捷、无地界地享受服务体验。

图 5-12　K Pro 餐厅顾客用餐利益相关者

5.2.3　服务提供与商业模式分析

这个叫作 K Pro 的新物种,有着和肯德基截然不同的许多"第一":与阿里巴巴公司的蚂蚁金服合作,是全球第一个刷脸支付餐厅;无人工点餐,是中国第一个全电子点餐餐厅;排队自助取餐,人工送餐到桌;第一个没有招牌汉堡的"K"标记。肯德基团队利用其强大的线下能力,为 K Pro 进行了从 0 到 1 的整店体验和服务规划,打造了更符合年轻人生活方式的用餐新体验。

通过商业模式画布图(图 5-13),从客户细分模块、价值主张模块、渠道通路模块、客户关系模块、收入来源模块、核心资源模块、关键业务模块、重要伙伴模块、成本结构模块九个方面来厘清"K Pro 轻食"的服务价值创造、传递与获取。客户是构成商业模式的核心,"K Pro 轻食"的客户细分为对生活有品质追求的白领人群;其价值主张是为快节奏的顾客提供高效且优质的服务、健康营养美观的菜品,并让顾客享有满意而归的体验;其渠道通路为线上外卖平台销售与线下门店销售;其客户关系是以为客户提供舒适、高效的用餐体验为主;"K Pro 轻食"的收入来源主要以餐品收入为主;其核心资源为主题式的空间设计、开放式的厨房;其关键业务为店内轻食用餐与外带轻食;其重要伙伴为电子点餐平台、支付平台、定位器数据平台、外卖平台、食材供应商与运输方等;其成本结构主要由门店维护成本、门店人员劳动支出、点餐设备(电子点餐屏、定位器)运营成本等组成。

通过 K Pro 餐厅的服务系统分析可见,服务提供者可分为:(1)工作人员系统,即经理、厨师、服务员、K 积分平台客服人员、打包员等;(2)产品供应系统,即供应商(食品、餐具、设备)、百胜餐饮集团、运输方等;(3)场地提供系统,即政府部门(消防局、工商局、环保局、卫生防疫站、税务局)、商场管理方等;(4)技术支撑系统,即点餐系统平台、定位器数据平台、支付平台等;(5)渠道支撑系统,即外卖平台(客服、数据维护人员、管理人员)、外卖员等。

基于此,从物质流、资金流、信息流三大流方面构建了 K Pro 餐厅的服务系统图(图 5-14)。(1)在物质流方面,工作人员系统与产品供应系统之

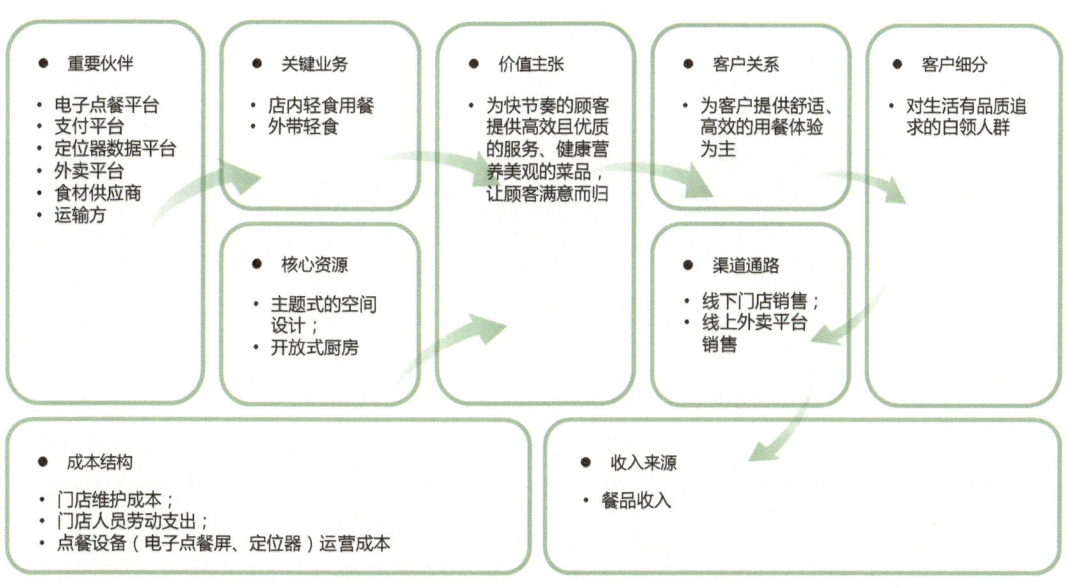

图 5-13 K Pro 餐厅顾客商业模式画布图

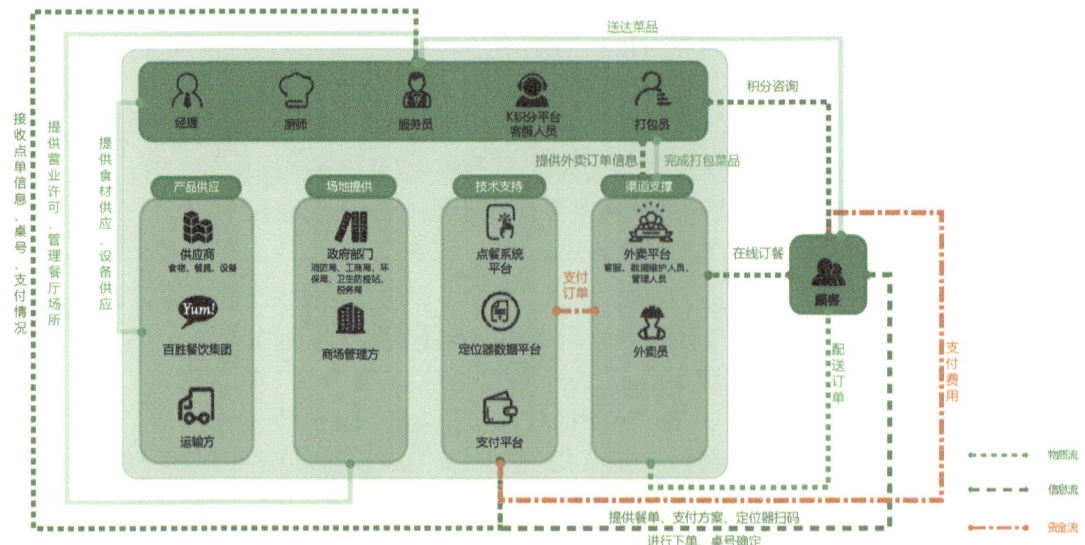

图 5-14　K Pro 餐厅顾客服务系统图

间主要以食材、设备供应的物质流传递,工作人员系统与场地提供系统之间主要以营业许可、管理餐厅场所的实体空间物质流传递,工作人员系统与顾客之间主要通过菜品等设备的物质流传递,渠道支撑系统与顾客之间主要以订单配送完成物质流传递,工作人员系统与渠道支撑系统之间主要以菜品打包等服务的物质流传递。(2)在信息流方面,工作人员系统与技术支撑系统之间主要以点单信息接收、桌号信息、支付信息等的信息流传递,技术支撑系统与顾客之间主要以餐单信息、支付方案信息、定位器扫描信息、下单信息、桌号信息等的信息流传递,工作人员系统与顾客之间主要以积分咨询信息等的信息流传递,工作人员系统与渠道支撑系统之间主要以外卖订单信息等的信息流传递,渠道支撑系统与顾客之间主要以在线订餐信息等的信息流传递。(3)在资金流方面,技术支撑系统与顾客之间以服务费用支付等的资金流传递,技术支撑系统与渠道支撑系统之间以订单支付等传递资金流。

5.2.4　服务流程与服务触点

1) 重新规划用户旅程和服务流程

K Pro 餐厅的目标顾客手机不离身的特性,对于数字化体验的接受度也比较高。因此,K Pro 餐厅将线上数字技术与线下点餐、用餐体验结合起来,重新规划了用户旅程(图 5-15):顾客进店之后不一定只能选择柜台点餐。顾客如果带着手机到 K Pro 餐厅用餐,可以选择从容入座,掏出手机扫描桌面二维码;或者选择使用自助点餐机,点餐完毕取定位器扫码后,就可以随意入座。无论选择哪种方式,食物都会被送到顾客的面前。当

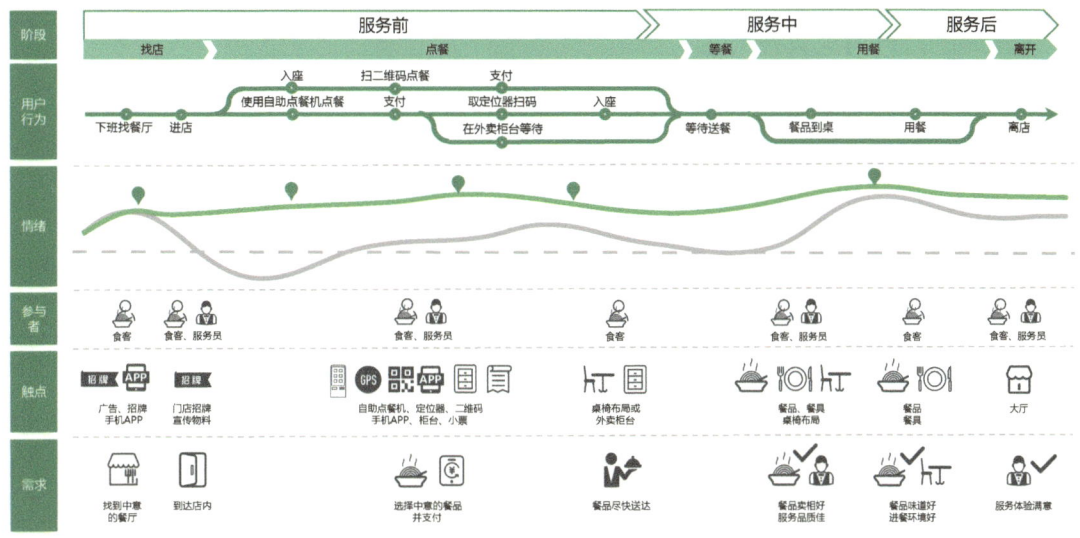

图 5-15　K Pro 餐厅顾客服务流程图

然,如果顾客赶时间希望外带,也可以直接去外卖柜台进行点餐。顾客从进店、点餐到入座,从离座、支付到离店,动线皆为简单直线,旅程设计不迂回,顾客就不会困惑。

2) 快慢分离的店内布局和简单不迂回的动线

规划手机点餐、自助点餐机点餐和传统柜台点餐结合的模式是为了提高效率、改善排队等待的状况,但如果三种点餐方式的动线发生冲突,理想的场景可能将无法变为现实(图 5-16)。因此,K Pro 餐厅针对三种点餐方式进行了合理的分区布局,并给予相应的引导:(1)在餐厅门口的广告牌展示店内推荐食物,吸引顾客的同时允许顾客在进店前就做好点餐决策。(2)在门口醒目位置告知顾客店内可以通过手机点餐,吸引顾客入内就座;将自助点餐机设置在不进店就能看到的醒目位置,引导顾客最快开始消费,降低流失率。(3)将相对较慢的堂食区域与希望更快的外卖等待区域分开布局。堂食区域靠里,顾客既可以安心用餐,还可以看到开放厨房制作食物;外卖区域靠近门口,等候外卖的顾客可以尽快获得食物满意地离开。两者之间互不影响。

根据 K Pro 餐厅新的服务提供绘制了服务蓝图(图 5-17),K Pro 餐厅服务在支撑系统上以无人智能化点餐系统、结账系统、食材采购系统、后厨烹饪系统、后厨用品管理系统、垃圾处理系统等为客户提供自主、自助、智能等服务体验的技术支撑;在服务内容上,以轻食、健康餐品作为服务产品导向,以智能化的点餐机、定位器等作为服务载体;在服务流程上,以智能、自助、快速服务为主提升服务效率、用户体验。

3) 服务设施:自助点餐机

在三种点餐方式中,K Pro 餐厅更希望用户去使用数字化点餐,因为这样更省人工,而且使点餐更加科技化,于是,让用户愿意去使用自助点餐

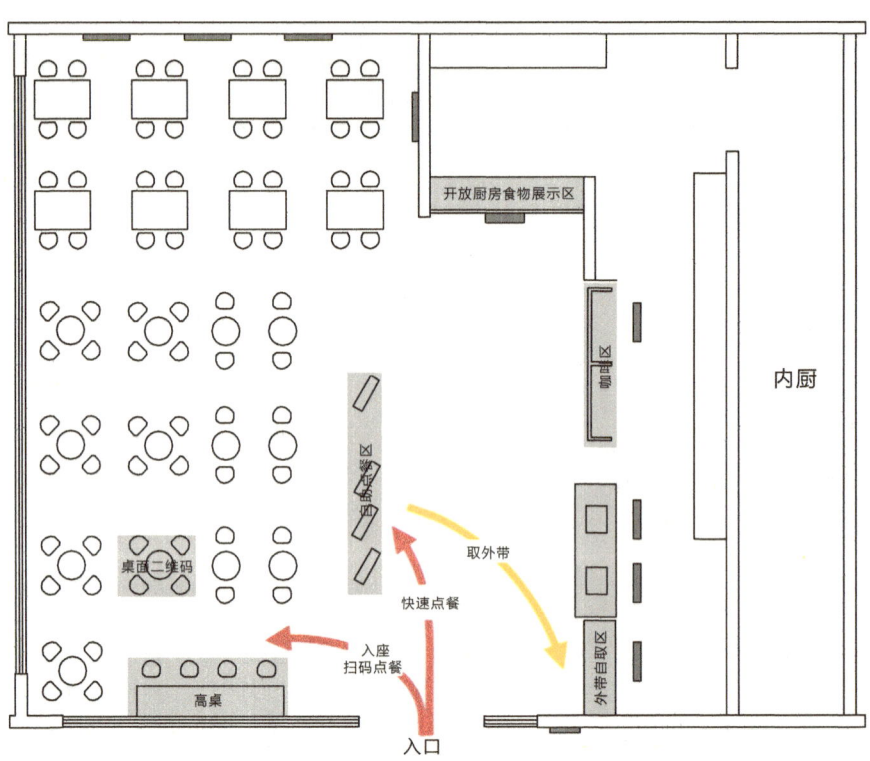

图 5-16　K Pro 餐厅重新规划用户动线图

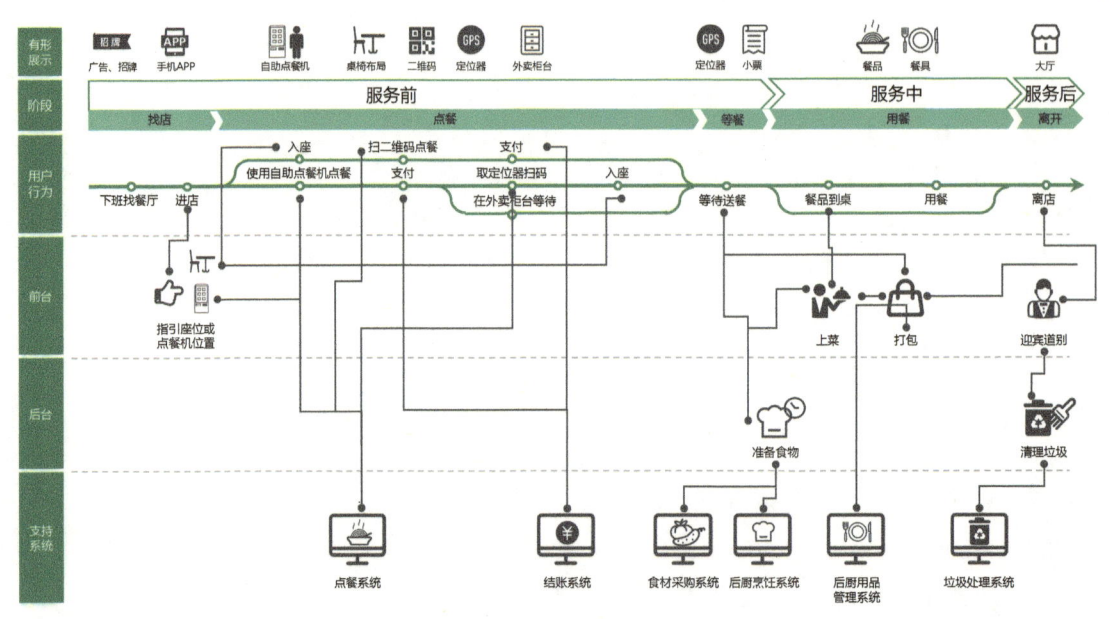

图 5-17　K Pro 餐厅服务蓝图

机就变得非常重要了。为此对自助点餐机的数字体验和工业外观进行了升级，同时将数字点餐的体验调整复用到了手机上，打造了整体的店内数字点餐体验(图 5-18)。

经过调研发现,用户不是没有使用自助点餐机的意愿和需求,而是因为不好用或者不会用只能去柜台点餐。所以,在重新设计自助点餐机体验时,K Pro 餐厅明确了三个设计原则:(1)要比柜台更从容,舒展、清晰的食物陈列,让顾客使用起来轻松无压力,具有愉悦感;(2)要比柜台更方便,操作符合顾客的直觉,路径清晰、步骤简单且更快捷;(3)要让谁都会用、谁都能用,功能足够承载顾客的常用需求,无需学习就能上手。

K Pro 餐厅也充分考虑到自身实际运营需要的灵活性,因此采用了模块化的设计,允许上线后随时可以自主地、充分灵活地进行运营配置。更重要的是,在看得见的界面背后,还推动了很多看不见的业务逻辑的改变,比如,运营当季主推板块,告诉顾客应该点什么食物,让顾客可以用最快的速度完成点餐。

在自助点餐机的外观设计上,K Pro 餐厅也秉承三个设计原则:(1)看起来好用,用起来好看。可以线上解决的问题,不会交给硬件,比如充分利用微信公众号渠道,将纸质小票变成线上发送,并且去掉了打印机之后的自助点餐机的外观更加轻薄。(2)越简单越友善。一体化的简单造型,容易被更多人所接受。(3)具备高度灵活性。在统一的外观之下,可通过不同的开槽进行低成本的功能定制,为未来迭代留下空间,如增加刷脸支付功能,只需要将预留的摄像头开口打开即可。

4) 服务场所

(1)自助点餐区(图 5-18)。通过舒展清晰的食物陈列、符合顾客直觉的操作路径使顾客易于上手,并且运营当季主推板块推荐菜品,让顾客可以用最快的速度完成点餐。

(2)咖啡区(图 5-19)。开放式柜台洁净、卫生,提供由低温慢速萃取、

图 5-18　K Pro 餐厅自助点餐区

注入食品级氮气的"天鹅绒氮气咖啡"等特色产品。

(3) 开放厨房食物展示区(图 5-20)。服务人员不仅当着顾客的面制作食品,而且 K Pro 餐厅还将开放式的透明冰柜搬到了店中,柜子里整齐地陈列着色彩鲜艳、摆放精致的食材,将健康、卫生更加直观地展现出来[9]。

图 5-19　K Pro 餐厅咖啡区

图 5-20　K Pro 餐厅开放厨房食物展示区

(4) 餐桌区(图 5-21)。在空间方面,采用开放式空间和厨房设计,体现出自由、贯通的现代商业和文化精神;在陈设方面,通过菜单、餐具、餐纸、桌椅、绿植等细节,有效烘托"花房"主题文化环境的气氛。

(5) 外带自取区(图 5-22)。外卖区域靠近门口,等候外卖的顾客可以尽快获得食物满意地离开,与堂食顾客两者之间互不影响。

图 5-21 K Pro 餐厅餐桌区

图 5-22 K Pro 餐厅外带自取区

5.2.5 服务体验与服务价值

K Pro 餐厅整体服务体验的提升分别体现在服务提供、服务触点和服务流程的创新上。服务提供创新体现在 K Pro 餐厅的餐品创新上，例如菜单时尚创新、现点现做、随季节更新、新潮而富有活力。服务触点创新体现在提供两种不同的点餐方式：一是手机扫码点餐；二是自助点餐机点餐。K Pro 餐厅希望使点餐更加科技化，为此特地打造了整体的店内数字点餐体验。服务流程的创新体现在顾客从进店、入座、离座到离店，动线皆为简单直线，旅程不迂回，顾客不困惑。由此打造了整体流畅、便捷的用餐服务体验。

服务表现是最终服务价值的评估标准。对外来说，价值评估检测的是交付给客户的服务成效如何；对内来说，价值评估监测的是服务表现对企业的影响。K Pro 餐厅的电子菜单时尚创新，使得用户在点餐使用过程中能迅速找到自己中意的菜品；在开放厨房中，现点现做、随季节更新的菜品体现出轻食用餐的新鲜以及季节性的品质；在点餐上餐流程中增加智能系统，减少中间环节，顾客能够高效、舒适用餐。肯德基中国业务总经理黄进栓表示，和 2018 年同期相比，由于创新的经营模式，节约了相应的销售人力，减少了成本开支；同时人力集中在提升服务品质的两个环节中——开放厨房的透明化作业和送菜上桌的关怀服务，有利于增加顾客黏性以提高经济收益，K Pro 餐厅的营业数据有超过 50% 的增长[10]。使用电子化点餐，顾客可以更直观地选择、定制自己的餐单，减少点餐的沟通障碍，有利于提高顾客的期待值，完善整体使用流程，顾客可选择的范围、自由度扩大，使得顾客产生自身成就感；送餐人员将菜品送上餐桌时，顾客可享受到不同于快餐的自助服务，进一步提升顾客的愉悦感。

5.3 "每日餐桌"服务设计⑥

为了让更多人能支付得起健康饮食生活，道格·劳奇（Doug Rauch）⑦创办了"每日餐桌"（Daily Table）（图 5-23），于 2015 年 6 月 4 日在美国波士顿多元化住宅社区多尔切斯特（Dorchester）开业。这是一家非营利性社区超市，为什么选择开在多尔切斯特？因为这一地区聚集了很多低收入者，但是穷人也有尊严，他们往往不愿意接受施舍和援助。在美国的一项调查中，不愿意接受施舍和援助的人员所占比例是 38%。

5.3.1 语境分析

1) 社会背景分析

美国是世界上生产粮食最多的国家，人均每年产粮 2 万斤（1 斤＝500

图 5-23 "每日餐桌"场景

克)。每个美国人平均每天仅吃掉 8.9 欧元,在世界范围内并不算高;但这些消费主要花在了快餐方面,热量很高,容易导致肥胖,营养却不全面。据统计,近 1/6 的美国人(人数超过 4 800 万人)处于这样的状态。究其原因,不是他们能获取的食物少,而是很多人长期位于"食品沙漠"(Food Desert)区域,难以接触到新鲜食材,不得不以高脂、高糖的快餐为食。

2) 经济背景分析

一方面,收入有限,快餐消费低、速度快捷。普通的社会保障家庭只有 2 英镑的晚餐费用,光是吃饱就是一个很大的问题。同样的价钱,可以得到约 3 700 卡路里的苏打水、饼干和零食,或 300 卡路里或 320 卡路里的水果和蔬菜;有限的收入使他们选择快餐。

另一方面,很多人住得离超市远。在穷人区,很多人即使想要改善饮食,最近的大型连锁超市和蔬果集市也在 1 英里(1 英里≈1 609.344 米)范围之外。这里并非食物匮乏,而是缺乏健康有益的食物,这些区域也被称为"食品沙漠";除了有人偶尔开车前来贩卖,这里基本买不到新鲜的食物。很多人不得不选择脂肪和糖含量高、热量大的快餐,也因此缺乏营养,大大增加了患上心脏病和糖尿病的风险。

3) 技术背景分析

每年,美国有上千万吨的食物被倒进垃圾桶,其中 40% 是由于人们不理解包装袋上的标签,或觉得食物外形不好看而被扔掉的。这些食品的包装日期注明的其实是最佳食用日期,而不是保质期。例如罐头食品,在最佳食用日期过后,只要保存得当、不发生漏气等情况,一般都还有整整一年才会真正意义上地过期。还有像面包被压瘪、香蕉提前变黑等情况,也会导致完好的食物被扔掉。这样每年会造成 3 000 万吨食物的浪费,还产生了一笔巨额的垃圾处理费用,对环境造成不良影响(图 5-24)[8]。

图 5-24 "每日餐桌"语境分析图

5.3.2 目标用户与利益相关者分析

1) 目标用户及其角色

"每日餐桌"的目标用户群主要分为三类：一是希望在附近可以买到物美价廉食品的社区居民；二是希望和孩子一起体验烹饪的乐趣，并有厨师教学的亲子家庭；三是希望可以解决每日温饱，并能享受到价格低廉且品质不错的商品的失业或低收入人群。

对于社区居民而言，日常购买食材离超市太远，不方便购买；对于亲子家庭而言，看重与子女共同体验烹饪的乐趣；对于失业或低收入人群而言，由于失业在家或收入有限，希望能在有限的预算中购买到价格低廉、品质不错、健康的食材。

根据目标人群分类与需求分析，构建三类人群的用户角色。

第一类："日常拮据不浪费"的勤俭节约的家庭主妇（图 5-25）。玛丽亚（Maria）是一名积极向上、热爱生活、和蔼可亲的 35 岁家庭主妇，月收入为 3 000 美元。家中有 3 个小孩，日常生活用品都由自己购买，每次超市有打折活动都会过去看一下，平时也经常参加社区公益活动，对于日常生活

图 5-25 用户角色 A

用品消费以节俭为第一出发点。

第二类:"亲子购物也快乐"的温柔和蔼的宝妈(图5-26)。简(Jane)是一名和蔼可亲、温柔善良的30岁宝妈,月收入为3 000美元。自从有小孩后她一直在家带宝宝,非常珍惜和宝宝相处的时间,平时社区只要有亲子活动必定参加,同时在家也学习做儿童美食,小孩也喜欢参与做菜,其消费习惯是注重品质和体验。

第三类:"失业在家也光荣"的游民(图5-27)。迈克尔(Michael)是一名积极乐观、喜欢展示自我的25岁失业青年,月收入为300美元。其生活状态是已失业在家,但还是追求有品质的消费,对于生活要求却不高,经常去超市购买打折商品。其消费习惯是注重品质和体验。

2) 利益相关者分析

"每日餐桌"的利益相关者分为三类(图5-28):(1)核心用户,包括社

温柔和蔼的宝妈
喜欢亲子活动 / 珍惜和小孩在一起的每一分钟

简/30岁/宝妈/月收入为3 000美元/现居美国马萨诸塞州多尔切斯特

生活状态: 自从有小孩后就一直在家带宝宝,非常珍惜和宝宝相处的时间,平常社区有亲子活动一定会去参加,在家也会做儿童美食,小孩也很喜欢参与做菜。

性格特征: 和蔼可亲、温柔善良
消费习惯: 注重品质和体验
生活记录:

图5-26 用户角色B

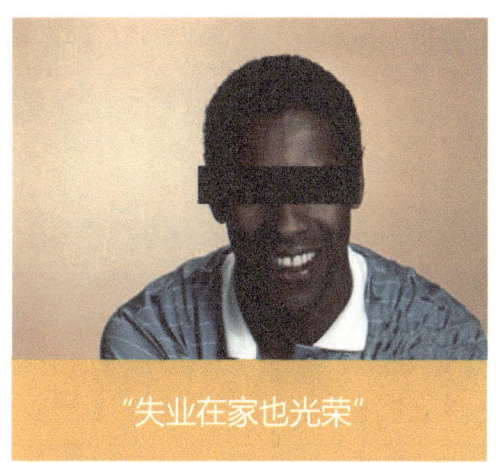

失业在家的游民
失业者 / 豁达 / 开放

迈克尔/25岁/已失业/月收入为300美元/现居美国马里兰州多尔切斯特

生活状态: 虽然已经失业在家,但还是追求有品质的消费,对于生活要求没有很高,经常去超市购买打折的商品。

性格特征: 积极乐观、喜欢展示自我
消费习惯: 注重生活品质和体验
生活记录:

图5-27 用户角色C

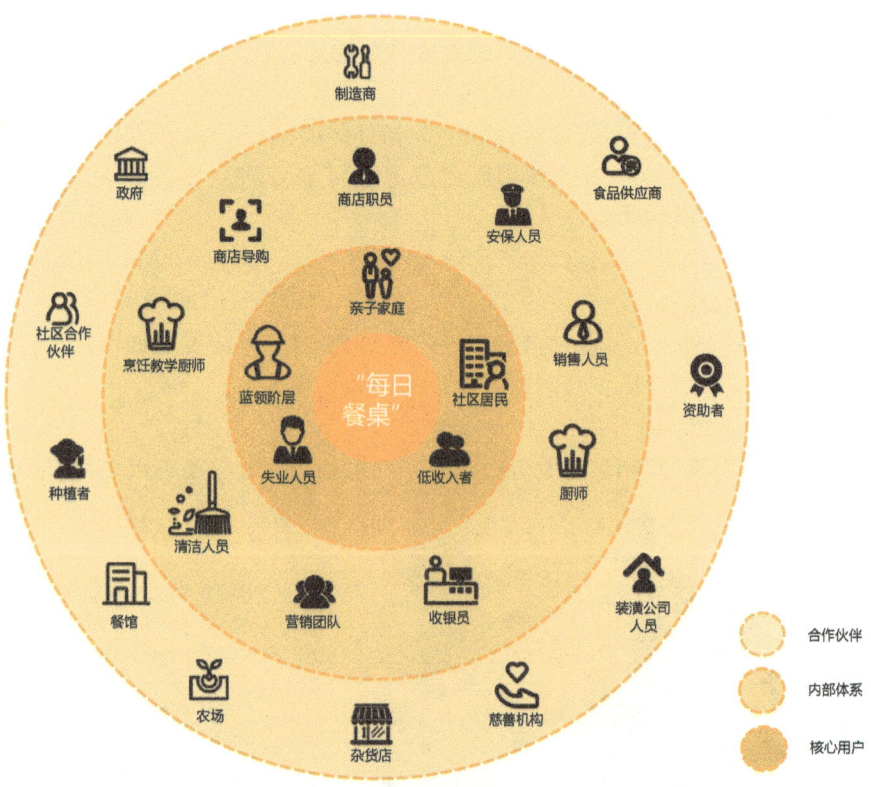

图 5-28 "每日餐桌"的利益相关者图

区居民、亲子家庭、蓝领阶层、失业人员、低收入者等。(2)内部体系,包括商店职员、商店导购、烹饪教学厨师、清洁人员、营销团队、收银员、厨师、销售人员和安保人员等。此部分利益相关者为超市提供日常运作,也促进了周边居民的就业,给超市带来了多样性的商业模式。(3)合作伙伴,包括制造商、政府、社区合作伙伴、种植者、餐馆、农场、杂货店、慈善机构、装潢公司人员、资助者与食品供应商等。此部分利益相关者为超市运作提供可能,完善了"每日餐桌"的供应链,更好地满足了用户的需求。

5.3.3 服务提供与商业模式分析

"每日餐桌"通过回收商店和食品供应商计划扔掉的营养食品,为社区居民、亲子家庭、蓝领阶层、失业人员或低收入者提供低价出售的商品与普及健康烹煮知识。这个非营利性的杂货店,主要利用种植者、制造商、食品分销商和超市的过剩食物,以实惠的价格提供健康的食品和积极的客户体验,旨在解决食品安全和浪费问题,为居民提供美味、方便、健康、实惠的食品,让更多人能支付得起健康的饮食,在经济上可持续发展的同时,为他们带来尊严。这是一种经济上自给自足的模式。在慈善事业支持的初创阶段过后,其收入主要为了维持运营的收支平衡,而不只依靠资助者,这是一个平衡的、可持续的服务生态系统⑨。

通过商业模式画布图(图5-29),从客户细分模块、价值主张模块、渠道通路模块、客户关系模块、收入来源模块、核心资源模块、关键业务模块、重要伙伴模块、成本结构模块九个方面来厘清其"每日餐桌"的服务价值创造、传递与获取。用户是构成商业模式的核心,"每日餐桌"的客户细分为社区居民、蓝领阶层、亲子家庭、失业人员、低收入者;其价值主张为通过过期(过了最佳食用日期)食品但不等于变质食品,以合理的价格提供健康食品和积极的客户体验;"每日餐桌"的渠道通路为线下的超市商品店体验,线上的网络平台推广;其客户关系通过店内售卖低价的食品,吸引用户倡导节约消费;"每日餐桌"的收入来源分为商品售卖与烹饪教学两部分;其核心资源为完整的供应链以及低廉的商品;"每日餐桌"的关键业务为商品售卖、志愿者活动、烹饪教学;其重要伙伴分别是食品供应商、政府、社区合作伙伴;其成本结构由店内维护成本、店租成本、团队运营成本、店面装修成本、器材维修成本、运输成本与人力成本组成。

通过"每日餐桌"的服务系统分析可见,服务提供者可分为:(1)工作人员系统,即商店导购、商店职员、安保人员、销售人员、厨师、烹饪教学厨师、收银员、清洁人员、营销团队等;(2)商品供应系统,即食品供应商、餐馆、杂货店、种植者、农场等;(3)设施提供系统,即制造商、装潢公司人员等;(4)资金支持系统,即资助者等;(5)其他支撑系统,即政府、社区合作伙伴、慈善机构等。服务接收者可分为社区居民、亲子家庭、蓝领阶层、失业人员、低收入者等群体。

笔者从物质流、资金流、信息流三大流方面构建了"每日餐桌"的服务系统图(图5-30)。(1)在物质流方面,工作人员系统与用户之间主要以商

图5-29 "每日餐桌"商业模式画布图

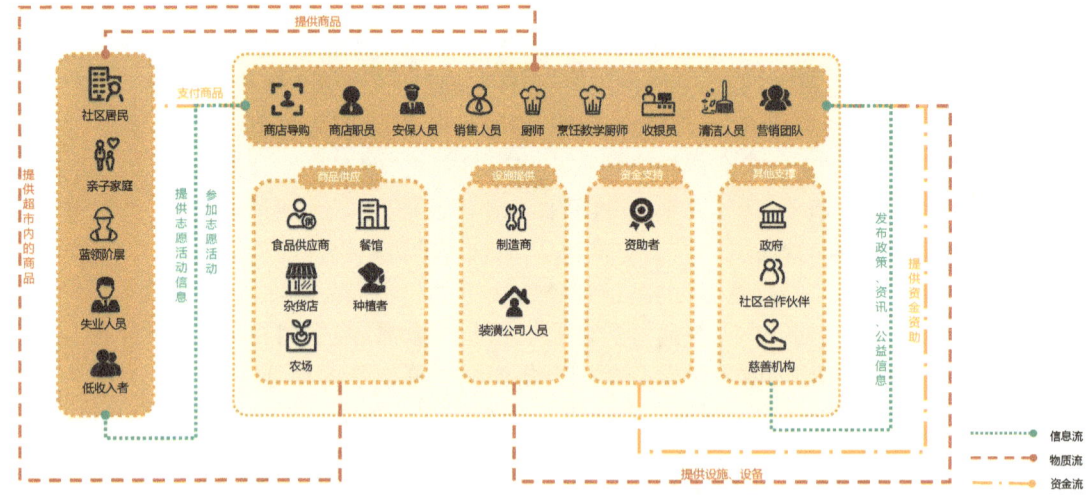

图 5-30 "每日餐桌"服务系统图

品本身的物质流传递,工作人员系统与商品供应系统之间主要以超市内的商品供应的物质流传递,工作人员系统与设施提供之间主要以设施、设备供应的物质流传递。(2)在信息流方面,工作人员系统与用户之间主要以志愿活动相关信息、优惠信息、宣传信息等的相关信息流传递,工作人员系统与其他支撑系统之间主要以政策、资讯、公益等相关信息发布的信息流传递。(3)在资金流方面,工作人员系统与用户之间主要以商品的费用支付等的资金流传递,工作人员系统与资金支持系统之间主要以资金资助等传递资金流。

5.3.4 服务流程与服务触点

基于服务蓝图,将普通超市的服务流程与"每日餐桌"的服务流程(图 5-31)进行比较,可以发现"每日餐桌"的服务创新点:(1)在商品提供上,改变了传统超市只提供保质期内新鲜食材的商品模式,"每日餐桌"超市所售卖的食物都是即将过期但可食用的商品,且价格低廉。(2)在服务体验上,用户可在店内免费品尝用即将过期的食材制作的美食,可直接验证食材的可食性。(3)在服务场所上,"每日餐桌"超市内设厨房并配有透明可视窗,顾客可以全程观看食材的制作。(4)在服务提供上,"每日餐桌"超市提供了现场烹饪教学服务,用户在购物的同时还能学到各种菜式的制作服务;此外,还与社区定期举办志愿者活动,倡导大家勤俭节约。

基于用户旅程图,将普通超市的服务流程与"每日餐桌"的服务流程进行比较,可以发现:(1)在用户需求上,在普通超市购物的用户其关注点是新鲜的商品、良好的购物环境、位置在社区附近等,而在"每日餐桌"购物的用户则希望购买物美价廉的商品、一次不错的亲子旅行等。(2)在用户行为上,通常的购物流程是考虑预购商品—到达超市—取购物车—进入超市—寻找商品—挑选商品—对部分散装商品称重—付款—打包—放回购物车—离店；而在"每日餐桌"的购物流程则是考虑预购商品—到达超市—取购物车—进入超市—寻找商品—挑选商品—品尝免费食物—观看现场制作食材—对部分散装商品称重—参加志愿者活动—体验烹饪—打包—放回购物车—付款—离店。比较可见（图5-32），"每日餐桌"增加了品尝免费食物、观看现场制作食材、参加志愿者活动和体验烹饪等新的服务内容，进而形成新的服务触点。

1）服务场景与触点1：维护尊严的爱心超市

"每日餐桌"专门为低收入者提供健康、营养、低价的食品（图5-33）。这些食品来源主要是厂商生产过量没有售出以及临近保质期或最佳食用日期的食品。它们多由生产商、供货商、分销商、食物救济组织捐赠，也有一部分通过购买获得，在"每日餐桌"的售价通常仅为其他超市的1/3。"每日餐桌"采取会员制，居民只要提交住址、邮编和电话并且缴纳1美元会费就可以成为会员（不需要其他信息就是为了维护会员的尊严）。因为

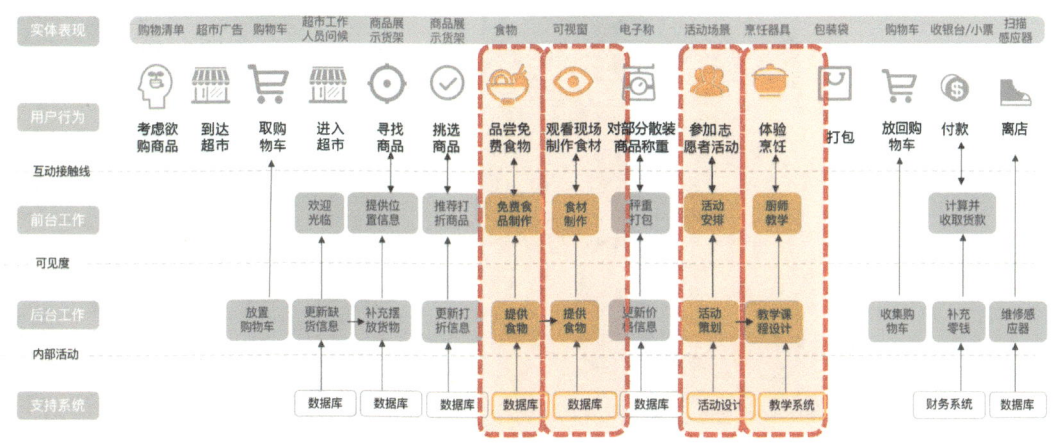

图5-31 "每日餐桌"服务蓝图

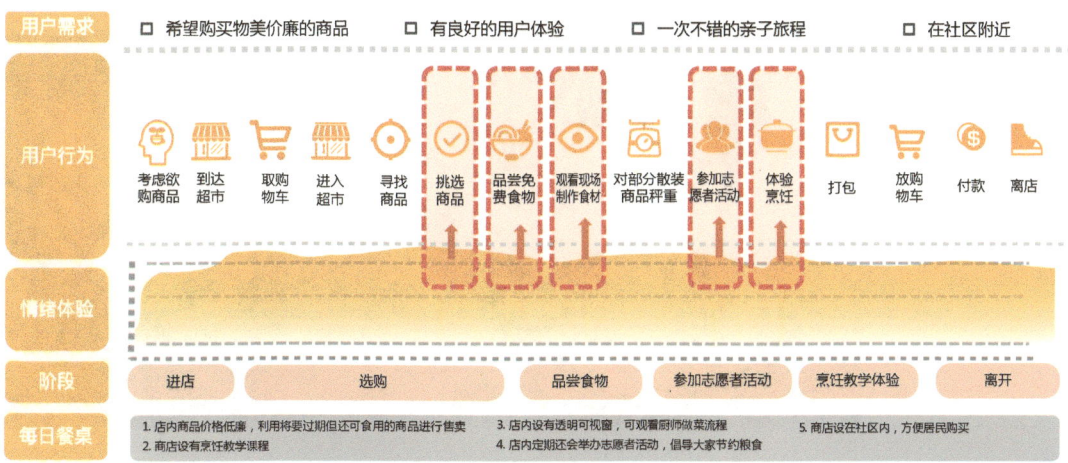

图5-32 "每日餐桌"用户旅程图

5 服务设计案例研究之"食" | 101

美国国家税务局同意,只要大多数客户来自穷人为主的邮编地区,它就可以保持非营利组织的身份[11]。

2) 服务场景与触点 2:严格搭配的营养配餐

劳奇从当地大学和医院中邀请专业人士制订膳食指南,确定食物中的钠、糖、纤维素等含量,以保证用户能吃到健康、有营养的食物,而且绝不出售任何软饮料、橙汁、薯片、甜品等。"每日餐桌"店里首席厨师伊斯梅尔·萨马德(Ismail Samad)先生,曾供职于包括米其林在内的多家餐厅,他除了将食物做好吃以外,每天还需带领团队面临多种挑战(图 5-34)。例如,需要采用有创造性的方法烹饪 2 000 磅(1 磅≈0.453 592 37 千克)的胡萝卜并要易于保存,然后卖给经济收入较低的居民。同时,这些成品必须经

图 5-33 服务场景 1:维护尊严的爱心超市

图 5-34 服务场景 2:严格搭配的营养配餐

过膳食指南的严格检验以保证健康、有营养,并且最重要是保证价格低廉。每份主菜售价为1.79—4.99美元,配菜为50美分—1美元,汤为1.99—3.99美元[11]。"每日餐桌"现场制作成品或半成品餐食,购买后放入微波炉或烤箱加热后就可食用。

5.3.5 服务评价

作为一个非营利性社区超市,"每日餐桌"产生足够的收入以支付其大部分运营成本,并显著减少对货币捐赠的依赖。虽然慈善支持对于早期企业的启动至关重要,但"每日餐桌"两家店面⑩已实现收支平衡,允许模式复制并随着时间的推移增加其规模。从服务设计的视角看,其成功并非偶然。

(1) 在服务对象上,吸引当地社区。"每日餐桌"通过外展活动告知其产品选择与来源,并从社区招募员工和合作伙伴,还邀请当地企业、居民以及医疗、教育、宗教和社区领袖加入其社区顾问委员会,担任大使和顾问,以此来建立一个受到社区欢迎并满足其需求和兴趣的商店。

(2) 在服务品质上,关注客户需求和体验。劳奇解释说:"'每日餐桌'的目的是提供健康的食物,这些食物并不比人们购买的食物贵。""每日餐桌"采取了许多步骤与社区领导、客户和利益相关者沟通,以确保他们都有发言权。商店也积极响应他们的需求。从定位于以健康为重点的非营利组织到制订营养指南,"每日餐桌"寻求纳入社区反馈,以帮助过往服务不足的人如收入不高的蓝领工人,过上更健康的生活。

(3) 在服务价值上,关注社区健康。作为一个以使命为导向的非营利组织,"每日餐桌"致力于提供有尊严的客户体验,促进其健康饮食,并最终帮助改善社区居民的整体健康状况。为了实现这些承诺,"每日餐桌"建立了一个营养工作组,其中包括来自哈佛大学公共卫生学院的营养学家、波士顿的营养师组织以及当地卫生组织的专家。该工作组为盐、糖、脂肪、纤维和其他健康因素制订了甚至比美国农业部更为严格的指导方针。这些指导方针为"每日餐桌"将接收和销售的食品类型做出决策。例如,"每日餐桌"不接受捐赠(并且不销售)高度加工或含糖的食物,例如饼干。

(4) 在支撑体系上,建立质量控制流程和措施,确保食品质量和安全。"每日餐桌"配备了高质量的基础设施,如鼓风冷冻机、冷藏卡车和温控毯,以确保食品的新鲜度和安全性。此外,还设计和实施鼓励食品捐赠的政策。2014年10月,马萨诸塞州颁布了一项法规,禁止企业和机构每周处理超过1吨的食物垃圾。此类法规可以提高公众认识并促进剩余食物的捐赠。

(5) 在服务人员上,从当地社区内招聘并提供培训以提升职业发展。"每日餐桌"致力于为所在社区贡献经济利益,承诺从该社区内招聘。近

80%的新员工来自附近的科德曼广场和多切斯特的四角街区。"每日餐桌"还为员工提供工作和生活技能培训，如财务、沟通和简历写作。此培训旨在帮助员工"在其他零售业务中获得自信并有能力取得成功"。

第5章注释

① 案例研究人员为晋漪萌、刘典财；指导人员为胡飞。
② 参见汉莎天厨官方网站。
③ "40-30-30法则"即40%的资源用于员工培训和激励，30%用于过程和程序的评审，30%用于新产品和新服务创意的开发。
④ 参见汉莎天厨官方网站《美食之旅的食用景观》。
⑤ 案例研究人员为赵雨淋、李顽强、黄嘉敏、郑泽先，指导人员为胡飞。
⑥ 案例研究人员为胡飞、李顽强、刘典财。
⑦ 知名有机食品超市 Trade Joe's 的前总裁——笔者注。
⑧ 参见聚焦网站。
⑨ 参见每日餐桌(Daily Table)网站。
⑩ 第一家店多尔切斯特"每日餐桌"食品杂货店(Daily Table Grocery-Dorchester)，地址为马萨诸塞州多尔切斯特华盛顿街450号，邮编为02124（450 Washington Street Dorchester, MA 02124）；第二家店罗克斯伯里"每日餐桌"食品杂货店(Daily Table Grocery-Roxbury)，地址为马萨诸塞州罗克斯伯里华盛顿街2201号，邮编为02119（2201 Washington Street Roxbury, MA 02119）。参见每日餐桌(Daily Table)网站。

第5章参考文献

[1] Wikipedia. Lufthansa[EB/OL]. (2019-08-10)[2019-10-17]. https：//zh.wikipedia. org/wiki/％E6％B1％89％E8％8E％8E％E8％88％AA％E7％A9％BA.

[2] Anon. How much of the world's population has flown in an airplane[EB/OL]. (2016-01-06)[2019-08-13]. https://www. airspacemag. com/daily-planet/how-much-worlds-population-has-flown-airplane-180957719/#KcoKtlQSlX7qa5B.99.

[3] 林美珍. 服务性企业的服务创新问题：以新加坡航空公司为例[J]. 中国人力资源开发，2011(2)：68-70.

[4] 佚名. 为新西兰航空打造长途旅行体验[EB/OL]. (2019-08-10)[2009-10-17]. https://cn. ideo. com/case-study/air-new-zealand.

[5] Wikipedia. XiamenAir[EB/OL]. (2019-08-13)[2019-10-18]. https：//zh.wikipedia. org/wiki/XiamenAir.

[6] 佚名. 英国航空发布开创性"未来飞行"研究报告[EB/OL]. (2019-08-14)[2019-10-18]. http://www. caacnews. com. cn/1/88/201908/t20190813_1279499. html.

[7] 佚名. 新消费时代开启，消费升级显活力：2018新消费趋势洞察报告[EB/OL].

(2018-12-11)[2019-08-31]. http://mi.talkingdata.com/report-detail.html?id=870.

[8] 佚名. 轻食消费大数据报告[EB/OL]. (2019-08-08)[2019-08-31]. https://36kr.com/p/5233613.

[9] 世方商业地产. 肯德基"K Pro"首店背后的秘密[EB/OL]. (2018-01-19)[2019-09-01]. http://www.sohu.com/a/217720846_777946.

[10] 李莉蓉. 针对白领的肯德基子品牌 K Pro 开业,还开通了刷脸支付[EB/OL]. (2017-09-04)[2019-09-02]. https://baike.baidu.com/tashuo/browse/content?id=0c0eaf1e5b93d04fb72e1ce8&fr=qingtian&lemmaId=323305.

[11] 固废观察. Daily Table:与低收入者分享尊重和健康的爱心超市[EB/OL]. (2016-11-27)[2019-09-01]. https://mp.weixin.qq.com/s/lA1uJgh7S61WFOZtprdUqg.

第 5 章图片来源

图 5-1 源自:晋漪萌、李炽君绘制.

图 5-2 源自:李炽君、晋漪萌绘制.

图 5-3、图 5-4 源自:晋漪萌绘制.

图 5-5 源自:晋漪萌、刘典财绘制.

图 5-6、图 5-7 源自:晋漪萌、李炽君绘制.

图 5-8 源自:汉莎航空官方网站.

图 5-9 源自:百胜中国网站.

图 5-10 源自:郑泽先、李顽强绘制(图片源自视觉中国旗下网站).

图 5-11 源自:站酷网站.

图 5-12 至图 5-14 源自:李顽强、黄嘉敏绘制.

图 5-15 源自:李顽强、郑泽先绘制.

图 5-16 源自:赵雨淋绘制(照片源自站酷网站).

图 5-17 源自:李顽强、郑泽先绘制.

图 5-18 源自:宁波知道. "老板,刷脸!"杭州的这家肯德基 K Pro 店竟然真的可以刷脸支付[EB/OL]. (2017-09-04)[2019-09-02]. http://www.sohu.com/a/169453169_262521.

图 5-19 源自:大众点评网站.

图 5-20 源自:刘芝. 时令菜单!肯德基推全新 K Pro 餐厅;现点现做 可刷脸支付[EB/OL]. (2017-09-01)[2019-09-02]. http://news.mydrivers.com/1/546/546744.html.

图 5-21、图 5-22 源自:大众点评网站.

图 5-23 源自:每日餐桌(Daily Table)网站.

图 5-24 至图 5-27 源自:李顽强、刘典财绘制(照片源自谷歌图片网站).

图 5-28 源自:李顽强、刘典财、黄嘉敏绘制.

图 5-29 源自:李顽强、刘典财绘制.

图 5-30 源自:李顽强、黄嘉敏绘制.

图 5-31、图 5-32 源自:李顽强、刘典财、郑泽先绘制.

图 5-33、图 5-34 源自:每日餐桌(Daily Table)网站.

6 服务设计案例研究之"住"

6.1 YOU＋国际青年社区服务设计[①]

YOU＋（优家）国际青年社区成立于2012年,是一个面向现代都市青年居住、生活、创业的社区,目前是中国最具影响力的公寓行业领导品牌之一。YOU＋国际青年社区关注人与人的关系,致力于整合有创意的租住方式、多元化的青年人群、互补性的创业资源,打造遮风挡雨、有爱陪伴的"家"文化,塑造一个有趣、信任、开放的社区生态,并通过共享经济和社群经济影响一代青年人的价值观,让生活于此的都市青年找到灵魂休息的温暖港湾。

6.1.1 语境分析

1）社会背景分析

在城市化进程中,大量人口持续向城市聚集。根据国家卫生和计划生育委员会流动人口计划生育服务管理司发布的《中国流动人口发展报告2016》中的数据,2015年中国流动人口数量达2.47亿人,其中青年（1980—1995年出生）人口占比约为51.1%[1]。2017年年底我国流动人口中有67.3%的人群（约1.67亿人）选择租房居住[2]。在人口流动、居住观念和政策利好等多重因素的促进下,住房租赁市场持续扩大,20—35岁的年轻人成为租房主力军。

2）经济背景分析

青年是城市发展中最活跃、最具潜能的群体,但由于初入社会,其经济基础尚不稳定,难以承担高昂的房价。根据中国房地产协会2018年数据统计,"北上广深"（北京、上海、广州、深圳）每平方米的购房价约等于每月租房价的10倍[3]。以2018年上海市平均房价计算,60平方米两居室的首付款的30%就已近百万元,部分家庭还是难以负担。

3）技术背景分析

科技的高速发展驱动着各行各业的重构,租房方式也发生了转变。随着租赁市场的发展,中小企业传统的房屋租赁系统在完成基本功能时已无法适应庞大的数据共享以及市场规模,房屋租赁管理系统融合"互联网＋"技术平台将租房平台逐渐转移到线上,通过手机便能实现快速租房。伴随着"互联网+"风潮,互联网租房平台迅速产生与发展,例如,通过智能硬件采集数据解决房源真实性问题,利用大数据匹配房源和客源,从而快速、有效地完成租房流程。

6.1.2 目标用户与利益相关者分析

1) 目标用户及其角色

据"好奇心研究所"对城市青年的生活状态和精神面貌的一项调查[4]得知,青年群体在城市生活中的典型场景举例如下:"在大城市工作不久,住在月租三四千元的一居室,唯一熟悉的室友是喂养的宠物","厨房间有怀着居家煮饭宏图大志时买下的全套单人厨具,但饮食主要靠便利店和外卖,为凑满起送点一次买三顿","没体会过几次穿着秋衣在寒风中等开锁匠的痛,你就不会记得出门一定要带钥匙"。

YOU+国际青年社区聚焦漂泊中的"后校园时代"的年轻人,他们在完成高等教育之后,选择进入"北上广深"等一线、二线城市工作和生活,他们从开始奋斗直至组建家庭有近10年的时间。在这段时间中,他们远离故乡、亲人,缺乏感情寄托,没有家庭生活;他们大多选择独居生活,奔波在公司和住所,两点一线;他们中的大多数人对生活环境和价值环境有所期待;他们大多数是独生子女,从校园陡然进入职场的初期,更容易陷入无人倾诉的"被抛境遇",进而产生强烈的孤独感。

在目前的租房市场中,城市青年可选的类型主要有酒店型公寓、城中村、合租房、单身公寓四种类型。酒店式公寓介于传统星级酒店和住宅之间,提供酒店式的管理和服务,面向高端人群,年轻人"住不起";城中村虽然租金便宜,但人群复杂、居住环境恶劣,年轻人"不敢住";合租房需要共用小型客厅和卫生间,私密性较弱,年轻人"不方便";单身公寓面积小、总价低,但只能是一种过渡,年轻人"不甘心"。

用户角色A:计雪妮,女,27岁,自由职业者。她性格开朗,绘画、唱歌、摄影样样精通,是一名文艺女青年(图6-1)。大学毕业后,她留在北京工作,希望在这个城市有一个自由有爱的社交圈,有一群志同道合的好朋友,但在目前的租住环境中,她感到很孤独。

用户角色B:乔(Joe),男,29岁,IT行业从业者,互联网重度爱好者,讨厌按部就班的生活,喜欢萌宠、家居,喜欢看海,喜欢摇滚,爱旅游(图6-2)。乔目前在互联网家装平台工作,因为平时工作比较忙,回到家大多较晚,他希望在自己比较劳累的时候能够快速补充能量。

用户角色C:小桶,男,32岁,摄影爱好者(图6-3),喜欢结交朋友,有时候在朋友眼里是一位不务正业的摄影师,但他自己内心却坚守一个信念,虽然目前事业不算成功,但仍然心怀梦想,相信有一天一定能创业成功。

计雪妮

27岁 | 自由职业者

来自北京，性格开朗，绘画、唱歌、摄影样样精通，妥妥的文艺女青年一枚

目标： 主体　分享

需求：
- 有共同话题的自由社交圈
- 有趣、开放又有活力的生活环境

故事：
文艺女青年小计，喜欢绘画、唱歌和摄影，喜欢社交和分享。要在新的城市工作的她也希望有一个自由有爱的社交圈，有一群有相同爱好和共同话题的朋友分享生活，畅聊人生。有多次租房经历，合租的室友因为工作性质的原因形同陌路，独自租房既孤独又丧失了社交圈……

图 6-1　用户角色 A

乔

29岁 | 非一般的IT男

互联网重度爱好者，讨厌按部就班的生活。喜萌宠，喜家居，喜看海，喜摇滚，爱旅行

目标： 主体　归属

需求：
- 希望在熬夜比较劳累时能够快速补充能量
- 希望在自己工作之余有娱乐的空间

故事：
曾在虚拟试衣和视频美颜领域取得过一定的成绩。目前主要在互联网家装平台工作，以实现长链条商品交易的简单化。偶然的机会加入了YOU+国际青年社区，因为平时工作比较忙，回到家的时间大多在23点以后，也会经常熬夜，所以经常会感觉口渴或者饥饿，有时会选择自己做东西吃，有时也会感觉麻烦，就会去YOU+国际青年社区的神秘商店购物

图 6-2　用户角色 B

小桶

32岁 | 摄影爱好者

爱好结交朋友，有时候在朋友眼中是一位不务正业的摄影师，自己心中却坚守一个信念，永不气馁

目标： 主体　价值

需求：
- 希望被自己的亲朋好友认可
- 渴望能在影视行业闯出自己的一片天地

故事：
"80后"老男孩，青春已逝，养猫、养鱼、养花、养草，提前养老。翻打过多个行业，设计出身，2009年歪打正着从事时尚摄影，后接触影视，从此陷入深坑。偶尔玩一下逻辑推理，给自己拍的影片配乐，纯属自娱自乐。虽然事业暂时还不算成功，但仍旧怀揣着自己的梦想，相信有一天一定能创业成功

图 6-3　用户角色 C

经过研究总结出城市青年群体的需求主要包括以下几点：(1)想拥有独立、私密的个人空间；(2)喜欢社交，渴望有与人交流、分享、共同成长的情感空间；(3)自我意识突出，保持独特的气质和自由自在的生活状态；(4)内心孤独，渴望志同道合的朋友和家的温暖；(5)注重生活品质，追求优越的物质条件和丰富的生活体验；(6)怀揣梦想，希望在大城市扎根，渴望自我价值的实现和社会的认同。

2) 利益相关者分析

YOU＋国际青年社区的目标群体是漂泊中的城市青年(图 6-4)。其核心利益相关者包括不同职业背景的青年群体，例如职场白领、媒体从业者、艺术工作者、创业者等；直接利益相关者包括生活中直接接触的群体，主要有保洁人员、维修人员、前台人员、安保人员、接待人员等；间接利益相关者包括间接接触城市青年生活的群体，包括企业家、投资者、媒体等。

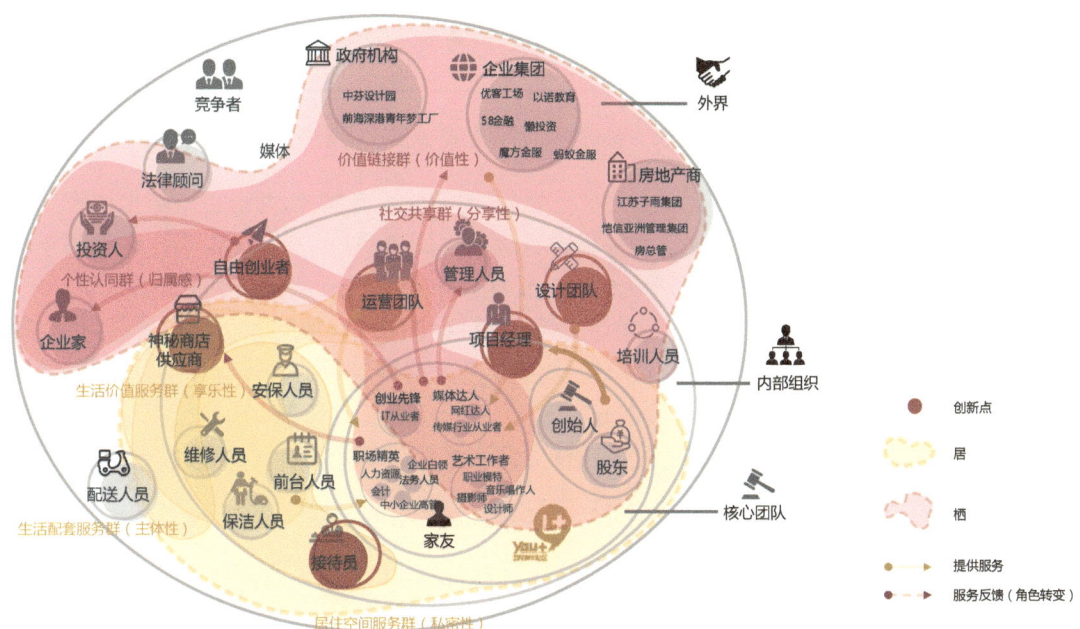

图 6-4 YOU＋国际青年社区的利益相关者图

6.1.3 服务提供与商业模式分析

1) 商业模式分析

在商业模式的创新上，YOU＋国际青年社区建立了以"共居＋共享"为核心的生活社区和以"共居＋共享＋共创"为核心的创业社区(图 6-5)。首先，通过整合居住空间服务群、生活配套服务群、社交共享群，将居住空间与社交平台相结合建立"共居＋共享"的社区服务模式，形成青年生活圈层。在此基础上，引入价值链接群，为青年群体提供多领域的行业交流和资源对

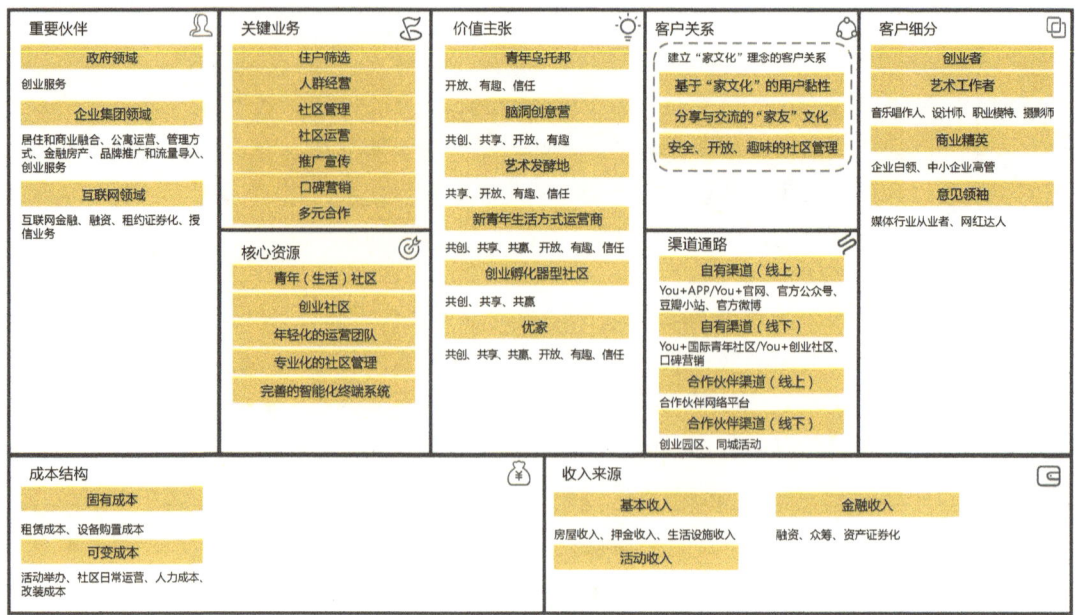

图 6-5　YOU＋国际青年社区的商业模式画布图

接服务，建立"共居＋共享＋共创"的社区服务模式，并通过青年生活圈层的管理和运营等关键业务传递给客户。同时，YOU＋国际青年社区利用年轻化的运营团队、专业化的社区管理、完善的智能化终端系统等核心资源，向已经入住的租户和潜在用户群传达社区特有的共创、共享、共赢、开放、信任等价值主张。通过与政府、企业集团及互联网领域的跨界合作，增加资源链接与分享，建立居住＋创业的创新型孵化基地。现阶段，在 YOU＋国际青年社区的创新型模式下，已经衍生出了由"漂族"青年与社区共建的新型互利共赢型商业模式，如神秘商店、聚吧、TFIT 运动技研[②]等。

2）利益相关者关系重构

根据城市青年的需求梳理利益相关者的关系网络：(1) 居住空间服务群，由安保人员、接待人员等组成，以满足"漂族"青年对私密性基础居住的诉求；(2) 生活配套服务群，由前台人员、保洁人员、维修人员等组成，以满足"漂族"青年对高品质生活的诉求；(3) 社交共享群，由运营人员、设计团队等组成，以满足"漂族"青年对个性化和归属感的情感诉求；(4) 价值链接群，由企业家、投资者、有创业意向的用户等组成，以满足"漂族"青年对个人价值以及理想事业的诉求。

3）服务提供

YOU＋国际青年社区重组了通常以"居"为核心、"私密、主体、享乐"的生活空间，重构了以"分享、归属、价值"为主旨的生活社区与创业社区。针对漂泊中城市青年的需求，以 YOU＋国际青年社区的家友为中心，对居住空间、生活空间、娱乐空间等服务场所、服务设施进行再设计，针对线上、线下的社交需求进行数字触点设计，以富有创意的产品设计和空间设计最大限度地满足用户居住舒适与娱乐社交便捷、有趣的需求,并以人性化和专业化的前后台运营服务和支撑系统整合形成YOU+国际青年社区的服务蓝图(图6-6)。

在服务人员方面,主要包括生活服务人员、团队管理人员、投资合作者以及作为服务人员的住户。按提供的服务类型,可以将服务人员分为:(1)以前台人员、安保人员、接待员、门卫为主的个人空间服务者;(2)以配送人员、运营商、供应商为主的生活配套服务者;(3)以清洁人员、维修人员为主的生活价值服务者;(4)以运营人员为主的社交共享群;(5)以设计团队为主的个性认同群;(6)以企业家、投资者、有创业意向的用户为主的价值共创群。

在服务场所方面,主要包括生活服务区和创业孵化区。按场所属性划分,可以将服务场所分为:(1)个人生活场所,包括起居室、卫生间;(2)公共生活场所,包括神秘商店、健身房、洗衣房;(3)娱乐休闲场所,包括微型影院、台球吧、桌游区;(4)学习空间,包括学习区、阅读区;(5)创业工作空间,包括会议室和办公区。

在服务设施方面,主要包括趣味居住设施、社交活动设施、创业孵化设施。按设施类型划分,可以将服务设施分为:(1)个人空间设施,包括智能门锁、基本生活设施;(2)社区安保设施,包括出入机关、隐藏开关;(3)娱乐设施,包括桌游、台球、微型影院;(4)生活配套设施,包括厨房配套设施、健身设施、洗衣设施;(5)办公配套设施,包括会议室、工位、展示设备。

在信息交互方面,主要包括宣传类、管理类、互动类。按信息类型划分,可以将信息交互分为:(1)官方对外的信息平台,包括YOU+国际青年社区官网、公众号、官方微博;(2)社区内部的管理信息平台,包括金箍棒管理系统、微信小程序、房总管;(3)用户之间以及对外的交流信息,自主开发的APP——一起(WITH)。

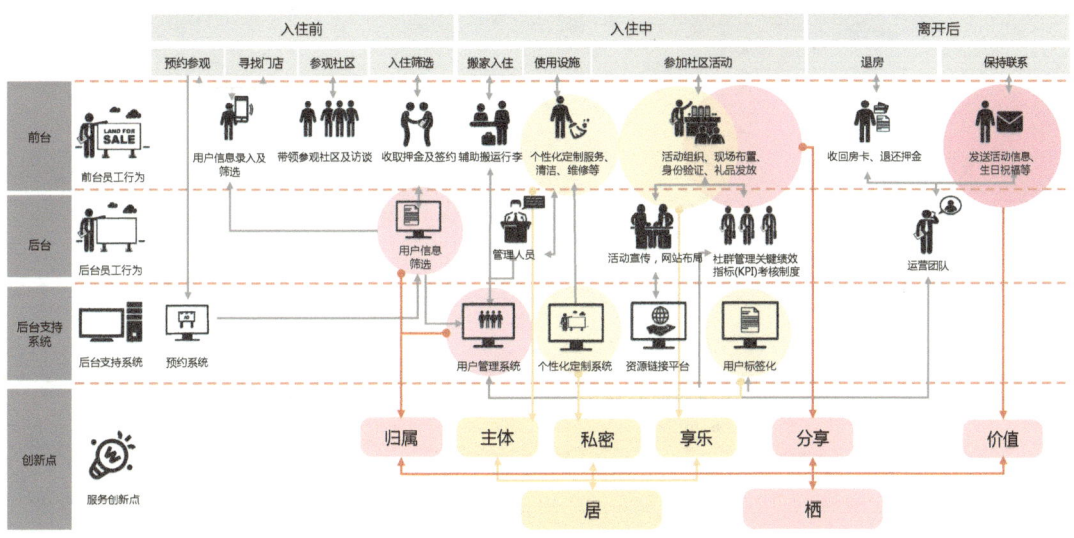

图6-6　YOU+国际青年社区服务蓝图

6.1.4 服务流程与服务场景分析

根据服务提供的先后顺序,YOU+国际青年社区的用户使用流程可分为入住前、入住中、离开后三个阶段,预约参观、寻找门店、参观 YOU+国际青年社区、搬家入住、使用设施、参与社交活动、参与创业活动、保持联系八个步骤(图 6-7):(1)入住前的重点在于营造"漂族"青年生活圈,通过对入住的用户设置筛选机制,形成"同质化"的青年社群,以此弥补"漂族"青年城市生活中的归属感缺失问题。(2)入住中的重点在于提供舒适宜居的、互利共赢的社区模式,通过精准化住户管理系统、个性化空间定制系统、全方位资源链接平台、参与式社区运营模式,满足城市青年生活中对私密、个体、享乐与共享的需求。(3)离开后的重点在于储备可持续的用户资源群,通过与退租用户保持联系,储备价值链接资源,服务用户对价值实现的需求。下文以三个典型用户角色和服务场景来分析:

服务场景 1:无意中,计雪妮了解到 YOU+国际青年社区,在官网上搜索后决定申请入住,大约过了 3 天,YOU+国际青年社区通过了她的申请,电话通知她来参观社区。在参观的过程中,运营人员与她进行沟通与面试,最终通过了她的申请。入住后,她参加了家友见面会,因为她乐于分享又比较幽默,被家友们评选为"明星家友"和楼层长。她积极参加社区活动,逐渐建立起了志同道合的社交圈。

服务场景 2:乔入住 YOU+国际青年社区后,他的生活开始变得更加便捷。有一天,乔加班到 23 点半后回到社区,在休息区稍作休息后,乘坐电梯返回自己的房间,回到房间后发现没有饮用水了,便乘电梯到社区内

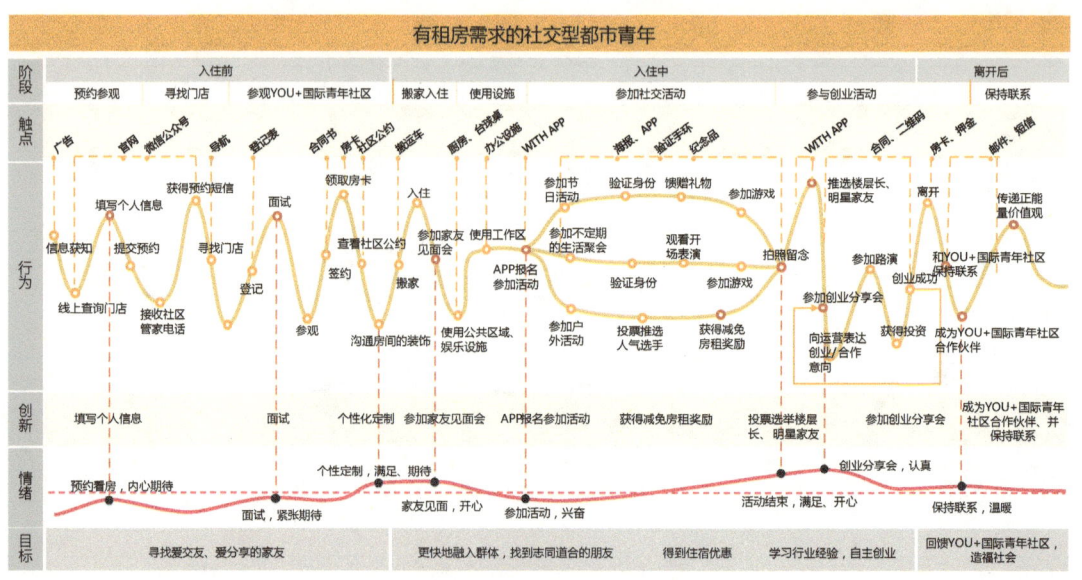

图 6-7　YOU+国际青年社区服务流程图

的神秘商店购买,选好想购买的商品后扫码支付,并把自己想要却没有的产品通过 APP 告知"神秘人"——神秘商店供货商。

服务场景 3:小周成功入住 YOU+国际青年社区之后,他的事业悄然发生变化。周日,他来到创业社区,里面聚集了不少有创业想法的家友,一边吃桌上的食物一边聆听创业成功的家友分享经验。在他分享了自己的创业想法后,有一位家友表示愿意加入,并相互添加为好友。之后,他们向 YOU+国际青年社区表达了自己的想法和合作意向,很快得到了运营团队的回复与支持方案。参加路演后,他们成功获得投资,并与 YOU+国际青年社区成为合作伙伴。

YOU+国际青年社区为"漂族"青年打造了舒适宜居的生活服务模式,以整合居住空间服务群、生活配套服务群为基础,提供 LOFT③ 风格的独立居住空间及配套设施,配有 24 小时保安通勤,设置出入机关等个人空间服务来弥补私密空间的不足;还有快递代管、外卖代收、贴心管家等生活配套服务,提高社区生活的便利度(图 6-8)。

以整合社交共享群和价值链接群为创新,提供生日聚会、节日派对、户外活动等社区活动,形成青春的社群文化;还有创业沙龙、创业交流分享会等资源链接,为有创业意向的用户提供创业孵化助力(图 6-9)。

以价值链接群为例:YOU+国际青年社区为用户提供生活服务、学习办公、休闲娱乐等多种共享空间,使得用户可以充分利用时间、空间以及人群资源,并根据个人的技能和兴趣爱好在共享空间里进行教学活动(图 6-10)。

配套家具(深圳坂田社区)　　　室内空间　　　隐藏开关(电梯按钮)

图 6-8　YOU+国际青年社区的服务触点

户外娱乐活动　　　资源对接活动　　　节日庆典活动

图 6-9　YOU+国际青年社区的相关活动

桌游区　　　　　　　　　　台球区　　　　　　　　　微型影院

图 6-10　YOU＋国际青年社区的服务设施

6.1.5　服务系统及其创新

YOU＋国际青年社区开发了人工智能个性化室内设计系统，为用户定制个人专属空间的核心居家服务；开发 APP——WITH 为用户打造线上信息通知、线下社交的数字平台服务；定期推出创意、好玩、有趣的社区活动的人际服务；以组织社群活动、精准对接创业孵化平台的资源链接服务，将传统的居住服务提供模式转型为"集居住、社交与创业于一体"的新型青年生活方式社区的服务模式（图 6-11）。

YOU＋国际青年社区结合共享经济和社群经济的服务设计，在服务触点上强化真诚、快乐、分享、奉献等社会急需的正能量，重塑了一代青年

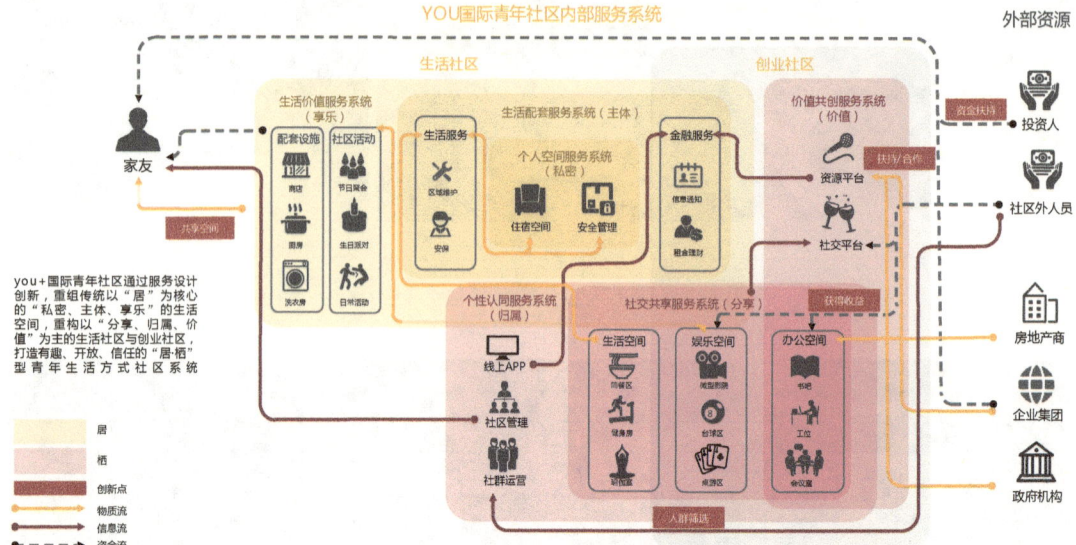

图 6-11　YOU＋国际青年社区服务系统图

人的价值观。YOU＋国际青年社区的服务模式,使漂泊中的城市青年"同质化"聚集,形成了极具创造力的社群经济:多元化的空间形式为城市青年提供了交流的空间资源;多渠道的资源链接为城市青年提供了共创的人脉资源;"同质化"的青年社群为城市青年提供了丰富的脑力资源。与此同时,在资源共享理念的基础上,结合用户参与设计的服务理念,在社区中衍生出"秘密商店"等诸多新兴的商业模式(图6-12)。

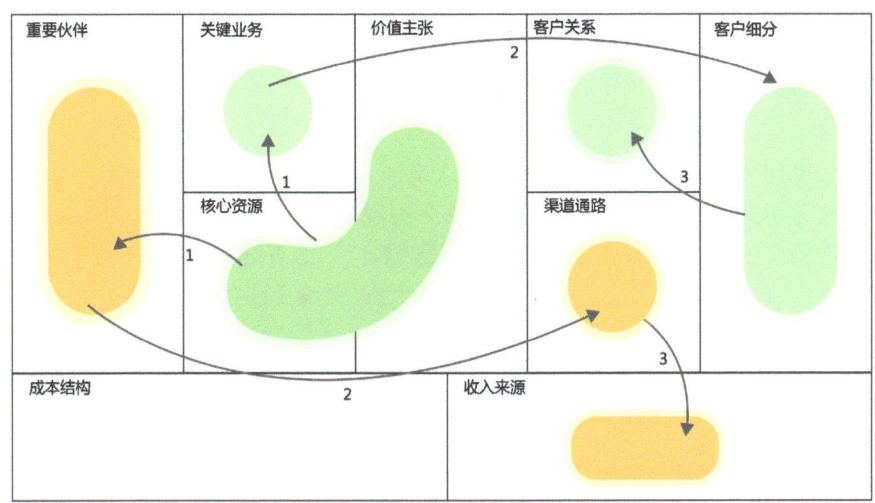

图 6-12　YOU＋国际青年社区商业模式

注:上面的1、2、3表示YOU＋国际青年社区通过自身的关键业务与重要合作,持续性地向住户和潜在住户传递价值主张。下面的1、2、3表示YOU＋国际青年社区在线下植入共享居住产品模块,不仅提高了社会资源的利用率,而且将共享经济和社群经济的效益发挥到最大,通过一系列共享资源给公司直接或间接带来收益。

YOU＋国际青年社区针对漂泊中的城市青年"居"与"栖"的问题,创造出社交与创业相结合的社区服务新模式,营造出有爱、互信、开放的社区服务新生态,为利益相关者带来私密、分享、自主、归属、享乐、价值的社区服务新体验。目前YOU＋国际青年社区已有门店50家,总面积超过50万 m^2,总房间数近20 000间,累计入住3万余人,平均租期为14个月,2018年销售额为1.5亿元。YOU＋国际青年社区连续两年上榜由美国《快公司》杂志评选的"中国最佳创新公司50强",在"2017年度中国长租公寓TOP50品牌榜单"中位列第一,已成为中国最具影响力的公寓行业领导品牌[5]。2016年4月25日,国务院总理李克强、原常委贾庆林称赞"YOU＋(国际青年社区)模式好,是充满大爱的家"[6]！YOU＋国际青年社区实现了商业价值与社会价值的双赢,是服务设计助推服务业转型升级的典型案例。

6.2 "青银共居"服务设计④

6.2.1 背景简介

人口老龄化已成为21世纪最重要的全球趋势之一。据联合国发布的《世界人口展望:2019年修订版》⑤显示,2018年,全球65岁或以上人口史无前例地超过了5岁以下人口数量;到2050年,全世界1/6的人将超过65岁(16%),高于2019年的11人(9%)。然而随着老龄化程度的加深,老年人空巢化问题也日益突出。对于高龄独居老人而言,配有专业护理人员的养老机构成为其不二选择。但同时这里面也存在很多问题尚未解决,例如离家后与亲朋好友间情感的缺失、社交上隔离的孤独感。此外,由于多数城市的房价常年居高不下,造成了许多青年人买不起或租不起房子的现象。在这样的情境下,越来越多的国家推动"青银共居"养老服务计划。

青银共居,即指在一个社区之中住着老年人与青年人,彼此互相照料⑥。通过共居,一方面希望能让独居老人获得陪伴;另一方面希望能缓和青年人的住房问题。同时此举还能促进不同世代之间的连接与交流。本节将以荷兰"跨代屋"⑦(Humanitas Deventer)、德国"跨世代文化住所"⑧(Generational Culture House, Geku-Haus)、奥地利"世代生活社区"⑨(ÖJAB-Haus Neumargareten)三个"青银共居"项目展开具体介绍,并比较其异同。

6.2.2 目标用户与利益相关者分析

一方面,独居老人在日常生活中,由于身体机能退化,行动迟缓或不便,加之生活无人照料,一旦发生突发事件难以应对,甚至当遇到危险的时候,也可能因呼救不及时而酿成悲剧。此外,由于老年人长期独居,孤独、失落、抑郁的负面情绪也无处排解。长此以往,对于独居老人和整个社会而言,都将受到极大影响。另一方面,青年人作为整个社会群体中最积极、最富有生气的群体,初出茅庐,由于缺乏足够的经验和人脉,容易在职场或者创业过程中迷茫、碰壁,还要承担在大城市中住房的"老大难"压力。

本节将以三组老年人与青年人为目标用户展开案例分析。

用户角色A:德弗里斯奶奶,女,68岁,患有糖尿病与高血压,丁克一族。五年前,德弗里斯奶奶的老伴因心脏病过世,目前只剩她一人。在现阶段中,德弗里斯奶奶仍然没有走出老伴过世的阴霾,每天郁郁寡欢。由于身体日渐衰弱,家中无人照料,德弗里斯奶奶选择住进养老院。亨利,男,22岁,在校大学生,主修心理学,性格乐观,健谈,喜欢唱歌、跳舞、玩游戏等。现在亨利处于学习计划的最后一年,需要在其他城市实习并租赁房子,然而不是房租太贵承担不起,就是出租房条件不佳。

用户角色 B:巴拉克爷爷,男,75岁,患有心脏病,离异后育有一子,儿子目前在国外工作。巴拉克爷爷曾经是一位精明能干、事业有成的商人,虽然和大部分老年人一样开始了平淡的退休生活,但内心一直对忙碌而又充实的过去无比怀念。拉莫娜,女,24岁,高校毕业一年,性格直爽、外向。目前她在创业中,然而由于缺乏阅历、人脉,创业路途坎坷。而且由于缺乏资金,难以找到物美价廉的办公空间进行工作,甚至没有空间与同行交流。

用户角色 C:海登奶奶,女,73岁,患有心脏病与高血压,离异后育有一女。前两年由于中风,海登奶奶需要长年依靠轮椅行动。加之女儿缺乏一定的护理知识,难以平衡家庭与工作。所以海登奶奶目前居住在养老院,女儿每半个月过来探望一次她。穆勒先生,男,28岁,工作处在上升期,日常工作比较忙碌。穆勒太太,女,28岁,工作相对轻闲,朝九晚六。双方育有一女——小穆勒,4岁。由于穆勒先生、穆勒太太年纪尚轻,还需要抚养小穆勒,经济情况拮据。

在现有居住场景下的利益相关者中,分别以老年人、青年人为中心向四周辐射,主要涉及三个方面(图6-13):一是针对老年人的养老护理服务团队,包括保健服务人员、生活服务人员、保洁服务人员、餐饮服务人员等。二是针对青年人的房屋租赁服务团队,包括中介服务人员、家居服务人员、房屋出租者、周边业主等。三是针对第三方的物业管理服务团队,包括绿化服务人员、热线服务人员、车辆服务人员、保安人员等。

三个项目的用户角色呈现出较为一致的需求与痛点:对于老年人而言,他们希望重新融入社会,快乐生活。虽然在机构养老的一大优势在于老年人之间可以相互交流,在一定程度上可以减缓孤独感与失落感。然而社交上的隔离和社会联系的中断,是志愿者的短期服务、机构内同龄人的相互慰藉难以解决的问题。对于青年人而言,大城市房价居高不下,难以

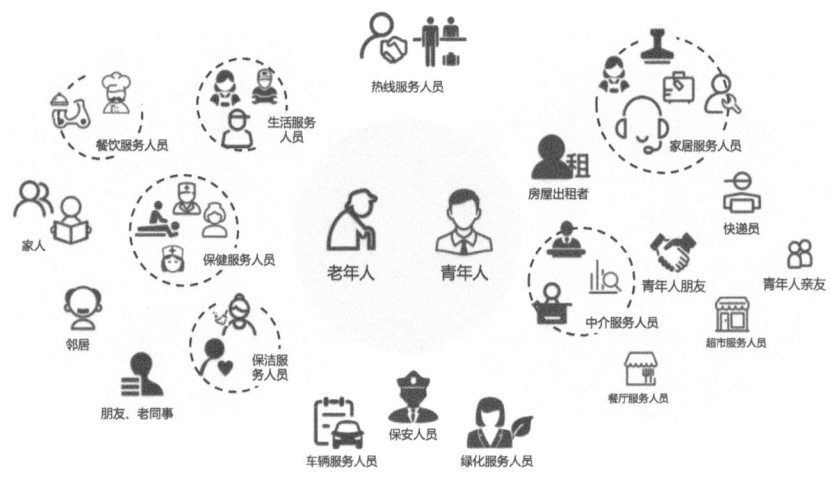

图6-13 现有居住场景下老年人与青年人的利益相关者图

负担,既买不起也租不起房子,因此他们希望缓解住房问题,减负前行。此外,青年人由于阅历少,在遇到生活、就业、婚恋、人际关系等方面的问题时常常手足无措、压力骤增。

6.2.3 服务提供与商业模式分析

荷兰"跨代屋"的价值主张是为需要养老院护理服务的老年人提供温暖、舒适的生活环境,使得每位老年人的个人习惯都可以获得尊重,个性能得以保持。"跨代屋"进一步提出了"老年生活应该充满欢笑"的服务愿景。一方面,通过整合专业的医疗保健护理团队为老年人提供基础养老服务;另一方面,通过学生住户计划为具有良好沟通能力、来自不同科系的大学生提供住宿福利,即大学生每月奉献 30 小时当老年人的友善邻居便可免费入住"跨代屋"(图 6-14)。

德国"跨世代文化住所"的价值主张是通过跨世代交流的方式,让老年人与用户以全新的方式工作与生活。"跨世代文化住所"将用户细分为拥有特殊技艺的老年人、从事广告宣传或艺术的年轻人,通过共享生活设施模式以及优越的地理环境吸引用户,并为老年人与青年人提供空间租赁服务。对于老年人而言,通过发挥个人专业知识甚至人脉关系,为一同居住的青年人在生活上和工作上指点迷津,实现自我价值;对于青年人而言,则通过"跨世代文化住所"所提供的资源条件实现就业、创业需求(图 6-15)。

奥地利"世代生活社区"的价值主张是无论用户的年龄、性别、宗教信仰和政治信念如何,为所有人提供一个家外之家。"世代生活社区"一方面通过联合医疗保健机构、幼儿园、职业学校、欧盟、基金会、当地政府、当地组织等重要伙伴为用户提供移动护理服务、日常护理服务、住宿租赁服务、

● 重要伙伴	● 关键业务	● 价值主张	● 客户关系	● 客户细分
· 医疗保健组织机构; · 志愿者组织; · 精神协会; · 超市	· 养老护理服务; · 学生住户计划	· 为需要养老院护理服务的长者提供温暖、舒适的生活环境,每位长者的个人习惯都可以获得尊重,个性能得以保持; · 老年生活应该充满欢笑	· 大学生每月奉献30小时当长者的友善邻居,即可免费入住"跨代屋"	· 长者(主要为身心功能衰弱或失能的长者); · 大学生(具有良好沟通能力的不同科系大学生)
	● 核心资源 · 专业的医疗保健护理团队; · 住宿福利(针对学生住户计划)		● 渠道通路 · 跨代屋官方网站与邮件	

● 成本结构	● 收入来源
· 养老院护工人员、清洁人员、设施维护人员的劳动支出成本; · 药物、器材的采购成本; · 相关活动的举办、组织、宣传成本	· 老人入住的养老金收入; · 来自社会福利机构的捐赠收入

图 6-14 "跨代屋"的商业模式画布图

● 重要伙伴	● 关键业务	● 价值主张	● 客户关系	● 客户细分
• 小型市场集团; • 物业管理	• 空间租赁服务	• 通过跨世代交流的方式,让长者与用户以全新的方式工作与生活	• 在这里长者可以发挥个人专业知识甚至人脉关系,为一同居住的青年在生活上和工作上指点迷津	• 长者(以拥有特殊技艺的长者为主,例如退休教授、织布高手、会计师等); • 青年(以艺术家或从事广告宣传的年轻人为主,例如自由工作者、设计师等)
	● 核心资源		● 渠道通路	
	• 共享生活设施模式; • 地理环境优越(身处中央车站、大学、购物中心,周围环绕着来自世界各地的正宗的自营餐厅、酒吧和商店)		• 跨世代文化住所官方网站; • Mailingliste(邮件列表); • WhatsAPP(瓦次普)	

● 成本结构	● 收入来源
• 房屋购买、修建成本; • 物业税收、街道清洁、房屋清洁、花园维护等成本; • 服务人员劳动力成本	• 空间租赁费用; • 迷你市场与咖啡馆的收入

图 6-15 "跨世代文化住所"的商业模式画布图

代际陪伴服务等关键业务;另一方面将用户细分成可独立生活的老年人、需要生活协助的老年人、青年个体以及年轻家庭,按照实际情况进行一对一或者一对多的人员分配,打造以用户为导向的家庭式环境的共同家园(图 6-16)。

在具体的服务团队组建过程中,"跨代屋"以老年人和大学生为中心,向四周辐射形成三大服务主体(图 6-17):(1)养老护理服务团队,主要由医疗保健供应商、日常护理照料者、康复治疗师组成,提供基础的养老护理服务。(2)老年人陪伴服务团队,由 6 名具有良好沟通能力的不同科系的

● 重要伙伴	● 关键业务	● 价值主张	● 客户关系	● 客户细分
• 医疗保健机构; • 幼儿园; • 职业学校; • 欧盟; • 基金会; • 当地政府; • 当地组织	• 移动护理服务; • 日常护理服务; • 住宿租赁服务; • 代际陪伴服务	• 无论用户的年龄、性别、宗教信仰和政治信念如何,为所有人提供一个家外之家	• 以用户为导向的家庭式环境的共同家园	• 可独立生活的长者; • 需要生活协助的长者; • 青年个体; • 年轻家庭
	● 核心资源		● 渠道通路	
	• 专业、完善的护理服务; • 同比较低的房租价格; • 家庭般温暖的生活环境		• 官方网站获取信息; • 官方邮件	

● 成本结构	● 收入来源
• 护理团队人员的劳动支出成本; • 相关设施和产品的采购成本; • 相关活动的举办、维护成本	• 老年居住者的居住疗养费用; • 长者、青年房屋租赁费用; • 基金会和政府等各方的资金支持

图 6-16 "世代生活社区"的商业模式画布图

6 服务设计案例研究之"住" | 119

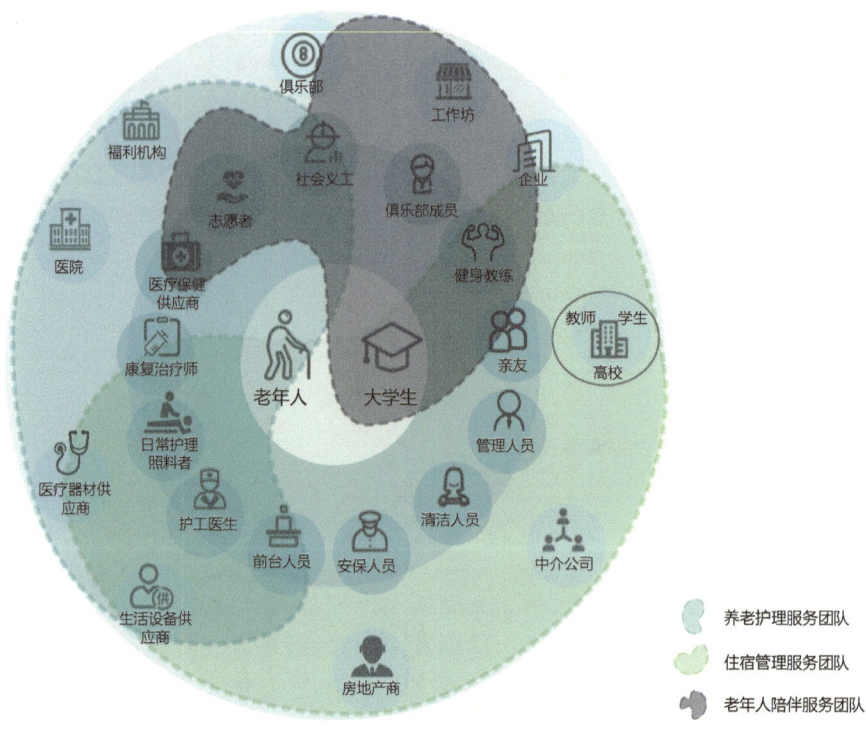

图 6-17 "跨代屋"的利益相关者图

大学生组成,分别负责不同区域的老年人陪伴服务,例如协助老年人午餐、晚餐的用餐摆盘,每周固定一天为住户送餐、聊天等。(3)住宿管理服务团队,由养老院前台人员、安保人员、清洁人员、管理人员等组成,以维护养老院的正常秩序、保持其干净卫生。

"跨世代文化住所"在具体的服务团队组建过程中,以老年人和青年人为中心,向四周辐射形成四大服务主体(图 6-18):(1)医疗救护服务团队,由家庭医生、护工、护士组成,主要为老年人提供基础的医疗救护服务。(2)老年人资源服务团队,由住所的老年人、老年人的人脉资源(例如同事、企业经理等)组成,为住所青年人提供生活、情感、工作上的指导。(3)住所管理服务团队,由接待员、前台工作人员、行李搬运员、安保员、维修员、清洁员等组成,为老年人、青年人提供舒适、宜人的住宿服务。(4)生活提供服务团队,主要由住所一楼的咖啡厅服务人员与小型市场服务人员组成,为青年人提供美食、购物、代收快递等生活服务。

在"世代生活社区"具体的服务团队组建过程中,以老年人和青年人为中心,向四周辐射形成五大服务主体(图 6-19):(1)基础生活服务团队,由搬家工人、清洁人员和安保人员组成,为社区内的所有居民提供基础的生活服务。(2)社区运营服务团队,由网站运营人员、社区运营人员、接待人员和社区用户组成,负责社区宣传、接待和日常运转,社区住户在一定程度上负责了老年住户的部分生活服务。(3)移动医疗护理团队,由专业医师、

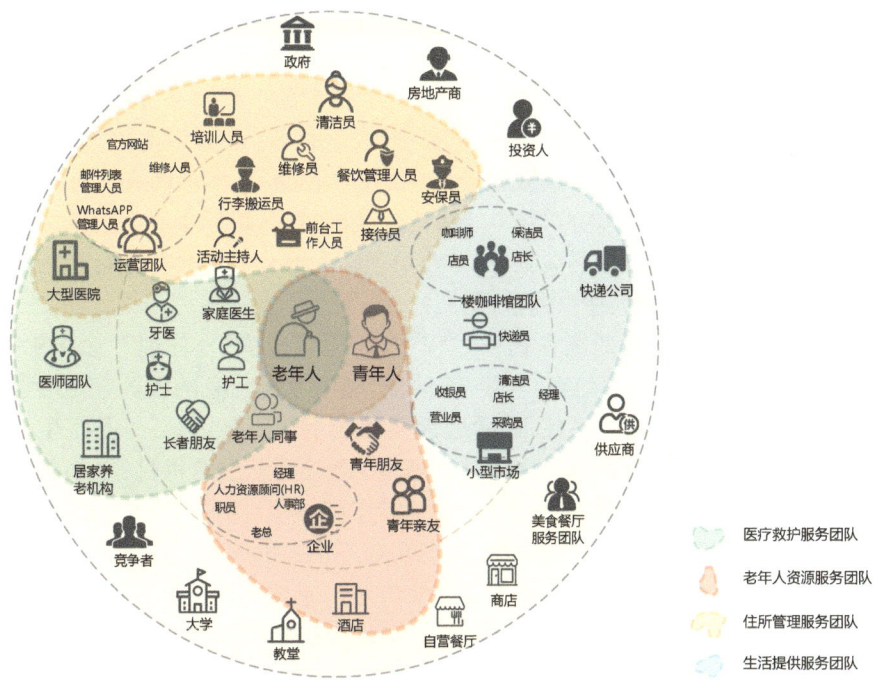

图 6-18 "跨世代文化住所"的利益相关者图

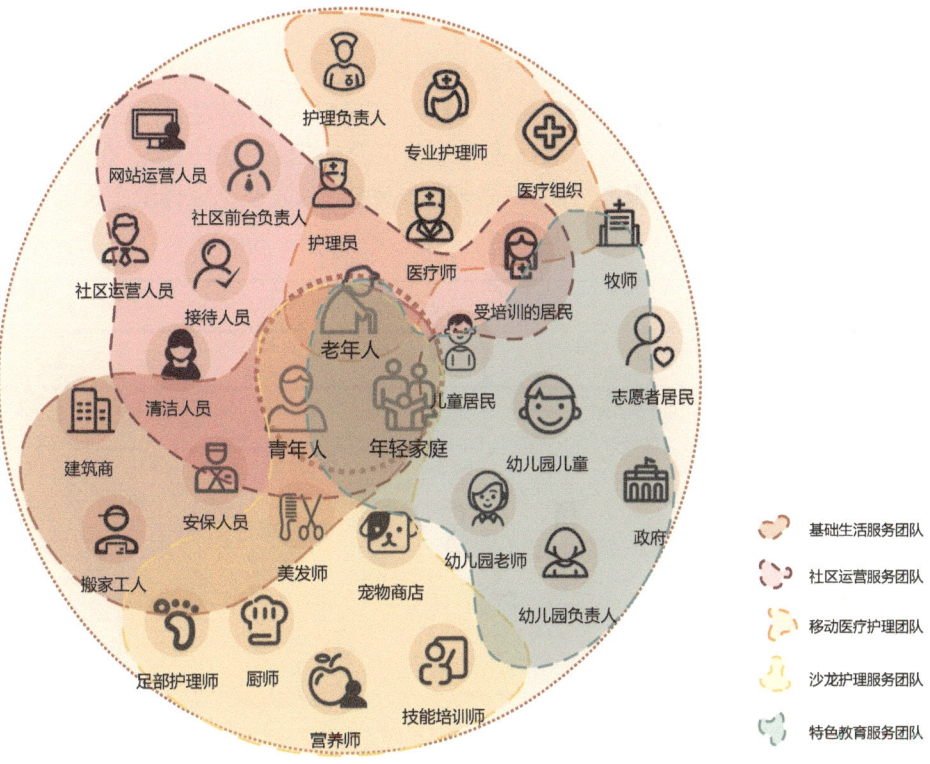

图 6-19 "世代生活社区"的利益相关者图

6 服务设计案例研究之"住" | 121

专业护理师、护理员组成,负责社区内的日常护理服务和医治护理服务。(4)沙龙护理服务团队,由厨师、营养师、美发师、足部护理师、青年志愿者、护理员等组成,负责住户的营养三餐和老年住户的护理关系分配、护理文档记录、护理活动组织(宠物疗法、记忆训练、创意圆、带领小孩做体操)等。(5)特色教育服务团队,由幼儿园老师、教育中心老师、培训师和专业护理师组成。幼儿园的老师负责住户儿童的幼儿园教育;培训中心的老师为青年住户提供住专业技能培训服务;专业护理师为部分青年住户进行护理知识培训,让其参与老人住户的护理。

在"跨代屋"具体的服务提供过程中,流程可分为"入住前""在住中""离住后"(图6-20)。(1)在"入住前"阶段,通过官网信息的相关宣传吸引大学生的加入。(2)在"在住中"阶段涉及四类主要服务内容:一是学生住户计划。通过提供免费入住作为交换条件,换取大学生的每月30小时来陪伴老年人。二是定期特色活动。通过定期举办周日晚餐聚会(Party)、轮椅舞等特色活动,既可以形成文化特色吸引其他用户,又可以加强住户与"跨代屋"的情感联系。三是不定期工作坊。通过联合社会各种组织、志愿者为老年人不定期地举办特色工作坊,以此加强老年人与社会外界的联系。四是空间对外出租。"跨代屋"将内部闲置的空间租赁或者交换给企业家或者当地社区居民。例如将房屋租赁给社区的合唱团、当地精神障碍协会、年轻创业者等。(3)在"离住后"阶段,大学生与老年人建立友谊并保持联系。

在"跨世代文化住所"具体的服务提供过程(图6-21)中,流程也可分为"入住前""在住中""离住后"。(1)"入住前"阶段,通过官网宣传相关信息、每周五的免费参观等活动吸引志同道合的用户入住。(2)"在住中"阶段,涉及两大特色服务机制:一是杯垫互动机制,通过设定杯垫正反面分别

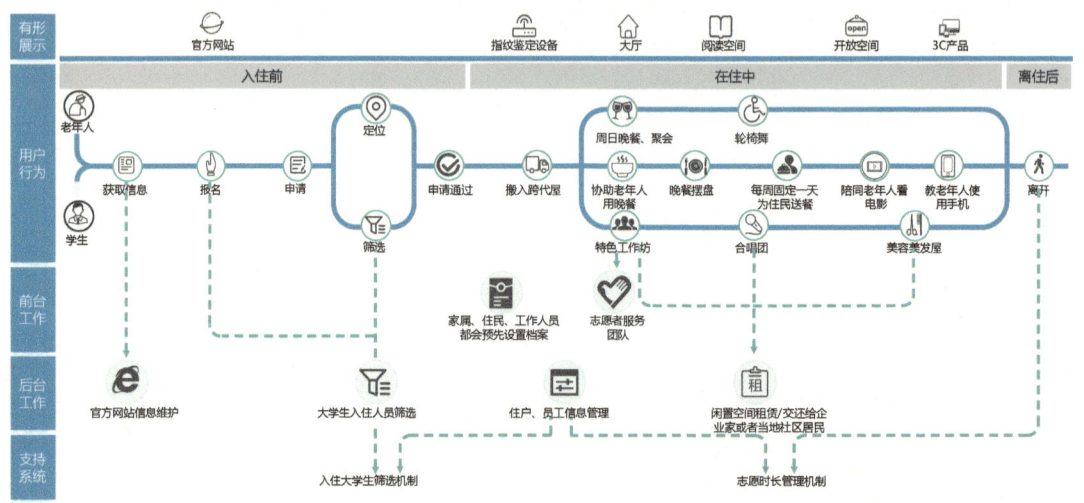

图6-20 "跨代屋"的服务蓝图

注:3C产品指计算机类、通信类和消费类电子产品的统称。

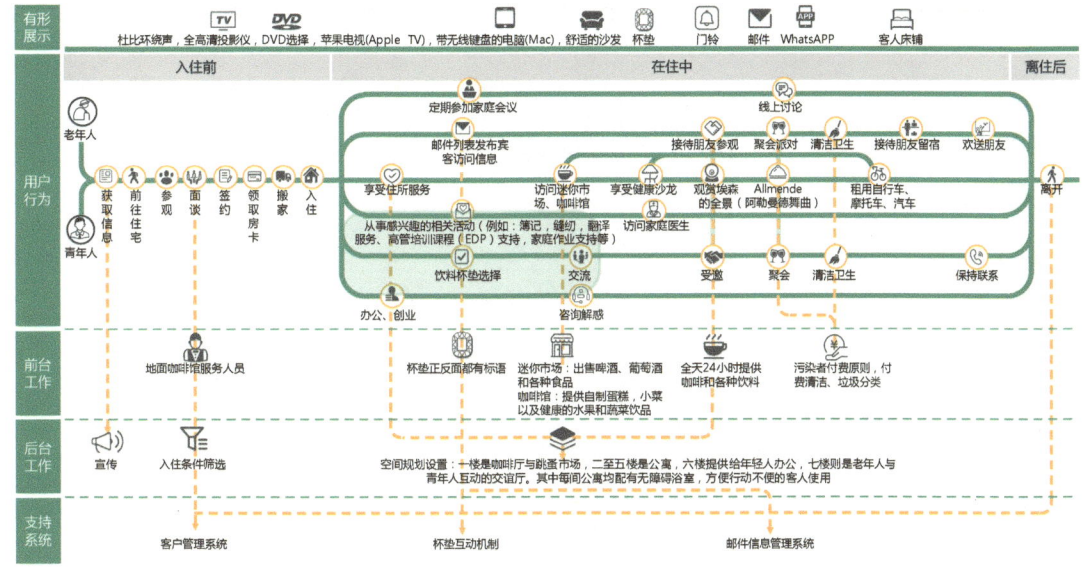

图6-21 "跨世代文化住所"的服务蓝图

注:DVD即数字激光视盘。

代表用户是否有意愿与他人交流,既维持了住所成员的有序互动,又避免了拒绝他人的尴尬氛围;二是住所信息管理机制,通过"先到先得"式的住所信息管理机制,可以有序地管理住所公共设施的使用情况。六类主要服务内容包括:①家庭会议,通过定期举办家庭会议促进住所老年人、青年之间的沟通交流以及相互了解;②宾客访问,"跨世代文化住所"允许老年人或者青年人接待朋友参观、聚会并在住所留宿;③住所服务,"跨世代文化住所"通过住所的配套设施以及第三方商店的入驻为老年人、青年人提供沙龙、赏景、租用交通工具等服务,丰富住户的娱乐生活;④医疗救护,通过设立医疗救护服务团队,为所有住户尤其是老年人提供医疗护理的安全保障;⑤办公服务,通过商业社区与办公空间的划分,为青年人营造舒适的工作氛围;⑥睦邻帮助,通过杯垫互动机制与公共空间的设置,促进老年人与青年人之间的沟通交流。(3)"离住后"阶段,老年人与青年人建立了友谊并保持联系。

在"世代生活社区"具体的服务提供过程(图6-22)中,流程可分为"入住前""在住中""离住后"。(1)"入住前"阶段,通过个性装扮房屋服务为老年人、青年人设计房屋。(2)"在住中"阶段,涉及六类主要服务内容:①医疗护理,通过专业的医疗护理团队为老年人提供治疗和护理的建议,同时提供富有趣味性的健康恢复疗法,如宠物疗法、记忆训练、创意圆等。②日常照护,通过提供廉价住房作为交换条件,换取青年人个体、年轻家庭来为同一居住的老年人提供生活上力所能及的帮助,以减轻护理人员的负担,例如清洁、帮助购物、做饭、日常护理、陪伴等各个方面的劳动。③特色活动,通过举办短途旅行和教堂活动、组织节日庆祝和联谊会等特色活动促

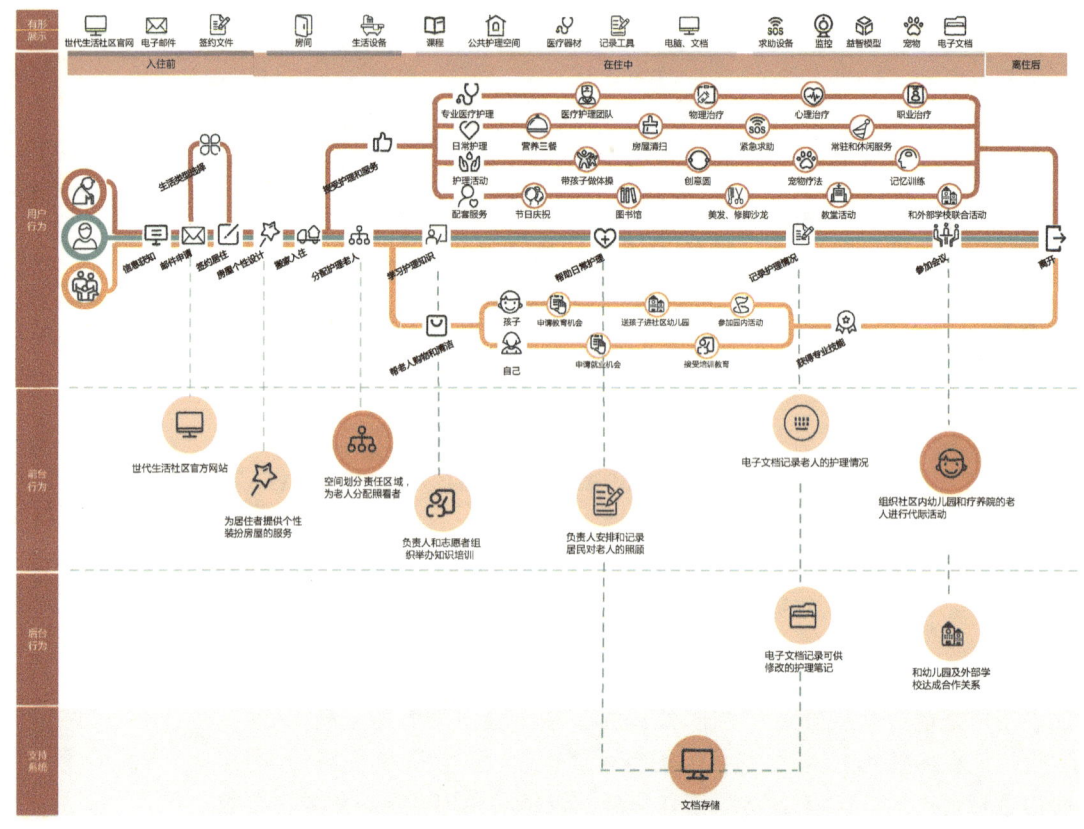

图 6-22 "世代生活社区"的服务蓝图

进老年人与青年人之间的感情，打造社区家园氛围。④代际陪伴，一方面通过住宿空间的划分，让青年人与老年人分组共同生活；另一方面通过招募青年志愿者、举办幼儿园联合音乐会和故事会等多种形式促进不同世代间的交流。⑤配套服务，通过设有养老金领取俱乐部、葡萄酒馆、图书馆、铁路模型、美发沙龙、修脚沙龙等空间，丰富住户的娱乐生活。(3)"离住后"阶段，老年人与青年人建立友谊并保持联系。

6.2.4 服务流程分析

基于用户的视角，"跨代屋"的服务流程可分为三部分（图 6-23）：(1)入住"跨代屋"。大学生亨利通过官网发布信息了解到"跨代屋"推出的"学生住户计划"，只需每月奉献 30 小时当老年人的友善邻居便可免费入住"跨代屋"，因此消除了高昂租房费用带来的经济压力。(2)共居生活。在日常陪伴老年人的生活中，亨利只需协助老年人用午餐、晚餐，晚餐的用餐摆盘，每周固定一天为住民送餐，陪同老年人看电影，教导老年人使用手机、平板电脑等电子设备，陪老年人闲聊等。此外，亨利还会与老年人一起参加"跨代屋"举办的特色活动、工作坊，增进彼此之间的感情，为老年人在

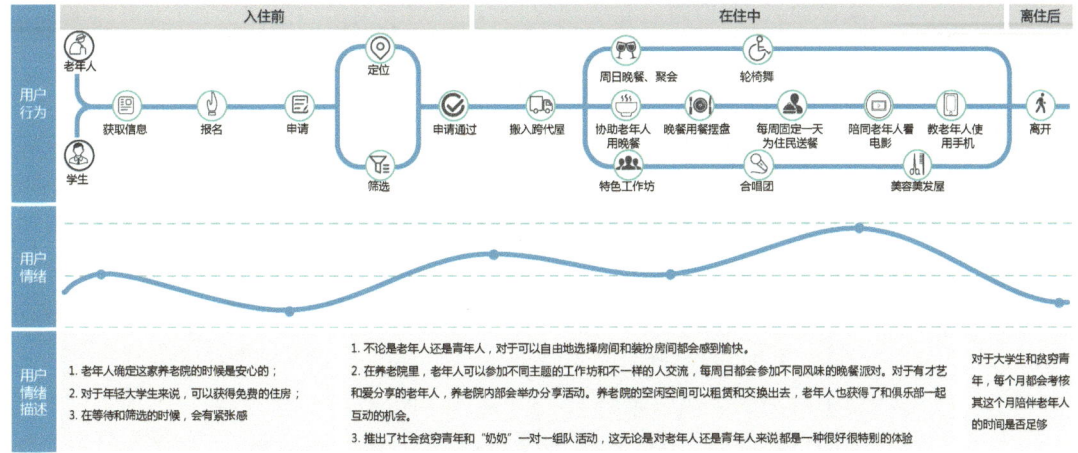

图 6-23 "跨代屋"的客户旅程图

养老院中的生活增添"乐趣"。在共居生活中,老年人会主动分享个人生活经验供亨利参考,而亨利也会告知老年人他在学校的见闻来辅助老年人了解、掌握社会动态。(3)离开"跨代屋"。最终青年人与老年人通过"跨代屋"认识了彼此并保持长期联系。

基于用户的视角,"跨世代文化住所"的服务流程同样可分为三部分(图 6-24):(1)入住"跨世代文化住所"。青年人、老年人在入住"跨世代文化住所"前均可以通过周五免费参观活动提前了解住所,同时可以根据自己的实际情况选择相应的公寓类型。(2)共居生活。由于"跨世代文化住所"拥有私密空间与公共空间的区域划分与空间设计,所有用户既有属于自己的私密空间也有与世代用户共同交流的社交空间,既可以选择与别人交流也可以选择自己安静地度过不被打扰。此外,青年人与老年人之间的情感通过参与社区活动可以得到显著的增进。在这里,这群老年人中有织布高手、艺术史教授、会计师等,有人可以利用过往人脉,为青年人写推荐

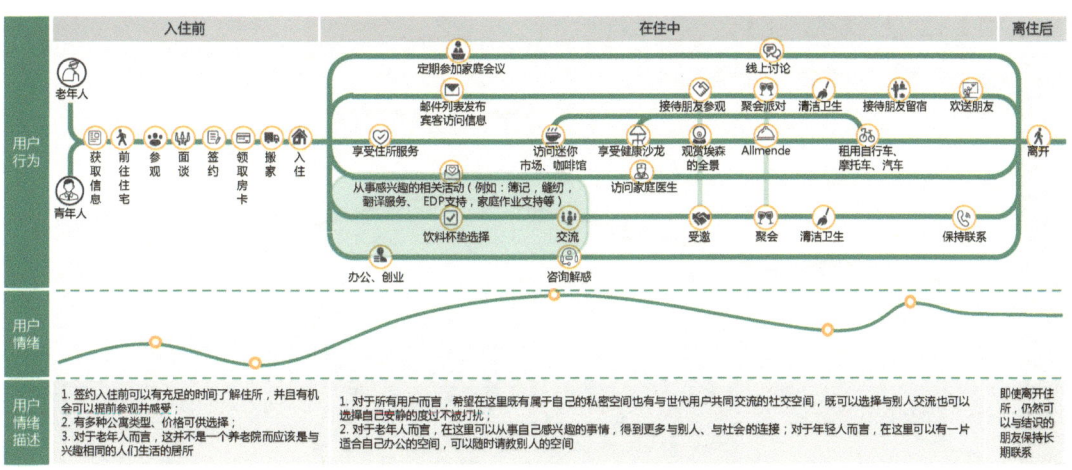

图 6-24 "跨世代文化住所"的客户旅程图

6 服务设计案例研究之"住" | 125

函谋职；有人聆听青年人提案后，可以巧手为他们做模型；有人可以为青年人的预算表指点迷津。对于老年人而言，在这里可以从事自己感兴趣的事情，得到更多与别人、与社会的连接；对于年轻人而言，在这里除了可以有一片适合自己办公的空间，还可以获得老年人的指导与关怀。(3)离开"跨世代文化住所"。最终青年人与老年人通过"跨世代文化住所"满足了各自的需求，实现了自我价值，即使离开住所，仍然与结识的朋友保持长期联系。

　　基于用户的视角，"世代生活社区"的服务流程可分为四个部分（图6-25）：(1)入住"世代生活社区"。青年人个体与年轻家庭通过官方网站了解到廉价住房交换服务，只需为共同居住的老年人提供生活上力所能及的帮助即可交换相对更为廉价的房子。此外，老年人、青年人可以根据自主需求设计房屋，带来自己喜欢的家具，并携带宠物入住，创造更温暖和自由的居住环境。(2)共居生活。新住民入住后会接到不同世代居民共同参与的迎接活动邀请，感受到社区的活力并迅速融入。同时青年人个体、年轻家庭均会被住宅区的区域护理负责人分配自己与老人的护理关系，从此往后均由此青年人个体或者年轻家庭负责老人的日常照护。与此同时，对于老年人而言，社区营养师提供针对性的膳食建议并提供营养三餐、紧急求助服务、医疗护理服务。青年人个体与年轻家庭的居住丰富了社区的世代人群。在这里，老年人、青年人、幼儿其乐融融，共同构建了家外之家的共居生活。(3)深造学习。青年用户可选择性学习护理知识，申请组织内的专业教育和技能培训，以获得将来的工作机会；育有小孩的年轻家庭则可以申请在社区幼儿园的受教育资格。(4)离开"世代生活社区"。最

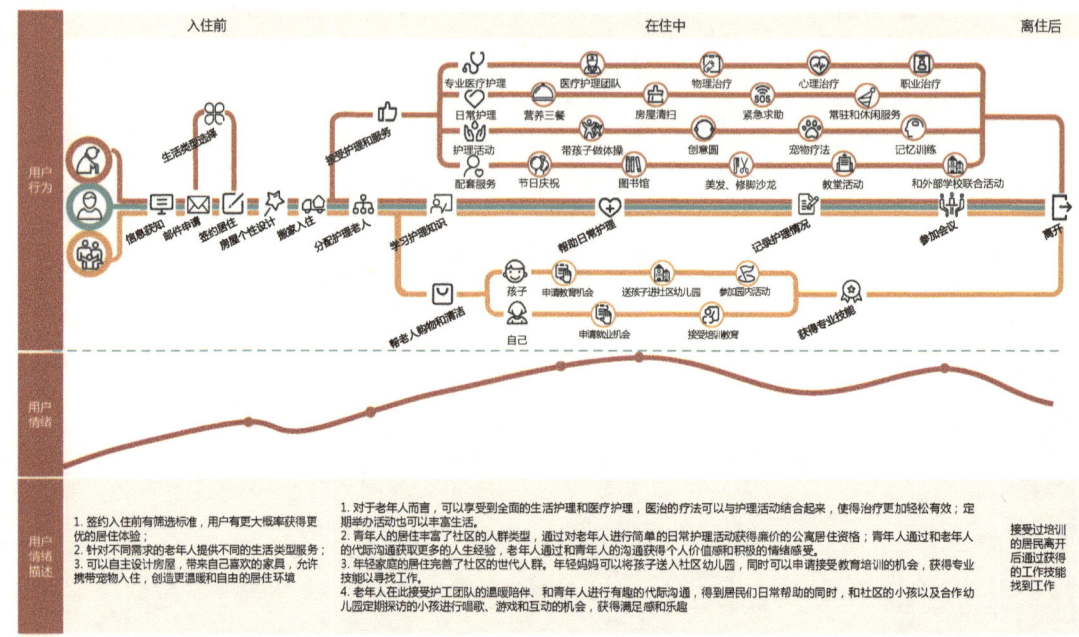

图6-25　"世代生活社区"的客户旅程图

终,老年人在这儿享受到家庭般的温暖和护理员家人般的陪伴,通过代际沟通获得自尊感和个人价值感。青年人个体、年轻家庭通过和老人的代际沟通获得人生经验,同时获得低廉的住房和专业技能。

6.2.5 服务场景分析

三个"青银共居"服务模式各有特色,但总体而言,"跨代屋"的核心服务是学生住户计划,"跨世代文化住所"的核心服务是睦邻帮助,"世代生活社区"的核心服务是代际陪伴。因此,基于三种模式对服务场景展开具体分析。

服务场景1:学生住户计划(图6-26)。(1)交换须知。大学生只需每月奉献30小时充当友善邻居,即可免费入住"跨代屋"。对于学生的要求:具有良好的沟通能力,可以与老年人进行良好互动,以避免双方不知如何相处是好的尴尬处境;主修专业不能与高龄照护相关,以规避学生进来的不纯动机,例如为了进行研究或者实习。学生在"跨代屋"中的生活不能干扰到老年人。(2)"当一个友善的邻居"。入住学生的角色定位不是"雇员"、不是"志愿者",而是"邻居"。学生可根据自身情况自行选择30小时的服务时间,内容也并不限制,可以自由发挥,譬如与老年人一同看电影、

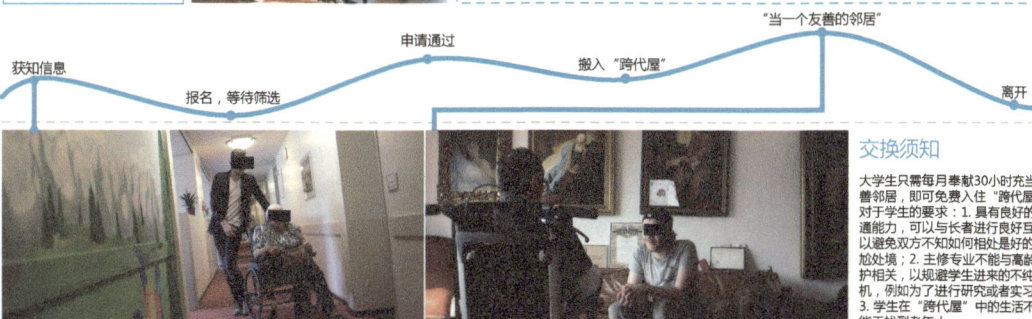

图6-26 服务场景1:学生住户计划

教老年人使用3C产品、协助准备午晚餐并一同用餐、轻松地话家常或提供生活上的协助等。

服务场景2：睦邻帮助（图6-27）。(1)杯垫互动机制。跨世代文化住所的一楼是咖啡厅与跳蚤市场，二至五楼是公寓，六楼提供给年轻人办公，七楼则是老年人与青年人互动的交谊厅。在这里，杯垫的一面标有"请离我远一点"，另一面则写着"我对话题很感兴趣，欢迎找我聊天"。老年人或年轻人只要看对方的杯垫，就知道是否可以上前攀谈。(2)咨询解惑。跨世代文化住所里的老年人多拥有特殊技艺或专业技能，例如退休教授、织布高手、会计师等；青年人多以艺术家、设计师、广告宣传、自由工作者等职业为主。通过跨时代的交流，让老年人以人生智慧协助青年人解决缴税、创业问题并引介人脉，同时也让老年人找回他们的社会价值。

服务场景3：代际陪伴（图6-28）。(1)世代大厅。一楼设有世代大厅，供不同世代的人在此娱乐、护理和社交。(2)代际陪伴服务。"世代生活社区"为老年人、青年人和年轻家庭提供住宿服务，建筑的住宿空间分为七个住宿照护区。不同的照护区有专业负责人，为入住后的居民分配护理责任区域，与老年人建立照护关系。对于一同居住的老年人，青年人需要提供涉及清洁、购物、做饭、日常护理、陪伴等各个方面的劳动来换取价格较低廉的公寓。此外，社区还会联合幼儿园、志愿者等举办活动，扩大代际陪伴服务的人群范围。

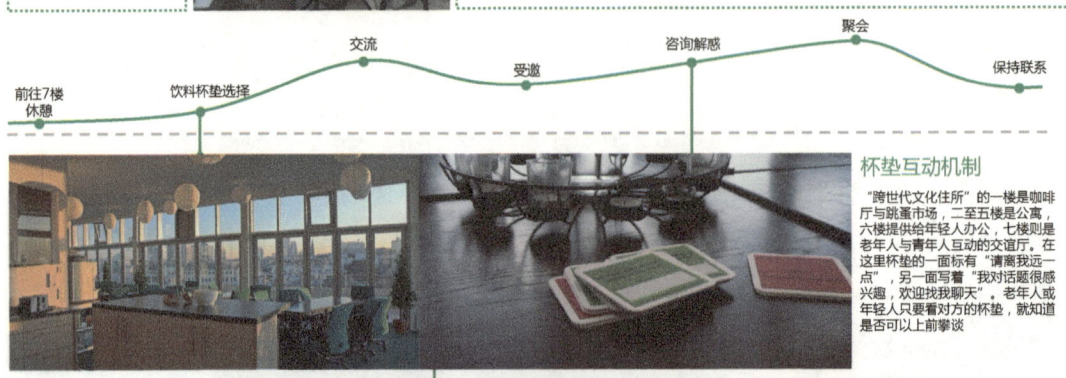

图6-27 服务场景2：睦邻帮助

图 6-28 服务场景 3：代际陪伴

总体而言，在服务人员上，"青银共居"主要以专业的医疗保健提供者、日常护理照料者、医师团队为保障，为老年人提供养老护理服务，通过青年人的介入提供简单、日常的照护服务，例如清洁、购物、做饭、陪伴等。在服务场所上，"青银共居"通过空间功能的区域划分平衡了老年人与青年人对空间的需要，例如针对行动不便的老年人，配有无障碍浴室；针对青年人，既配有安静的办公环境，又有与老年人互动的交谊厅、世代大厅。在服务设施上，"青银共居"既配备用于辅助养老护理服务使用的血压计、血糖仪、轮椅等，也配有供老年人与青年人共同使用的娱乐设备，如个人平板电脑、游戏机。在服务信息上，"青银共居"模式促进了老年人与青年人的面对面交流，在这里老年人可以为青年人分享个人的生活经验、工作经验、情感经验等，而青年人可以作为老年人的"眼睛"，为其讲解住宅外的所见多闻，促进老年人与社会的连接。最终，"青银共居"实现了"生活在一起，其实就是最好的学习"的服务体验，"友善不分龄，一起生活一起玩"的服务品质，"让青年人走进老年人，让老年人走回社会"的服务价值。

荷兰"跨代屋"服务强调通过青年人的介入为老年人的生活带来欢乐，不再感觉孤寂；德国"跨世代文化住所"服务则强调老年人对于青年人的经验传承；奥地利"世代生活社区"服务强调不具有血缘关系的老年人与青年人共同生活，营造出真正家的氛围。三种"青银共居"最大的服务特色正在于打破固有观念，充分整合了老年人与青年人之间的服务资源，既实现了老年人不再孤单寂寞，又实现了青年人不再被"房"所困的双赢局面。

第 6 章注释

① 该项目由广州优家(YOU+国际青年社区)与广东工业大学艺术与设计学院胡飞教授团队协作完成,并获广东省第九届"省长杯"工业设计大赛银奖。案例研究:胡飞、徐兴、晋漪萌等。
② TFIT 运动技研是"家友"王景龙(国家队跆拳道退役运动员)在 YOU+国际青年社区中成立的。
③ LOFT 为高大而开敞的空间,采用上下双层的复式结构,对大跨度流动的空间进行分割,具有流动、透明、开放、艺术的特点。
④ 案例研究:胡飞、彭凌、李梦珂、张龙、钟海静。
⑤ 参见联合国网站。
⑥ 参见维基百科。
⑦ 该项目是荷兰跨代屋养老机构于 2013 年推出的世代间友善混龄居住模式。参见人道主义者(Humanitas Deventer)养老机构官方网站。
⑧ 该项目是德国埃森(Essen)的跨世代文化住所于 2015 年成立的新颖共居社区。参见阁楼(Generation Kult-Huas)网站。
⑨ 该项目是奥地利青年运动组织(ÖJAB)于 2009 年 9 月提出的创新代际住房项目。参见奥地利青年运动组织(ÖJAB)官方网站。

第 6 章参考文献

[1] 国家卫生和计划生育委员会流动人口计划生育服务管理司. 中国流动人口发展报告 2016[EB/OL]. (2016-10-19)[2019-10-18]. http://www.nhfpc.gov.cn/ldrks/s7847/201610/d17304b7b9024be38facb5524da48e78.shtml.
[2] 招商银行,贝恩公司. 2017 中国私人财富报告[EB/OL]. (2018-01-07)[2019-10-18]. https://www.sohu.com/a/215139889_642065.
[3] 中国房地产业协会. 中国房价行情[EB/OL]. (2018-07-26)[2019-10-18]. http://m.creprice.cn/?selcity=1.
[4] 好奇心研究所. 你也是城市空巢青年吗[EB/OL]. (2016-08-17)[2019-08-14]. https://www.qdaily.com/articles/31046.html.
[5] 佚名. 重磅发布!2017 年度中国长租公寓 TOP50 品牌榜单[EB/OL]. (2018-04-10)[2019-10-18]. https://www.meadin.com/153238.html.
[6] YOU+国际青年社区. 李克强赞 YOU+模式好,是充满大爱的家[EB/OL]. (2016-04-30)[2019-10-18]. https://www.meadin.com/128579.html.

第 6 章图片来源

图 6-1 源自:李梦珂、张龙绘制[照片源自 YOU+国际青年社区(优家)网站].
图 6-2 源自:张龙、李梦珂绘制[照片源自 YOU+国际青年社区(优家)网站].
图 6-3 源自:张龙、李梦珂绘制(照片源自全景网站).
图 6-4 源自:徐兴、晋漪萌绘制.
图 6-5 源自:徐兴、陈思宇绘制.
图 6-6 源自:晋漪萌、彭凌绘制.
图 6-7 源自:徐兴、晋漪萌、李梦珂、张龙绘制.
图 6-8 至图 6-10 源自:YOU+国际青年社区(优家)网站.
图 6-11 源自:晋漪萌、潘海燕绘制.

图 6-12 源自：徐兴、陈志坤、陈思宇绘制.
图 6-13 源自：彭凌、张龙绘制.
图 6-14、图 6-15 源自：彭凌绘制.
图 6-16 源自：彭凌、李梦珂绘制.
图 6-17 源自：彭凌、钟海静绘制.
图 6-18 源自：彭凌、张龙绘制.
图 6-19 源自：彭凌、李梦珂绘制.
图 6-20 源自：彭凌、钟海静绘制.
图 6-21 源自：彭凌、张龙绘制.
图 6-22 源自：彭凌、李梦珂绘制.
图 6-23 源自：彭凌、钟海静绘制.
图 6-24 源自：彭凌、张龙绘制.
图 6-25 源自：彭凌、李梦珂绘制.
图 6-26 源自：彭凌、钟海静绘制［照片源自未来地图集（Atlas of the Future）网站］.
图 6-27 源自：彭凌、张龙绘制［照片源自阁楼（Generation Kult-Huas）网站；社企流网站；创新工作设计与预防研究所］.
图 6-28 源自：彭凌、张梦珂绘制［照片源自奥地利青年运动组织（ÖJAB）官方网站］.

7 服务设计案例研究之"行"

7.1 欧洲铁路公司服务设计①

欧洲铁路公司(Rail Europe)是法国国营铁路公司(SNCF)和瑞士联邦铁路公司(SBB)的子公司,成立于1995年,总部设在法国巴黎,致力于在海外市场推广及分销欧洲火车与铁路产品。欧洲铁路公司在东京、首尔、悉尼、孟买、迪拜、香港、上海、曼谷、新加坡和布宜诺斯艾利斯等地都设有代表处②。该公司目前拥有400多名员工,与各地旅行代理商紧密联系,服务范围遍布全球,如美洲、亚洲、大洋洲、中东地区及非洲,每年服务逾400万名旅客。

7.1.1 语境分析

1) 社会背景:欧洲地区的游客人数逐年增长,火车旅行创造独特体验

2017年,全球国际游客总数达到13.23亿人次,比2016年增加约0.84亿人次,增长了6.8%。这是全球国际游客人数连续八年保持增长态势。在区域分布上,欧洲游客数量最多,占比达到50.68%,继2017年增长8%后,2018年共接待了7.13亿名入境游客,同比增长6%③。定制游、深度游成为旅游的主要趋势。选乘火车游欧洲具有五大优势:节省费用、乘车舒适、直达市中心、绿色环保、体验独特。

2) 经济背景:消费结构转变,旅游产业前景大好

2018年,全球旅游总收入达5.3万亿美元,占全球国内生产总值(GDP)的比重达6.7%。2017年,全球旅游总人次和总收入的增速分别为6.8%和4.3%,其增速超过制造业、零售业和批发业等。全球旅游业已连续7年超过全球经济增速,成为全球增长最快的行业。当前,随着我国消费升级的不断深入、消费结构的日益优化,旅游消费需求也持续升温。据预测,2019年消费者将增加的消费中,旅游占比达48.6%④。

3) 技术背景:线上预订旅游项目,大数据优化定制

由于顾客浏览和购买旅游产品的方式发生了变化,旅行科技(尤其是移动平台)也在不断改进,越来越多的用户开始向移动端转移。预计到2019年,近80%通过在线渠道进行预订的游客将选择移动端,这一数字较

2014年的36%有大幅上升。同时游客移动搜索也持续上升;2015年,谷歌(Google)的移动机票和酒店搜索量分别同比增长了33%和49%。因此,预订环节可能会迎来创新的大好时机。大数据和高级分析技术成为大势所趋。通过大数据分析,旅游产业可以提高商业效益,优化顾客体验、网络和投资组合,提高运营和管理效率[5]。随着欧洲地区游客人数的增长和游客对于优质旅游的期望,可以通过线上预约,以大数据定制化规划行程,在火车上及旅途中度过美好时光,为旅客提供更好、更全面的一站式旅游体验。

7.1.2　目标用户与利益相关者分析

1) 目标用户及其角色

欧洲铁路公司的目标用户人群主要分为三类:一是热爱旅行的"穷游"青年,他们刚工作不久,喜欢拍摄沿途风光,选择经济实惠但比较特别的方式;二是假期出行"85后"年轻家庭,他们希望家人出行便捷,能更实惠和更方便地游览欧洲多国自然风光,欣赏到更多景点;三是刚退休的高知老年人,他们希望购票方式方便快捷、旅途体验舒适,但喜欢慢节奏的旅游方式。根据目标人群分类与需求分析,构建三类人群的用户角色。

用户角色A:"爱好旅行、资金有限、精打细算、攻略周全"的"穷游"青年(图7-1)。李远,25岁,现居广州,本科刚毕业不久,现为生物科技公司销售员,基本月薪4 000元,加上提成平均月收入在7 000元左右。在闲暇时间,他喜欢在豆瓣、新浪微博社交,爱好摄影、拍视频博客(Vlog),特别是在旅行中拍摄沿途风景,假期出行更愿意选择实惠并且特别的旅行方式,认为这样的生活方式更有滋味并且能使其在网络社交中得到关注。在消费方面,在自己喜欢的事物上更愿意花钱,对待日常用品基本重视其性价比,以节俭为主。他的价值取向为"生活不止眼前的苟且,还有远方多姿多彩的旅途风光";其个人标签为热爱旅拍、资深文青、社交达人、适当花销。

热爱旅行的穷游青年　　　热爱旅拍　社交达人
　　　　　　　　　　　　　资深文青　适当花销

图7-1　用户角色A:"穷游"青年

用户角色 B:"重视教育、知书达理、精打细算、攻略周全"的教师母亲(图7-2)。许欣阳,34 岁,现居南京,中学语文老师,自己月薪 6 500 元,丈夫月薪 8 000 元,女儿悦悦上小学三年级。她注重通过课余时间进行旅行,以开阔其视野的培养方式来获得全面发展,计划在小长假一家三口去欧洲开启一场游学之旅。她平时爱好写作、阅读教育类书籍,在生活消费方面以节俭、精打细算为主,认为有价值的方面会投入更多财力。她的价值取向为"读万卷书,也要行万里路";其个人标签为重视教育、知书达理、精打细算、完美家庭。

用户角色 C:"慢节奏、知识分子、享受旅途、重视品质"的退休高知老人(图 7-3)。理查德是一名 60 岁现居美国奥兰多的刚退休不久的金融公司资深顾问,退休工资 4 000 美元/月,并有一定积蓄。他虽已 60 岁但心态年轻、享受生活,希望能与妻子秋季游历欧洲多国享受异国风光,探知欧洲文化底蕴。他平时爱好阅读、演奏小提琴、写作,在生活消费方面注重生活品质,比较大方。他的价值取向为"享受生活的点滴,多看看世界的美好";其个人标签为享受生活、高知老人、重视品质、慢节奏。

图 7-2　用户角色 B:教师母亲

图 7-3　用户角色 C:退休高知老人

2）利益相关者分析

欧洲铁路公司的利益相关者可分为三类（图7-4）：(1)核心用户：旅客等。(2)内部直接关联：业务人员、前台人员、票务管理人员、数据管理人员、基础服务团队、项目对接人员、客服人员等。此部分利益相关者为欧洲铁路公司的服务体系提供日常运作，也为旅客获得良好体验做前台、后台的相关保障。(3)外部间接关联：列车维修人员、列车维护安全人员、列车乘务员、列车司机、列车售票员、慈善机构、国营铁路公司、私营铁路公司、旅游局、旅行代理商、旅行社、导游、旅游项目人员、销售中心保安、购物村销售员、酒店、酒店前台、酒店保洁人员等。此部分利益相关者为欧洲铁路公司的服务体系提供了多样化的运作可能性，并以外部合作伙伴链接整个服务链来满足旅客需求，为旅客提供更好的用户体验。其中，根据旅行路途的整体流程线以及欧洲铁路公司的服务模块，可划分为出行、玩乐、住宿三个方面的利益相关者。出行方面的利益相关者为旅客获得流程简化的通票服务、单国深度旅行以及多国探索旅行提供多铁路运营商合作运营、渠道打通的票务服务；玩乐方面的利益相关者为旅客在购物村中乘坐免费巴士、获取折扣优惠券二维码等服务内容提供服务中的附加体验服务；住宿方面的利益相关者为旅客提供酒店住宿折扣、优惠券发放与满减活动等服务，为享受欧洲铁路公司的全方位体验提供了优惠信息传递渠道。

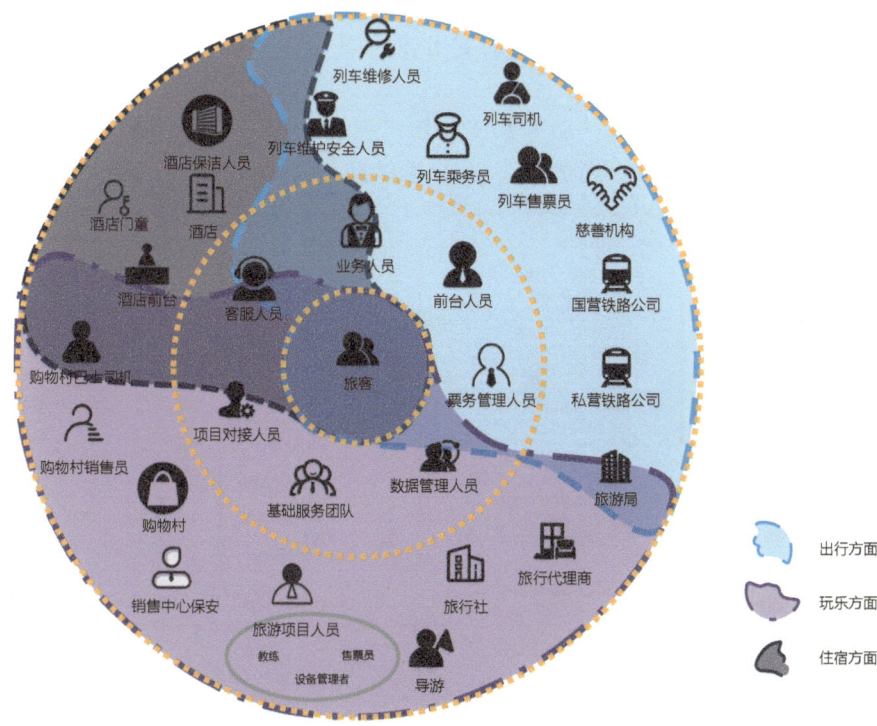

图7-4 欧洲铁路公司的利益相关者图

7.1.3 商业模式与服务提供

欧洲铁路公司为旅客提供方便的一站式的购票体验和多元化的欧洲铁路公司服务和产品,包括通票、点到点车票、座位预订以及各种旅行套餐。

1) 商业模式分析

通过商业模式画布图(图7-5)可见,用户是构成商业模式的核心,欧洲铁路公司的客户细分为欧洲单国深度游与多国探索游的热爱旅行的穷游青年、假期出行的年轻家庭、刚退休不久的老年人,其价值主张为通过提供旅行灵感及行程规划工具,帮助旅客搭乘火车畅游欧洲,为其创造丰富难忘的旅游经历。欧洲铁路公司的渠道通路是线上网站订购、线下旅行代理商销售与地方代表处购买,其客户关系以为客户提供专业可靠的服务来加强客户黏性。欧洲铁路公司的收入来源分为票务分成与合作推广,其核心资源为铁路网络数据库、法国国营铁路公司以及瑞士联邦铁路公司的运营模式,其关键业务主要为三类,一是通票、火车票及座位预订,二是提供实用信息和创新行程规划工具,三是附加旅行优惠。欧洲铁路公司的重要伙伴分别是法国旅游局与瑞士旅游局等旅游局、铁路运营公司、旅行社、旅行票务平台、旅行产品服务公司、购物中心、酒店等,其成本结构主要由地区代表处维护成本、公司人员劳动支出、网络预订运营成本等组成。

2) 服务系统分析

通过欧洲铁路公司的服务系统分析可见,服务提供者包括四个方面:一是铁路网络系统的国营铁路公司、私营铁路公司、火车站等;二是售票系

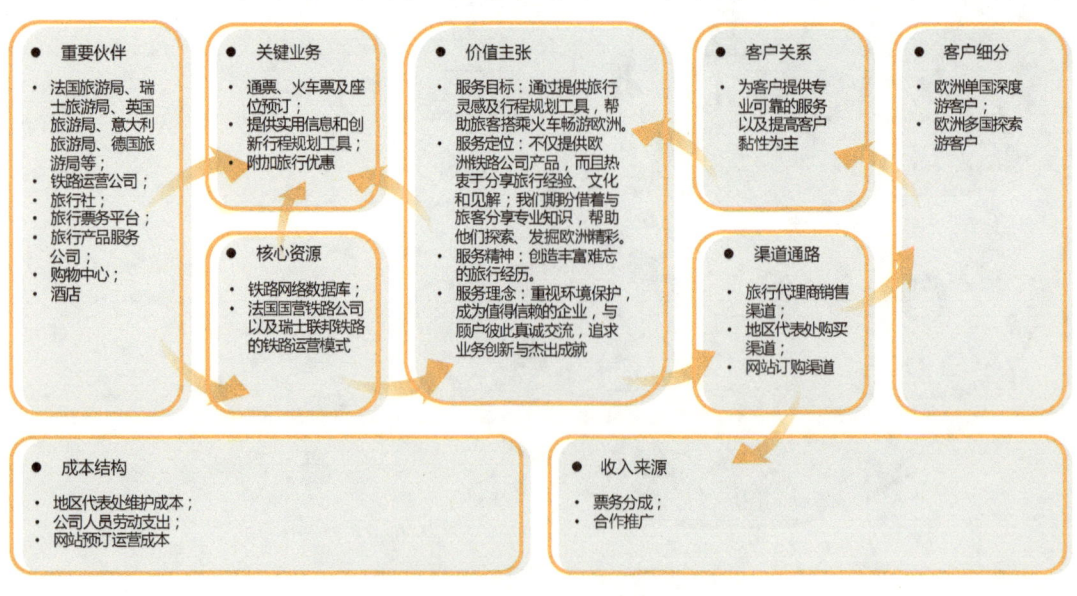

图7-5 欧洲铁路公司的商业模式画布图

统的地区代表处、旅行代理商、旅行社、门户网站等；三是旅行路线系统的旅游局、规划路线程序、门户网站等；四是其他外部服务提供者，包括酒店、购物村、慈善机构等。

基于此，从物质流、资金流、信息流三大流方面构建了欧洲铁路公司的服务系统图（图 7-6）。（1）在物质流方面，铁路网络系统与旅客之间主要以车票出示、检查等进行物质流传递，旅行路线系统与旅客之间主要以车票证和优惠券等进行物质流传递，其他外部服务提供者与旅行路线系统之间主要以酒店折扣、购物村 VIP（贵宾）优惠券等进行物质流传递，再转向旅客。（2）在资金流方面，铁路网络系统、售票系统、旅行路线系统与旅客之间主要借助门户网站的费用传递其资金流，铁路网络系统与售票系统之间以及内部之间主要以资金分成传递资金流，外部酒店、购物村之间主要以优惠券抵用、酒店房费、购物支付来进行资金流传递，外部慈善机构与旅客之间主要以每次旅客购票中抽成 5% 左右捐赠给慈善机构传递资金流。（3）在信息流方面，铁路网络系统内部主要以线路配合、班次调度与协调、列车班次提供等传递信息流，售票系统内部主要以数据更新、代理服务等传递彼此的信息流，旅行路线系统内部主要以信息发布、数据信息更新与反馈等传递信息流，铁路网络系统与售票系统之间主要以列车优惠信息、合作与推广信息等传递信息流，旅行路线系统与售票系统之间主要以信息发布、数据管理与反馈等传递信息流，旅行路线系统与旅客之间主要以线路信息查询、出行规划方案信息提供等传递信息流，售票系统与旅客之间主要以旅游资讯等传递信息流。

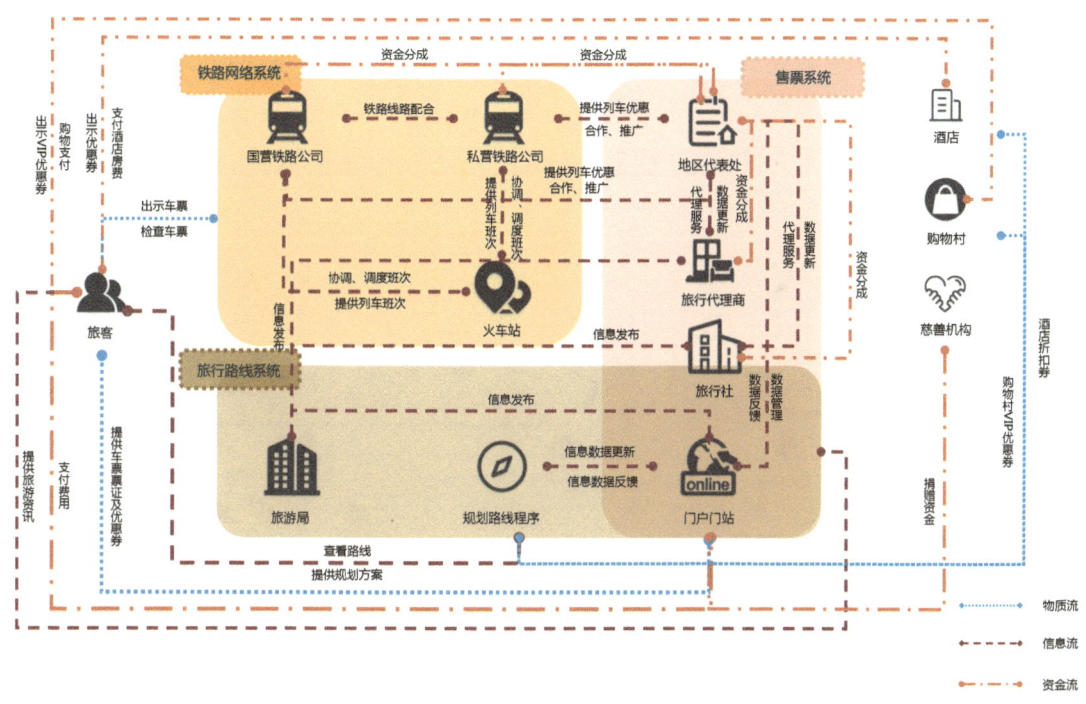

图 7-6 欧洲铁路公司服务系统图

7.1.4 服务流程与服务场景分析

通过欧洲铁路公司的服务蓝图分析(图7-7)可知,欧洲铁路公司服务系统在支撑系统上以网络化信息管理、站点服务系统管理、票务订单处理系统管理、设备会务系统管理、应用信息系统管理等来为服务正常、安全、稳定运行提供保障,以支付折扣和捐赠系统、线下物流系统等作为信息平台支撑,为旅客提供惊喜化体验;在服务内容上,为旅客提供交互式绘图计划路线、出行车票方案选择、纸质车票邮寄与打印以及平台分享旅程经历与评论等全流程的服务体验,让旅客感受其细致、体贴的服务触点。

下面重点从服务设施与特色服务两个方面介绍服务流程中的关键服务触点:

服务设施(图7-8):(1)铁路通票。铁路通票可让旅客灵活地保持旅行计划畅通。对于大范围的行程,欧铁(Eurail)全球通票价格极具竞争力,适合在2—31个国家旅行,每位成人最多可免费携带2名儿童,老年人和青年人也可以节省花销。旅客可以在这里了解铁路通票的更多信息,并使用旅行规划工具查找通票。(2)互动式铁路地图。欧洲铁路公司的"旅行规划"(Trip Planner)工具可让旅客建立梦想之旅,根据旅客希望在火车上花费的时间来规划行程。旅客只需添加希望包含在行程中的城市,然后选择出行日期,"旅行规划"工具将完成剩下的工作,为旅客提供各种选择。待游客完善旅行计划后,这个服务将在旅途中帮助游客规划行程。

特色服务(图7-9):(1)多种不同乘车优惠。欧洲铁路公司为不同年

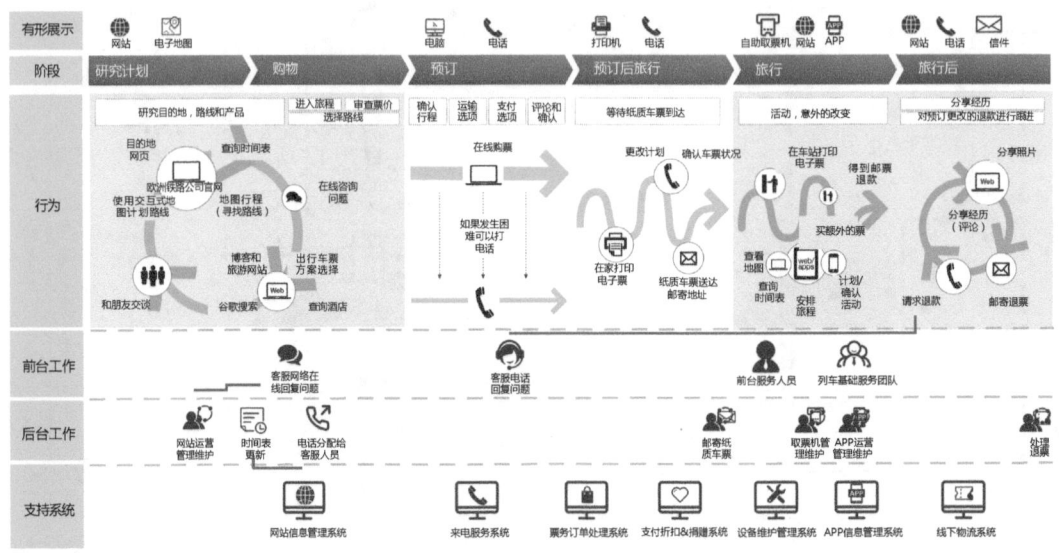

图7-7 欧洲铁路公司的服务蓝图

图 7-8 欧洲铁路公司的服务触点

图 7-9 欧洲铁路公司的服务信息

龄段的旅客提供了不同类型的购票优惠。例如为了鼓励父母携带儿童出行、享受家庭出行乐趣,欧洲铁路公司针对不同类型车票对儿童提供了一定程度的交通票价优惠。通票亦为青年人提供折扣优惠。2019 年开始增加了老年人通票,为 60 岁以上的乘客提供九折优惠。(2)购票享折扣和慈善捐赠。针对 2019 年 6 月 13 日至 2019 年 7 月 16 日之间或 2019 年 10 月 24 日至 2019 年 10 月 29 日之间购买的每张欧铁铁路全境通票,客户将获得正常票价 5% 的折扣;同时,欧洲铁路公司将向慈善机构捐赠 15 欧元,其中 9.37 欧元捐给愿望成真(Make-A-Wish)基金会、5.63 欧元捐给总部设于荷兰的医生无国界协会。(3)购物村合作活动。旅客在欧洲铁路公司官网预订欧洲火车票证(包括欧洲点对点火车票及各国欧洲通票),成功订票即可以获得由比斯特购物村系列提供的 VIP 奢华购物优惠。比斯特购物村系列在欧洲一共设有九座精品购物村,毗邻各国名城,云集全球各国一线奢侈品,为旅客提供价格亲民的商品。(4)行程规划及旅游灵感。规划欧洲行程线路变得方便、灵活;作为值得旅客信赖的欧洲火车产品经销商,欧洲铁路公司提供不同的实用工具和旅游资源,包括欧铁行程助手、火车线路推荐、城市介绍及旅游提示等。

欧洲铁路公司的理念为重视环境保护、与顾户彼此真诚交流、成为值得信赖的企业。其使用价值为借助旅行灵感、行程规划让旅客乘火车畅游欧洲,创造独特旅行经历;其情感价值为通过分享旅行经验、文化、见解,让旅客享受简单快乐的、尊重环境和地方文化的、人与人真诚交流的火车旅行,从而创造丰富且难忘的旅行体验。2011 年,欧洲铁路公司在客户服务最佳类别中排名第 4 位[1];2012 年,获得了 3 项旅行周刊麦哲伦奖(Travel Weekly Magellan),包括 1 项金奖和 2 项银奖;2013 年获得了 5 项旅行周刊麦哲伦奖⑥,包括 2 项金奖和 3 项银奖。欧洲铁路公司在亚洲、澳洲、南美洲和非洲 45 个以上的国家分销其铁路产品,仅 2015 年就接待了 550 万名旅客。今天,欧洲铁路公司已发展成为全球列车旅行的引领者。

7.2 神州"孕妈专车"服务设计⑦

神州专车是一款集自驾、专车、拼车服务为一体的专车应用平台,它依托自身人、车生态圈优势,为用户提供随叫随到、车辆随时待命的高端打车服务。针对怀孕妇女这类需要特别照顾的群体,神州专车为解决孕妈出行的问题精心设计了"孕妈专车"服务。

7.2.1 语境分析

1) 精准性情境:神州专车服务转型战略

随着人民生活水平的不断提高,城市生活节奏日益加快,公交挤不上、路边打车难的现象司空见惯,人们对于优质出行体验的需求也随之快速增长。同时,共享经济也促进了专车服务的诞生与发展。根据罗兰贝格管理咨询公司消费者调研结果显示,37%的消费者认为出租车无法满足其对商务出行的舒适度和定制化要求;此外,特殊人群的出行需求也无法得到有效满足⑧。借助互联网开发的打车服务平台有英国的海洛(Hailo)、美国的优步(Uber)以及以色列的一键打车(GetTaxi)。

与此同时,在我国,快的打车于 2012 年 8 月在杭州上线,同年 9 月滴滴打车于北京上线。2014 年 1 月,滴滴打车入驻微信平台,快的打车接入支付宝平台。2015 年 2 月 14 日,滴滴打车和快的打车双方进行战略合并为"滴滴出行"。2014 年 4 月,优步进入中国;2015 年 1 月,神州租车推出"神州专车"。优步、滴滴出行等 C2C 模式(个人与个人之间的电子商务模式)具有轻资产、运营成本低的属性;神州专车则属于 B2C 模式(直接面向消费者销售产品和服务的商业零售模式),虽在雇用司机的薪资与车辆租金上增加了运营成本,但这也成为神州专车把控服务品质的两大重要切入点。神州优车股份有限公司董事长陆正耀描述:"神州专车刚切入专车领域时,其定位为出租车高端补充,但在认真盘算了网约车平台靠广告收入、与汽车公司合作赚取卖车佣金等手段不足以弥补日常开销与补贴后,认为走高端差异化才是网约车正道。"[2]神州专车细分用户使用场景,除了高频的接送机、公务出差专车服务,通过将社交引入神州专车平台,以"聚会＋出行"营造吸引年轻人群体的"聚会邀请"服务模式,帮助神州专车塑造新的流量入口;通过用户细分,探索特殊人群的使用情境,挖掘出"孕妈"的出行特性。因此,"孕妈专车"服务"应孕而生"。

2) 针对性政策:神州专车服务辅助定位

2015年10月,中共十八届五中全会通过决议,全面实行一对夫妇可生育两个孩子政策[3]。浙江省社会科学院区域经济研究所所长徐剑锋表示:放开"全面二孩"后,未来每年平均新增的小孩规模预计将在250万人左右,每年将带来新增的消费将超过700亿元[4]。2016年恰逢"金猴年",又是二胎开放的第一年,但市场上并没有一款真正面向孕妇的专车产品。孕妇出行面临诸多不便,甚至可能发生各种安全事故。2016年7月,国务院办公厅印发了《关于深化改革推进出租汽车行业健康发展的指导意见》,从明确出租汽车行业定位、深化巡游车改革、规范发展网约车和私人小客车合乘、营造良好市场环境等方面,全面提出了深化出租汽车行业改革的目标任务和重大举措;并要求牢固树立和贯彻落实创新、协调、绿色、开放、共享的发展理念,充分发挥市场机制作用和政府引导作用,抓住实施"互联网＋"行动的有利时机,按照"乘客为本、改革创新、统筹兼顾、依法规范、属地管理"的基本原则,构建多样化、差异化出行服务体系,推进新老业态融合发展,切实提升服务水平和监管能力,促进出租汽车行业持续健康发展,更好地满足人民群众出行需求[5]。2016年7月14日经交通运输部第15次部务会议通过《网络预约出租汽车经营服务管理暂行办法》,并经工业和信息化部、公安部、商务部、工商总局、质检总局、国家网信办同意,自2016年11月1日起施行[6]。随着出租汽车改革方案及网约车新规揭开面纱,网约车在我国的合法化存在得以明确,加之二胎政策的实施、孕妇数量的增加,为神州"孕妈专车"的精准化定位用户使用场景提供了强有力的政策支撑。

3) 客观性问题:神州专车服务品质缺口

孕妇作为社会上的特殊人群一直得到广泛关注。在妊娠期,女性身体和心理都会产生一系列变化。现在大多数孕妇在怀孕早期和中期仍选择继续工作,如若身体状态允许,她们会持续工作到孕晚期即预产期前;除了工作需求以外,日常购物、产检、聚餐等都不可避免需要孕期外出。但就目前状况来说,孕妇出行仍是一个难题。在可供选择的出行方式中,公交车由于拥挤、摇晃、等待时间长等问题无法满足孕妇出行需求;在妊娠早期还可自驾私家车,而在孕中晚期自驾存在很大风险,需家人帮忙开车才能出行;出租车司机开车太快太急、车内可能有烟味等,都会引起孕妇不适进而加重孕期反应;现在的网约车缺乏专门针对孕妇的安全保障,以及专业、安全、高品质的服务。神州专车抓住孕妇出行的痛点,打造"专业司机、专业车辆"的"孕妈专车"服务,既抢占了市场空白,又是提升服务品质的重要对策之一。

4) 神州"孕妈专车"的服务定位

2016年3月16日,由公安部中国道路交通安全协会与神州专车在京宣布共同推出中国首部《孕妇专车安全服务规范》,提出车辆、司机、服务和保障四方面的服务规范标准,加强对孕妇群体的关注和服务[7]。中国道路交通安全协会常务副理事长樊汉国在发布会现场的致辞中表示:"此次联合神州专车共同推出《孕妇专车安全服务规范》,从交通安全的角度提出了关于孕妇专车的安全服务规范,从而引领整个行业为广大孕妇提供更安全、更专业的互联网专车服务。"神州专车在发布会现场同时发行了国内首个孕妇专车产品即神州"孕妈专车",神州"孕妈专车"采用"专业司机、专业车辆"的定制服务模式,这种模式不仅规避了私家车严禁做专车的法律风险,成为最符合监管要求的专车模式;而且保障了司机权益、确保了消费者服务品质,让司机和消费者都感到满意。因此,针对孕妇这个需要特别照顾的群体,精心设计高品质出行产品,一方面为孕妇的安全出行提供专业保障,引领专车行业发展;另一方面也有利于推动整个社会关心孕妇出行,倡导安全驾驶(图7-10)。

神州"孕妈专车"借助"她经济"效应,以安全、高端为服务宗旨,采取专人、专车、专享的服务措施,目标为孕妇出行提供更安全、更专业的互联网专车服务,以期为大家提供安全舒适标准化的高品质出行服务,同时也是神州专车追寻的目标(图7-11)。"在这里,没有浪漫的邂逅,除了安全,什么都不会发生。"

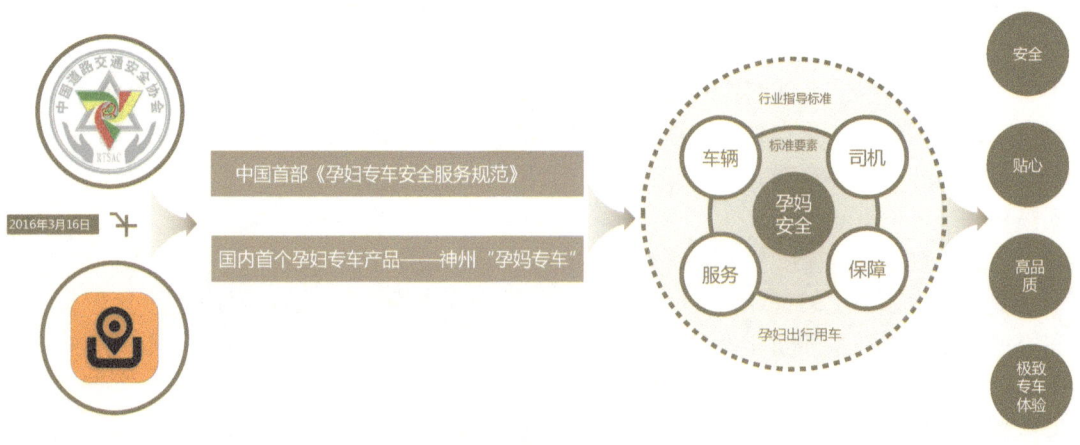

图7-10 神州"孕妈专车""应孕而生"

图 7-11 神州"孕妈专车"服务定位

7.2.2 服务提供与利益相关者分析

神州专车是国内知名的租车连锁企业神州租车联合第三方公司优车科技推出的互联网出行品牌。2015 年 1 月 28 日,神州专车在全国 60 个大城市同步上线,利用移动互联网和大数据技术为客户提供"随时随地、专人专车"的全新专车体验,采用"专业车辆、专业司机"的 B2C 运营模式,车辆均为来自神州租车的正规租赁车辆,并和专业的驾驶员服务公司合作,再加上百万元安全保障,为每位乘客提供安全、舒适、便捷、贴心的出行体验。神州"孕妈专车"通过线上 APP 与线下专业车辆、专业司机相结合的模式为孕妇提供专门出行服务,线上以神州专车应用程序中的"孕妈专车"为孕妇提供预约、途中车辆监测、到站提醒等服务;线下通过专业的司机为孕妇在服务旅程中提供细致、高品质的接送体验(图 7-12)。

通过神州专车的服务系统分析可见:(1)服务提供者包括神州专车、神州租车平台以及直接服务人员的司机。(2)服务接收者包括四类用户:一是对舒适性要求较高的商务人士,普通出租车无法满足其要求;二是公共交通覆盖不到或不方便的地区,且巡游空驶出租车不常经过的地区;三是公车改革后的公务/商务需求人群;四是有特殊高端服务需求的人群,如行动不便的老人、孕妇、母婴等。(3)服务传递的载体是专车车辆和信息平台。

基于此,从物质流、资金流、信息流三大流方面构建了神州"孕妈专车"的服务系统图(图 7-13)。(1)在物质流方面,内部专车司机与用户之间以车辆为载体进行物质流传递,租车对接司机与租车门店和用户之间通过提供、驾驶车辆进行物质流传递,"买买车"电商平台与线下卖车门店为用户购买车辆提供环境、空间、车辆,外部的医疗救助培训机构、居住教学人员、孕妇用品厂商为用户提供呕吐袋、腰枕、胎教光盘等。(2)在资金流方面,来源于外部的光大银行和浦发银行与用户之间以借贷款和贷款方案进行资金流传递,车管所、汽车厂商、支付平台、保险公司、阿里巴巴、上海汽车集团股份有限公司(简称上汽公司)等与用户之间进行支付费用的资金流

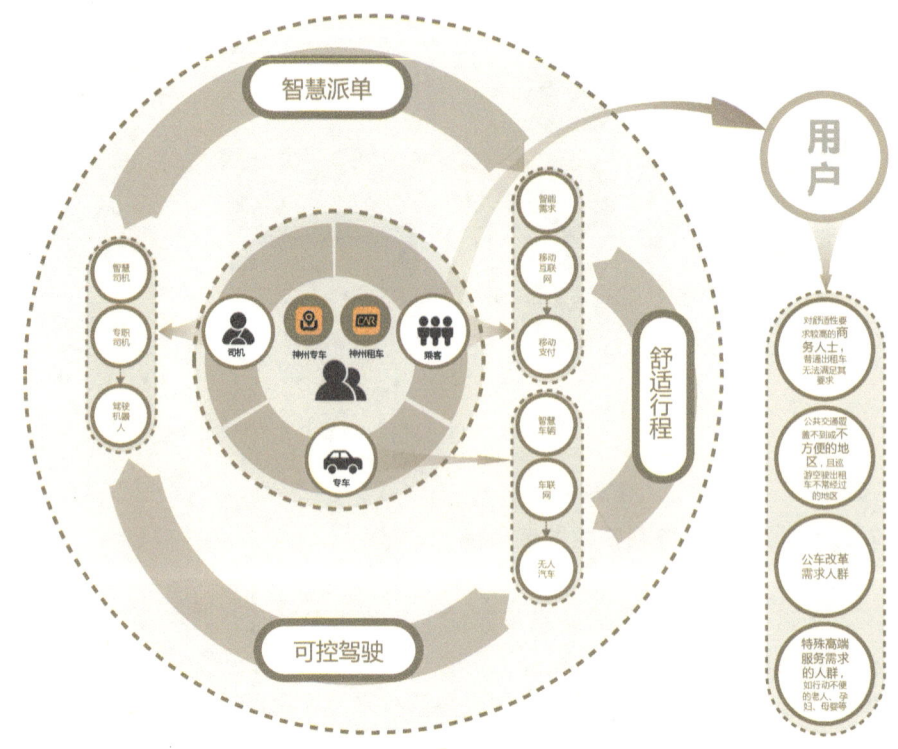

图 7-12 神州专车服务系统图

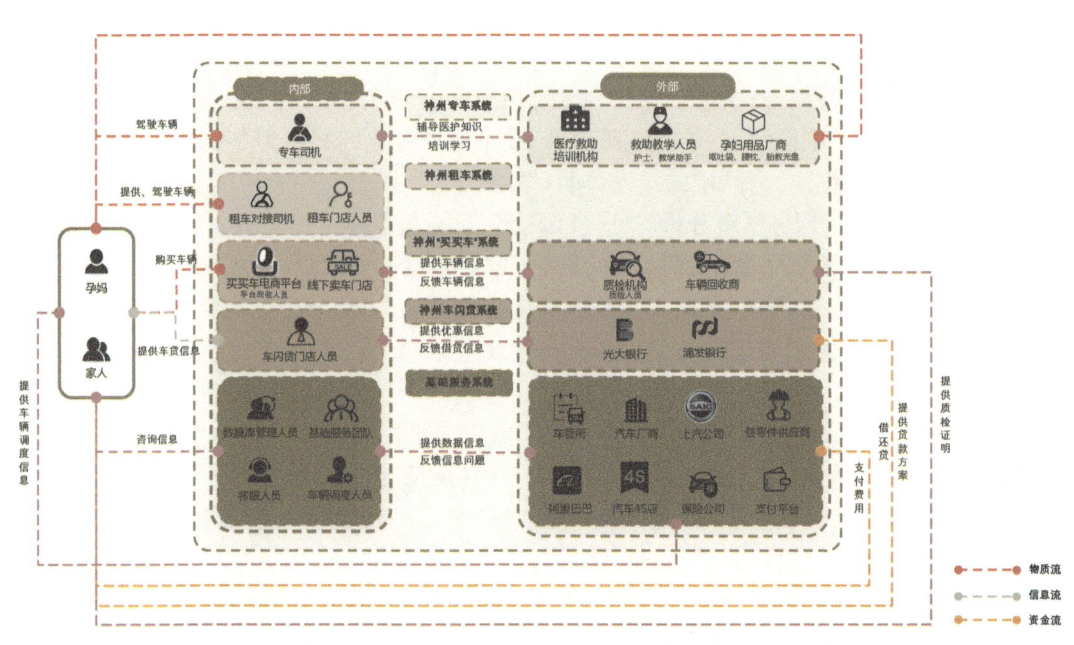

图 7-13 神州"孕妈专车"服务系统图

传递。(3)在信息流方面,基础服务系统部分为内外部提供数据信息、车辆调度信息、资讯信息以及反馈问题,神州车闪贷系统为内外部提供优惠信息、车贷信息以及反馈借贷信息等,神州"买买车"系统为内外部提供车辆信息、质检证明、反馈车辆信息等,神州专车系统为内外部辅导医护知识、保养胎咨询、培训学习等。

神州优车战略升级,打造新一代汽车生活平台,覆盖无车生活+有车生活,通过进一步增强各业务间的协同效应,神州优车将为用户打造全新的人车生态圈。

神州"孕妈专车"的利益相关者可分为三类(图7-14):(1)核心用户,即孕妈、孕妈家庭等。(2)内部直接关联,即专车司机、车辆调度人员、数据库管理人员、基础服务团队、客服人员、支付平台、孕妇用品(呕吐袋、腰枕、胎教光盘等)厂商。此部分利益相关者为"孕妈专车"服务体系提供日常运作支持,也为"孕妈专车"从司机方面的安全服务体验做出相应保障,还为退伍军人创造了转业专车司机的就业机会,同时为"孕妈专车"带来了多样化的商业模式。(3)外部间接关联,即医疗救助培训机构、救助教学人员、汽车厂商(如上汽公司)、各零件供应商、车管所、汽车4S店、保险公司、租车对接司机、租车门店人员、质检机构、"买买车"电商平台、阿里巴巴、线下卖车门店、车辆回收商、车闪贷门店人员、光大银行、浦发银行等。此部分利益相关者为"孕妈专车"服务提供了多样化的运作可能,同时作为其外部合作伙伴来支撑整体服务链,更好地满足孕妈需求和提供更好的用户体验。其中,根据神州"孕妈专车"的母公司神州优车的业务板块,可划分为神州"孕妈专车"利益相关者、神州租车平台利益相关者、神州"买买车"平台利益相关者、神州"车闪贷"平台利益相关者等。

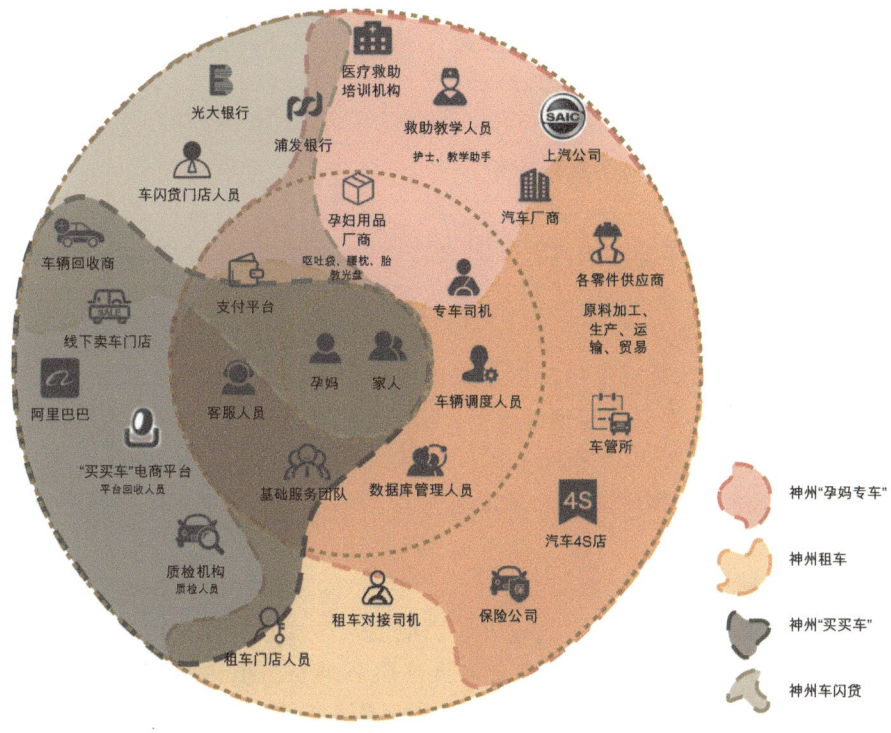

图7-14 神州"孕妈专车"利益相关者图

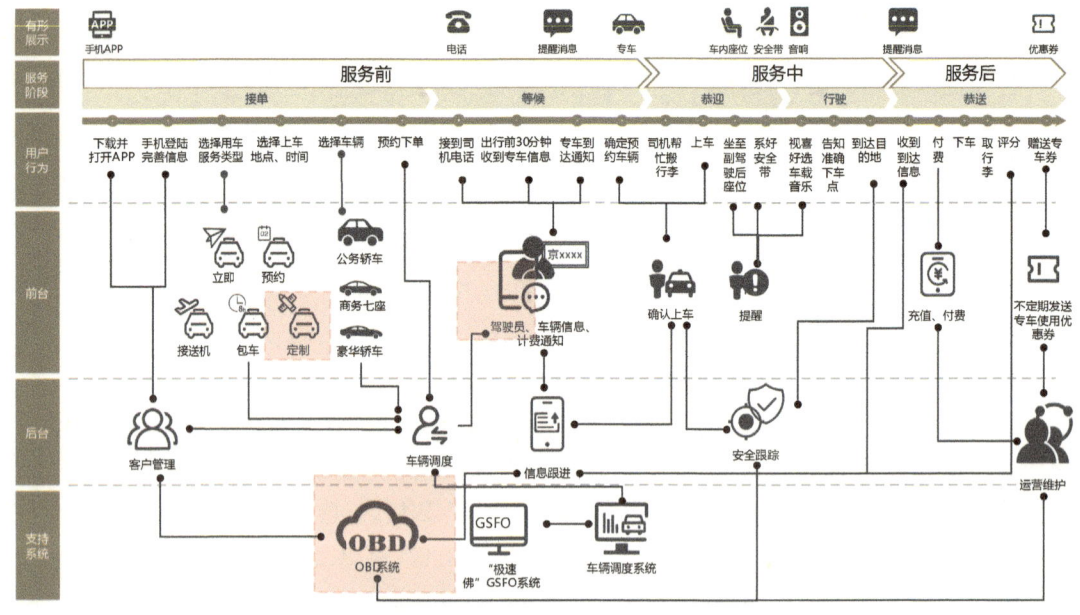

图 7-15　神州"孕妈专车"服务蓝图

通过神州"孕妈专车"的服务蓝图分析(图 7-15),神州"孕妈专车"在支持系统上安装车载自动诊断系统(OBD)全程监控,为孕妇提供全程的车辆行驶安全保障;在服务内容上为孕妇提供舒适的乘车环境,包括空调温度、车内空气;从体验上为孕妇准备了呕吐袋、胎教音乐与知识等细节;在司机上从筛选到考核,以及仪容仪表上都要求严格,保证品质与专业,为用户带来心理上的安全、专业体验。

7.2.3　服务流程与服务场景分析

"孕妈专车"服务的用户旅程图分为接单、等候、恭迎、行驶、恭送五个阶段(图 7-16)。

1) 接单阶段

在接单阶段,乘客手机客户端应具备孕妇乘客专门约车功能;司机端手机软件应能够根据乘客预订信息显示孕妇乘客,并按照孕妇乘客服务流程准备服务。驾驶人在接到订单 1 分钟内应立即致电乘客,确认上车地点,并告知途中大概所需时间;接单途中应利用车上没有乘客时开窗通风,保持车内空气清新。

2) 等候阶段

在等候阶段,立即叫车服务应尽快抵达乘客要求的服务地点;预约用车服务应于乘客预约时间前 5 分钟抵达服务地点。抵达服务地点后,首先,将副驾驶位置调至最前,保证后排乘坐空间充足、舒适;其次,在车辆左后方贴好"孕妈乘车,请多关照"专用磁性车贴;最后,驾驶人在车外等候时

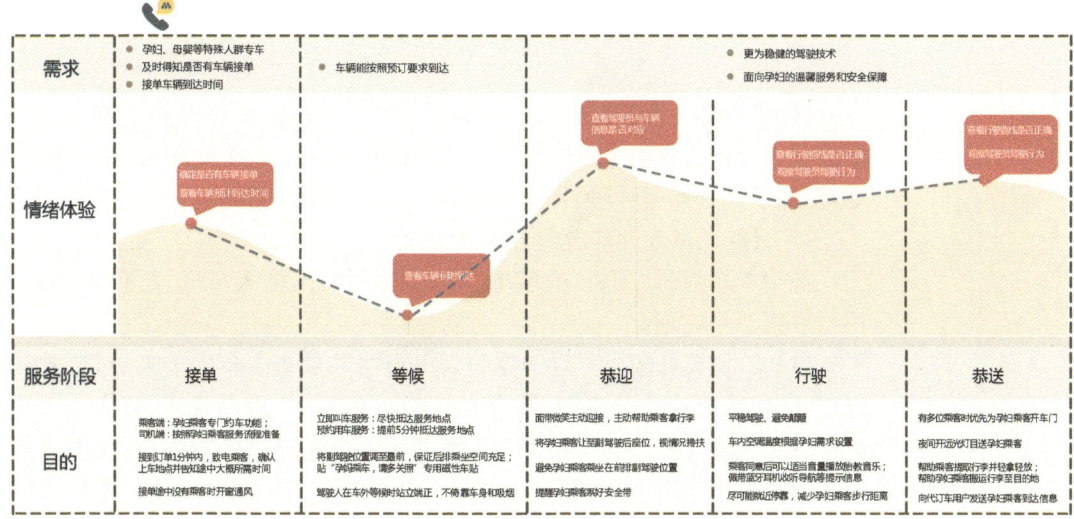

图 7-16　神州"孕妈专车"服务流程图

站立端正,不倚靠车身,严禁吸烟。

3)恭迎阶段

在恭迎阶段,第一,面带微笑,主动迎接,主动为乘客开关车门,为孕妇乘客开右后门,主动帮助乘客拿行李(乘客随身携带物品除外)并注意轻拿轻放;第二,将孕妇乘客让至副驾驶后座位,视情况搀扶孕妇乘客上车;第三,不应让孕妇乘客乘坐在前排副驾驶位置,以避免紧急情况下空气气囊弹出造成冲击;第四,提醒孕妇乘客系好安全带,安全带应从孕妇腹部下面穿过,切忌在腹部的中间或者其他位置穿过,避免对胎儿造成挤压。

4)行驶阶段

在行驶阶段,第一,车内空调温度设置在 22 摄氏度,同时主动询问乘客温度是否合适,空调出风口不得对孕妇乘客直吹;第二,如天气情况允许,宜使用自然风调节温度;第三,根据乘客要求使用车内音响,在乘客同意后以适当音量播放胎教音乐光盘;第四,应佩带蓝牙耳机收听导航等提示信息,以免打扰乘客;第五,平稳驾驶、避免颠簸,严禁急加速减速、频繁变更车道,城市路况行驶速度不宜超过 60 千米/小时(紧急情况除外);第六,到达目的地前应主动询问乘客停车地点,尽可能就近停靠,减少孕妇乘客的步行距离。

5)恭送阶段

在恭送阶段,第一,主动下车为乘客开车门,有多位乘客时优先为孕妇乘客开车门,主动帮助乘客提取行李并轻拿轻放,注意清点数量;第二,如果只有孕妇乘客一人乘车,则主动帮助孕妇乘客搬运行李至目的地;第三,目送孕妇乘客直至其到达目的地,如为夜间则开远光灯目送孕妇乘客到达目的地后方可离开;第四,如果该次行程为其他用户代孕妇乘客订车,系统应在第一时间向订车用户发送孕妇乘客已到达目的地的信息。

7.2.4 服务要素与规范

神州"孕妈专车"依照《孕妇专车安全服务规范》所提出的车辆、司机、服务和保障四方面的服务规范,建构其内部的规定、考核标准、服务机制等,以此来保证服务体验、服务品质,并输出其服务价值。

1) 服务人员及其规范

神州专车对于"司机"的服务规范主要包括驾驶人员选拔、仪容仪表、言行举止三个方面。

(1) 驾驶人员选拔。对于驾驶人员申请需具备3年以上驾龄,驾驶技能娴熟,接受医疗救助培训,熟悉孕期相关基本医疗救助常识,并在3年内无计满12分记录,考核合格后聘为专职司机,签订正式劳动合同,不得兼职。对其要求为专业司机,定期体检,身体健康,无传染性疾病,无犯罪记录,无精神病史,无吸毒史,无不良嗜好。神州专车目前的约4万名司机是从约30万名应聘者中筛选出来的,招聘比例为1∶8。应聘者要通过四个筛选流程:第一步,核实驾照,了解其基本素质,检查有无纹身;第二步,考核驾驶能力,不仅需要应聘者有3年以上的驾龄,还必须通过神州专车的驾驶技能考试;第三步,背景调查,通过与公安部门合作,查看应聘者有无犯罪记录,仅这一步就会淘汰7%的应聘者;第四步,体检,确保司机没有传染性疾病等。

(2) 仪容仪表。驾驶人员在服务中需着正装(白衬衣、领带、西裤、黑色皮鞋),外露皮肤无文身,无怪异发型(颜色),勤洗澡、更衣,保持个人卫生,面部修饰整洁,指甲修剪得体,化妆应淡雅适度,不得使用气味浓烈的化妆品。

(3) 言行举止。驾驶人员在服务中需保持精神饱满,举止文明,态度温和友善、情绪积极乐观。服务时应语气平和、表达清楚、声量适度、语速适中,使用文明用语。在服务过程中,需与乘客交流适度,不主动搭讪乘客,交谈内容健康文明;运营前和运营过程中忌食有异味食物;严禁在车厢内吸烟,不得向车外抛物、吐痰,不得在乘客面前有不文明行为和语言;当乘客对服务不满时,虚心听取批评意见;遭误解时,应心平气和、耐心解释,不得与乘客争论。

2) 服务设施及其规范

神州"孕妈专车"对于"车辆"的服务规范主要包括以下两个方面:

(1) 基本要求。为孕妇提供价格15万元以上、3年以内的新车,车辆整洁舒适;城市运营车辆以新能源车型为主。

(2) 车容车貌(图7-17)。车辆安全性能、乘坐空间、座椅面料、密封系统、通风空调系统以及车辆行驶平顺性等指标,应明显高于当地主流出租车及专车水平;车厢内整洁、卫生、无杂物、异味,仪表台、后风挡窗台不放置与运营无关的物品;为乘客提供车载Wi-Fi、手机充电器、纸巾、雨伞等物

图 7-17 神州"孕妈专车"的车辆标准

品,供乘客免费使用,配备"孕妈乘车,请多关照"专用磁性车贴、胎教音乐光盘及呕吐袋等。

3) 服务内容及其规范

神州"孕妈专车"对于"内容"的服务规范主要包括司机驾驶、车辆硬件、应用软件、附加服务四个方面(图 7-18)。

(1) 司机驾驶。在驾驶过程中要严格遵守规范:接孕妇之前必须提前开窗通风;平稳驾驶、避免颠簸,严禁急加速减速、频繁变更车道,速度不超过 60 千米/小时(紧急情况除外)。

(2) 车辆硬件。车内无异味,空调温度设置在 22 摄氏度(或根据孕妇要求调整),空调出风口不得直吹乘客,播放适当音量的胎教音乐。

(3) 应用软件。增设了孕妇用车专属功能,提供了预约车辆、车辆使用、车辆监测、到站提醒等功能。神州专车开通孕妇乘客用车应用软件专用预订通道,孕妇不必担心跟普通乘客抢车。下单后,应用软件实时显示

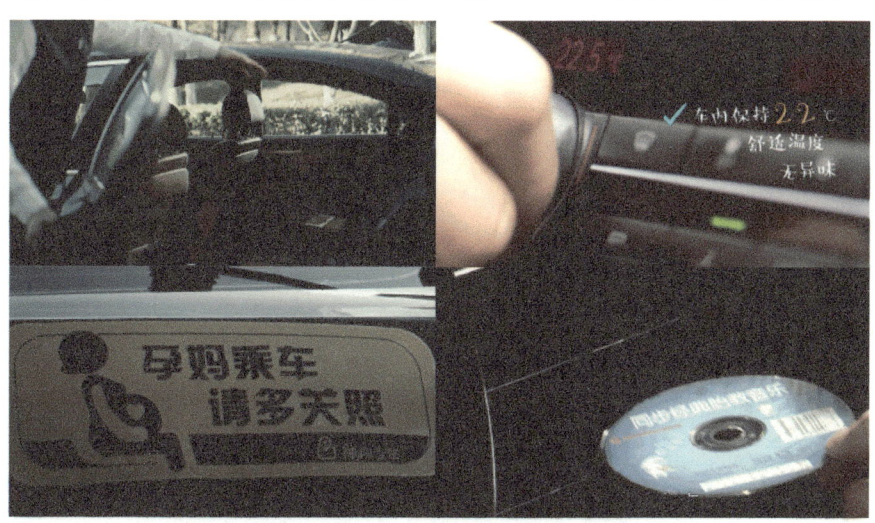

图 7-18 神州"孕妈专车"的服务内容

车辆运营路线,到达后有短信提醒。

（4）附加服务。首次乘坐神州"孕妈专车"就能得100元母婴礼包,之后累计乘坐还能不间断得到母婴好礼,坐个专车连奶粉钱都省出来了。

4) 服务保障及其规范

2015年6月神州"孕妈专车"推出"五星安全计划",从司机保障、健康保障、技术保障、隐私保障和先赔保障五个方面保障乘车人的安全,全面推动专车市场的安全标准升级。

（1）司机保障。对司机进行身体检查、驾驶能力考察以及与公安部门合作核实驾驶人员背景信息、无犯罪记录等方面的严格筛选。

（2）健康保障。车辆有定期检查、保养制度,并建立完整的车辆维修、保养档案,车辆应按规定进行安全性能检测,确保车辆技术状况良好、安全性能可靠。

（3）技术保障。安装具有行驶记录功能的车辆卫星定位装置和车载自动诊断系统,实现对车辆位置以及运行状态的实时监控;专车企业应通过车载自动诊断系统,监控时速在60千米以下平稳驾驶,监测分析驾驶人员的驾驶情况,避免疲劳驾驶、急加速减速等不良驾驶行为,确保行车安全。司机在开车过程中的每一个细节都会上传到云端,"哪怕司机偶尔一次超速,系统也会有详细记录"。

（4）隐私保障。隐藏乘客真实号码,上线170虚拟安全号码,系统会为乘客与司机生成一个虚拟的中间号,隐藏真实号码,确保乘客的手机号码不会被泄露。

（5）先赔保障。建立安全保障基金,为孕妇乘客提供专门保险保障,保险额度应高于100万元人民币。

7.2.5 服务体验与服务价值

神州"孕妈专车"以"专业化司机"的直接服务提供者与以"专门化车辆"的服务设施,从车前、车上、车后的全流程服务,为孕妇打造安全的、细致体贴的、具有人文关怀的、舒适愉悦的、高品质的全链路服务体验。

车前体验:孕妇在下单之后,驾驶员第一时间以虚拟手机号与孕妇确定上车时间、地点以及预计到达时间,以此为用户提供安全、隐私的交流体验;并提前为孕妇调节车内空气,以保持空气清新,为确保孕妇乘车时获得舒适愉悦的空气环境体验;同时将"孕妈乘车,请多关照"的警示车贴贴至汽车上,以警示路程中遇到的其他车辆,以确保安全行车。

车上体验:在孕妇上车前,驾驶员为其开门、搀扶、告知安全带系带方法,为其带来细节化、体贴的体验;并以舒适温度——22摄氏度的车内温度,以及风口朝向的调节,为孕妇带来舒适、细节体贴的服务体验;为孕妇播放胎教音乐、提醒孕妇生活注意事宜等,以及为其备有呕吐袋、"燕之屋"等合作产品,使其获得孕妇专属的体贴服务;孕妇可在途中借助应用软件的 OBD 监测车速等,为其提供安全体验。

车后体验:孕妇下车后,驾驶员为其提取、搬运、送达行李,夜晚为其开远光灯目送至目的地,并第一时间发送到达信息至订车用户,以期孕妇获得安全的、高品质的、具有人文关怀的服务体验。

神州优车全平台渠道通路,神州优车平台主要开设出行模块、电商板块与金融板块三大主营业务板块,在内部平台,神州"孕妈专车"借助神州优车平台为其提供的技术支撑,运用神州专车所提供的专车业务,在其使用期间贴上"孕妈乘车,请多关照"警示车贴,在平时可为其他专车与租车用户提供使用服务;专车为新车车辆,其使用期限为 3 年,当期限到达时,车辆进入神州准新车平台进行售卖,同时用户也可借助神州车闪贷平台借款购买,也可通过神州"买买车"购买。在外部平台,神州"孕妈专车"借助神州优车平台的外部合作,包括与阿里巴巴的出行大数据合作、与浦发银行信用卡的联名优惠、与上汽公司的车辆货源合作,以此为"孕妈专车"提供后台外部资源的信息、服务、车辆支撑服务,为"孕妈专车"安全、平稳、顺畅的运行提供了品质保障。由此建构神州优车的生态系统(图 7-19)。

神州优车的两大主要业务模块为神州租车与神州专车("孕妈专车"是神州专车针对孕妇推行的特色服务)。从其内部来看,租车与专车的最大差异在于租车的频率低(一年频率为 1—2 次),而专车服务的使用频次远高于租车服务。2018 年上半年,公司实现营收 37.6 亿元,利润总额为 1.9 亿元。从业务板块来看,作为高品质网约车的神州专车营收 22.4 亿元,利润总额为 1.4 亿元,继去年成为国内首家净利转正的网约车平台后,一路领跑保持盈利;神州"买买车"、神州"车闪贷"分别营收 9.5 亿元、5.8 亿元,使得神州优车的收入结构进一步多元化,利润结构也不断优化。权威

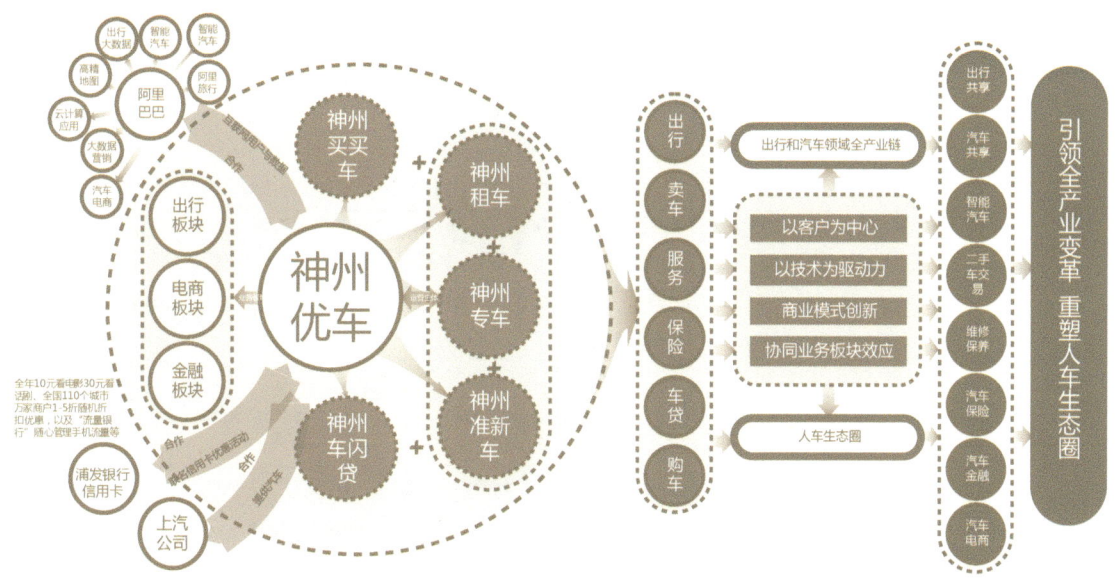

图 7-19 神州优车生态系统图

市场调研公司易观国际的最新数据显示,成立仅半年的神州专车以10.7%的专车服务活跃用户覆盖率稳居国内专车市场前三名,用户留存率达66.7%,高居行业首位,备受中高端客户青睐。罗兰贝格数据显示,神州专车在专车市场占据42%的份额,排名第一位。基于此数据中表明的用户留存率高,有助于神州优车把握智能出行的入口,做强"人·车·生态"。

第7章注释

① 案例分析:胡飞、李顽强、郑泽先、黄嘉敏。
② 参见百度百科"欧洲铁路公司";搜狐网站。
③ 参见中国产业信息网站。
④ 参见前瞻网。
⑤ 参见互联网数据资讯网。
⑥ 旅行周刊麦哲伦奖旨在表彰旅游行业中的佼佼者以及为行业做出巨大贡献的杰出专业人士。
⑦ 案例分析:李顽强、郑泽先、黄嘉敏。指导:胡飞。
⑧ 参见罗兰贝格全球—罗兰贝格国际管理咨询有限公司(Roland Berger)(2016年)。

第7章参考文献

[1] Klook. Klook and Rail Europe sign global partnership to target modern travelers [EB/OL]. (2019-01-30)[2019-09-04]. https://www.prnewswire.com/news-releases/klook-and-rail-europe-sign-global-partnership-to-target-modern-travelers-300786453.html.

[2] 卜祥. 专访神州专车陆正耀:如何开启与滴滴的终极对决[EB/OL]. (2019-08-21)[2019-10-18]. https://tech.qq.com/original/sw/i40.html.

[3] 胡浩,王思北. 五中全会公报建议实施全面二孩政策 [EB/OL]. (2015-10-29)[2019-08-21]. http://www.xinhuanet.com//politics/2015-10/29/c_128373482.htm.

[4] 叶鹏. 深度分析:从孕妈专车,看神州专车如何玩转"她经济"[EB/OL]. (2016-03-16)[2019-08-21]. https://kknews.cc/tech/xrrnleg.html.

[5] 佚名. 国务院办公厅印发《关于深化改革推进出租汽车行业健康发展的指导意见》[EB/OL]. (2016-07-28)[2019-08-21]. http://www.gov.cn/xinwen/2016-07/28/content_5095590.htm.

[6] 佚名.《网络预约出租汽车经营服务管理暂行办法》公布 [EB/OL]. (2016-07-28)[2019-08-21]. http://www.gov.cn/xinwen/2016-07/28/content_5095584.htm.

[7] 佚名. 行业协会推出孕妇专车安全服务规范 [EB/OL]. (2016-03-28)[2019-08-21]. http://www.ucarinc.com/ucarinc/news/tradeNewsPregnant.html.

第 7 章图片来源

图 7-1 至图 7-3 源自:李顽强、郑泽先绘制(照片源自视觉中国旗下网站).

图 7-4 至图 7-6 源自:李顽强、黄嘉敏绘制.

图 7-7 源自:李顽强、郑泽先绘制.

图 7-8 源自:马蜂窝网站;BCD 旅行网站;全景视觉网站.

图 7-9 源自:欧洲铁路公司官网;欧洲铁路公司官方微博;微信公众平台.

图 7-10 至图 7-12 源自:李顽强绘制.

图 7-13、图 7-14 源自:李顽强、黄嘉敏绘制.

图 7-15 源自:李顽强、彭凌、郑泽先绘制.

图 7-16 源自:李顽强绘制.

图 7-17 源自:金融界网站.

图 7-18 源自:黎贝卡的异想世界(微信).

图 7-19 源自:李顽强绘制.

8 服务设计案例研究之"游"

8.1 cAir 家庭旅行服务设计①

cAir(发音同 care)是美国设计咨询公司 RKS 完成的一个服务设计概念项目,旨在减轻家庭航空旅行的负担,使每个人的旅程更加愉快。该项目是 RKS 公司在 2010 年国际交互设计协会(IXDA)研讨会上的衍生成果;他们根据家庭旅行中常遇到的问题,提供了系统的解决方案,构建了一种不同于过往只专注于效率的全新飞行体验。

8.1.1 语境分析

1) 社会背景分析

据国际机场协会(Airports Council International, ACI)报道,2016 年仅全球最繁忙的 20 个机场就接待了约 15 亿名乘客。行业整合以及相对低廉的燃油价格,为航空业带来了突破性的利润。然而,目前航空业也存在诸多问题。随便浏览一下今天的新产品,就会发现许多关于客户不满意或行业面临威胁的事情。尽管盈利能力依然不减,但困扰航空公司的问题一直都未消失,反而变得更加复杂。

2) 经济背景分析

在经济衰退和燃料价格飙升的背景下,旅游业面临不断增加的成本和对价格敏感的消费者等压力。大多数航空公司都在通过减少服务和便利设施来降低成本;那么,这是否是节省利润的正确举措?像西南航空这样以消费者为中心的航空公司的成功暗示了另一条道路的可能。家庭则是一个被忽视的少数旅行者,没有航空公司采取行动来满足他们的特殊需求。

3) 技术背景分析

不断成熟的技术为家庭旅游业的发展提供了源源不断的动力,不仅让机组人员摆脱了繁琐的飞行手册,而且改变了用户的机上娱乐方式。然而,随着航空业和为其服务的基础设施越来越依赖于技术,它也变得更加脆弱。过去 10 年,对技术基础设施的投资不足,导致了一系列电脑故障,这些问题可能导致航空公司的运营连续数日瘫痪。

8.1.2 目标用户与利益相关者分析

通常家庭乘机流程如图 8-1 所示。而 cAir 的核心用户是家庭乘机成员,包括婴儿、小孩、家长等。

用户角色 A(图 8-2):彼得(Peter)今年 8 个月了,妈妈在他出生的时候就开始带他坐飞机出游,但是,坐飞机的时候他常常感觉很不舒服。刚上飞机时由于气压问题,他感到很紧张、缺乏安全感,尽管预订了儿童摇篮也没有作用,旁边的客人都会斜眼看他们。由于在飞机上不能随意动,这让妈妈很为难,不知道要怎么办才好。

用户角色 B(图 8-3):达西(Darcy)今年 5 岁,每年假期父母都会带他出国旅游,但在坐飞机这件事上,他却让父母头疼不已。达西坐飞机时非常好动,无法集中注意力。他在上飞机不久就开始坐不住了,想解开绑着的安全带,但妈妈不让,所以他只能憋着,有时忍不住就开始发脾气。这让

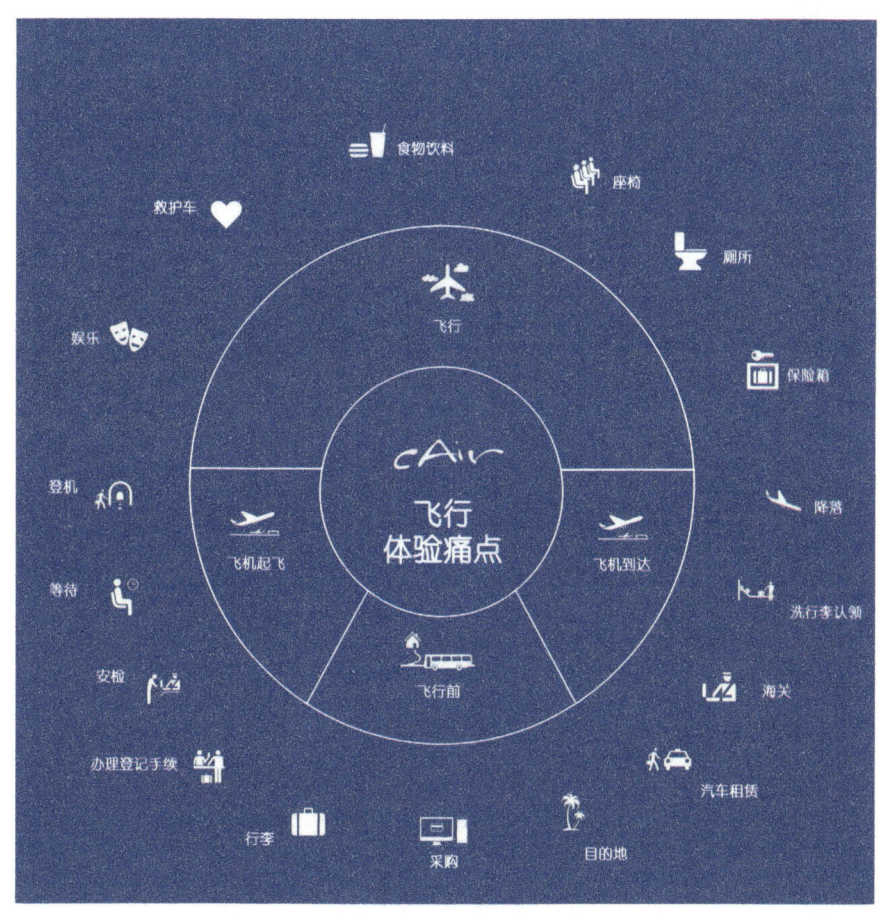

图 8-1 家庭乘机的基本流程

对世界充满好奇的新生代宝宝
活泼可爱 / 充满好奇

彼得/8个月/现居美国旧金山

生活状态： 彼得已经8个月了，喜欢妈妈带他出去，不喜欢在房间内玩。每次妈妈带他出去坐车他都会哭闹，情绪要很长时间才能安抚

性格特征： 活泼好动、充满好奇

消费习惯： 无

生活记录：

 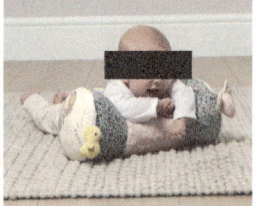

"即使睡觉也不安分"

图 8-2　用户角色 A

活泼好动的美男子
好动 / 爱热闹

达西/5岁/现居美国旧金山

生活状态： 今年已经满5岁了，平时喜欢玩各种游戏，比较闹腾。由于爸妈工作需要，他经常乘坐飞机，每次刚上飞机不久就坐不住了，想随意动，很难安抚情绪

性格特征： 活泼好动、爱热闹、情绪捉摸不定

消费习惯： 无

生活记录：

"日常好动爱哭闹"

图 8-3　用户角色 B

达西的爸爸妈妈感到很无力，不知道怎么安抚他的情绪。

用户角色 C（图 8-4）：玛瑞亚（Maria）是一位二胎妈妈，日常在家照顾小孩，大儿子已经 7 岁了，女儿 5 岁，他们每个月都会坐飞机去旅游，然而带小孩坐飞机是一件非常痛苦的事情。每次坐飞机旅游的时候都会遇到孩子打闹，经常两个人还没上飞机就已经开始了嬉戏打闹，上了飞机更是难以劝阻，周边的客人几次都不耐烦了，她除了表示歉意，对自己的孩子却无可奈何。

对于婴幼儿而言，他们乘坐飞机时因为环境陌生加上气压问题，很容易哭闹，并且由于年纪较小，父母很难安抚他们的情绪；因此，他们希望有舒适的乘机环境，并且能够提供专业服务来安抚孩子的情绪。对于儿童而言，乘坐飞机时比较好动、无法集中注意力而产生不好的情绪；因此，他们

日夜疲惫的二胎妈妈
勤俭节约 / 热爱公益

玛瑞亚/35岁/家庭主妇/月收入3 000美元/现居美国旧金山

生活状态： 家里有两个小孩，由于他们年纪都还小，所以整天都吵闹。她感到最幸福的事就是每天都能看到宝宝们的成长，最痛苦的事就是带小孩出去旅游，尤其是坐飞机。

性格特征： 积极向上、热爱生活、和蔼可亲

消费习惯： 高品质，多体验

生活记录：

"家有两宝就是吵"

图 8-4　用户角色 C

希望乘机更有趣，以及为其提供专门服务。对于家长而言，带小孩乘坐飞机是一件非常痛苦的事情；他们希望能够愉快、开心地带孩子乘坐飞机，希望飞机上设有专门安抚小孩的产品和服务（图 8-5）。

根据不同群体的需求分析，梳理 cAir 家庭乘机的利益相关者关系网络（图 8-6）：(1) 以婴儿、小孩、家长等乘客为主的核心用户；(2) 以清洁人员、安保人员、客服人员、检票人员、机务人员、管理人员为主的内部体系；(3) 以民航局、酒店、产品制造商、玩具经营商、空间规划设计人员、食品供应商、地方企业、政府为主的合作伙伴。

图 8-5　体验痛点分析

8　服务设计案例研究之"游"

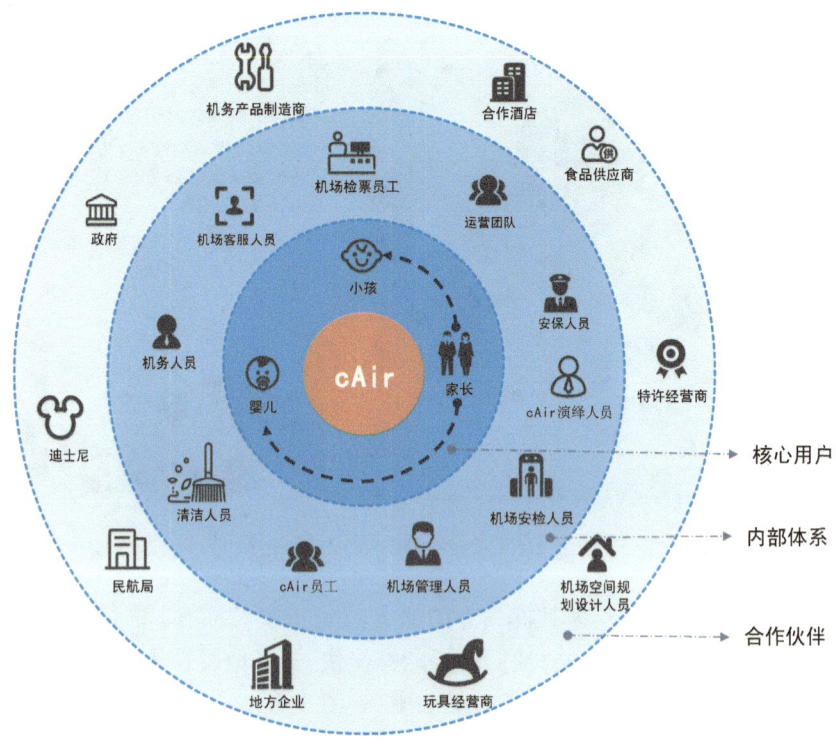

图 8-6　cAir 利益相关者图

8.1.3　服务提供与商业模式分析

就商业模式而言，cAir 以关键业务驱动的方式建立起针对家庭乘机出游的全旅程解决方案（图 8-7）。在关键业务上，除了常规的机上服务外，

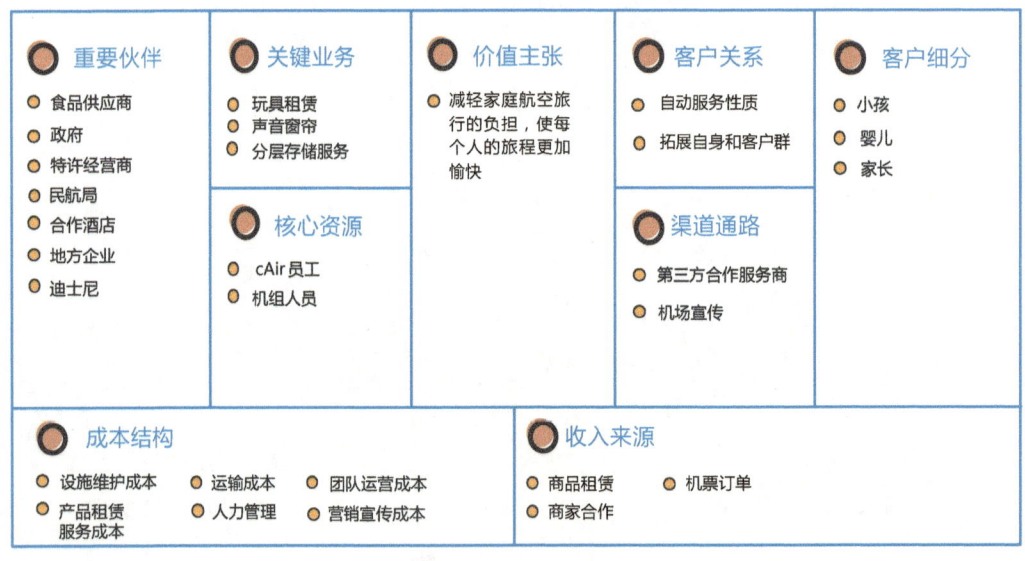

图 8-7　cAir 商业模式

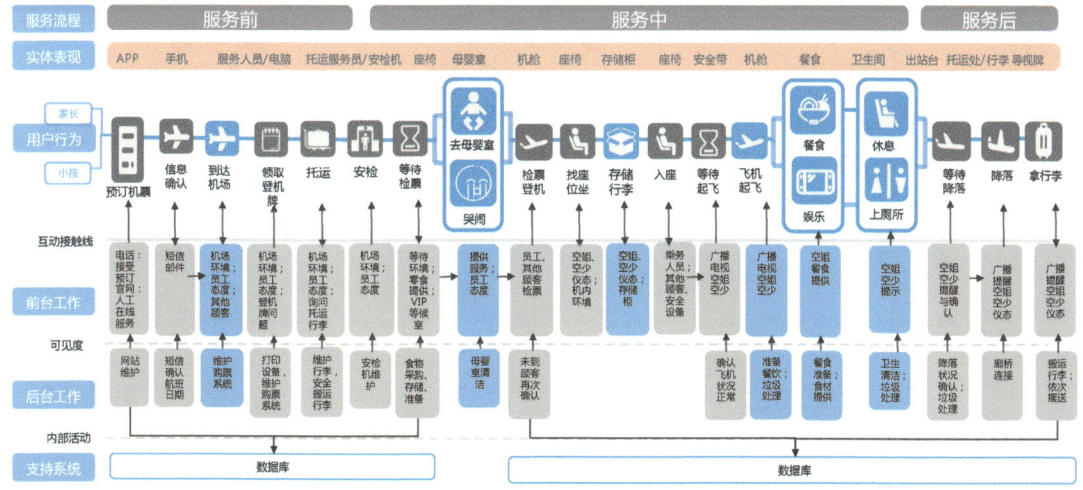

图 8-8 cAir 服务蓝图

还包括快速登机、婴儿车租赁、游戏休息室等服务,并与食品供应商、特许经营商、民航局、合作酒店、地方企业、政府等展开合作,以发展新兴盈利点。针对不同细分客户群体的诉求,建立差异化的服务解决方案,向客户传递家庭友好型价值主张。

cAir 关注研究家庭旅行中遇到的困难,通过采访父母与相关乘客,对家庭用户乘机行为的全流程进行优化,涵盖飞行前准备、机场登机、机上体验、行李检索和下机。在整个飞行周期中,家庭旅行面临的困难要比一般旅行者多,RKS 公司基于飞行体验中的娱乐、氛围、食物、座椅、厕所和存储六个关键接触点设计解决方案,构建服务蓝图(图 8-8)。

8.1.4 服务流程与服务触点

cAir 以家庭用户需求为中心,整合政府、民航局、特许经营商以及内部工作人员的资源优势,在通常乘机服务的基础上为家庭旅行提供了如下具体措施:(1)娱乐。酒店为成人和儿童提供玩具租赁服务和寻路服务。(2)氛围营造。声音窗帘可以让乘客的座位保持即时隐私,使父母能够抚慰或照顾哭闹的婴儿远离视线。(3)食品供给。cAir 服务为儿童提供各种熟悉的、有营养的、无过敏源的食物选择,以及 USB(通用串行总线)奶瓶加热器和个人冰箱。(4)休闲座椅。配置可调节座椅来适应儿童的朝向,过道隔板为幼儿和小孩创建一个迷你游乐区。(5)母婴空间。洗手间足够大,适合父母和多个孩子同时进入,方便更换尿布。(6)分层存储。在座椅下方提供了易于触及的存储隔间,可在整个飞行过程中使用。

cAir 针对家庭乘机用户需求优化了服务流程,解决了传统航班中用户常遇到的问题(图 8-9)。在新的服务流程中,可以将座椅扭转与父母面对而坐,洗手间更加宽敞可以用来给婴儿换尿布,可以拉下隔音窗防止婴儿

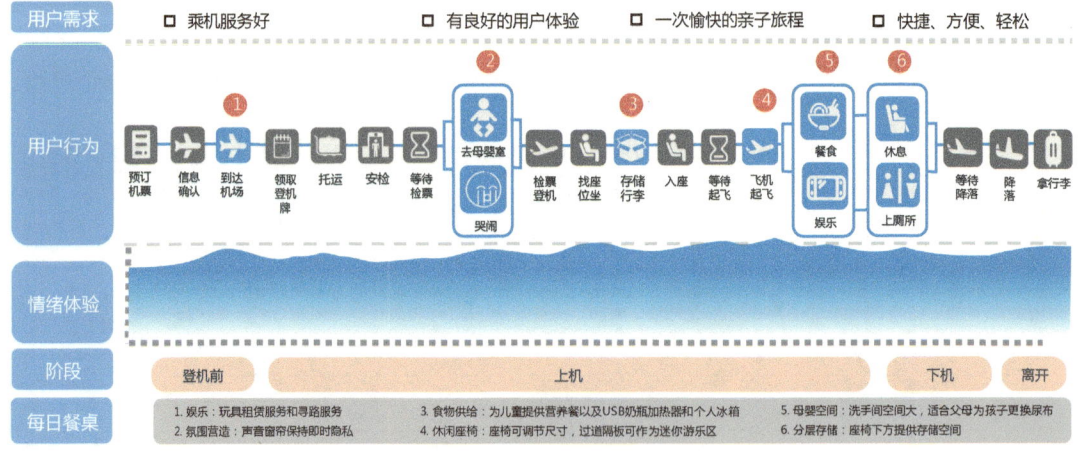

图 8-9　cAir 服务流程图

影响周边旅客,有针对儿童设计的餐食菜单,还有婴儿车、汽车座椅、玩具和装备租赁等服务设施。

另外,RKS 公司设计了统一的视觉风格(图 8-10),包括机场指示牌、售货亭、登机牌和数字产品界面等,都与 cAir 主张的放松、娱乐、培养价值观相协调。

图 8-10　cAir 视觉形象设计

服务场景1：彼得宝宝8个月了，他最喜欢妈妈带他出去玩儿，不喜欢待在房间里，但是每次妈妈带他出去坐车的时候他都会哭闹，需要很长的时间安抚。这次，妈妈带他坐飞机出行。到达机场后，他在玩具仓挑选了自己喜欢的玩具，并带上了飞机玩耍；在飞机上，妈妈带他在母婴室换了尿布，轻松地度过了机上时光（图8-11）。

服务场景2：达西今年5岁了，平时喜欢玩各种游戏，放假期间爸妈都会带他乘坐飞机参加各种活动，每次刚上飞机不久他就开始闹腾。这次，他乘坐飞机的感受有点不一样了。登上飞机后，他将自己的座椅旋转至和父母面对面坐，自己亲手将行李放入行李架，然后可以好好睡个觉，他感到很开心（图8-12）。

挑选一个玩具

在你的旅行中玩玩具

归还玩具

计划你的菜单

食用熟悉的食物

存储和加热

图8-11 彼得旅程故事板

可以和家人面对面

下拉孩子的座位

体验游乐区

图8-12 达西旅程故事板

服务场景3：玛瑞亚，35岁，家里有两个小孩，每次带两个孩子乘坐飞机总是特别痛苦。这次，她又带着两个孩子乘坐飞机旅行，安检过后，孩子

| 婴儿哭闹 | 拉下窗帘 | 可以在私人空间放松 |

图 8-13　玛瑞亚旅程故事板

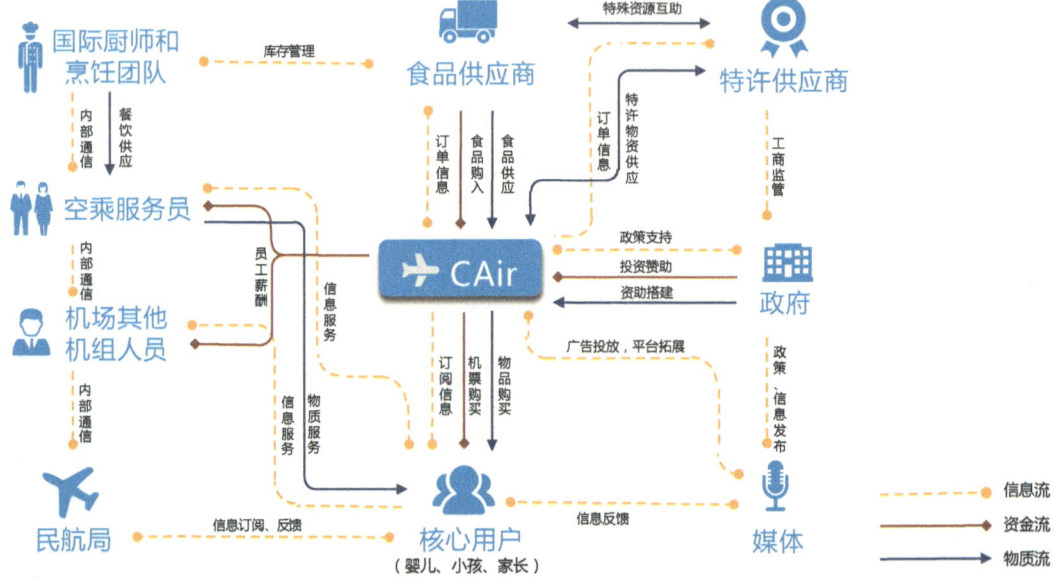

图 8-14　cAir 服务系统图

们可以在候机室的游戏区愉快玩耍,自己只用看着他们就好,终于"解放双手"。登机后,孩子们玩着乘务员发的玩具,她把隔音窗帘拉下防止影响其他客人,整个乘机过程中终于没有了吵闹声(图 8-13)。

在旅游业面临的成本压力较大时,大多数航空公司都通过减少服务和设施来降低成本,cAir 聚焦家庭出行这一特殊且常见的用户群,构建了一种全新的飞行体验(图 8-14)。

8.2　迪士尼世界度假村服务设计[②]

8.2.1　背景介绍

近年来,全球旅游业发展迅速。根据世界旅游城市联合会、中国社会科学院旅游研究中心发表的《世界旅游经济趋势报告(2018)》显示,2017

年全球旅游总人次达 118.8 亿,为全球总人口的 1.6 倍;全球旅游总收入达 5.3 万亿美元,相当于全球 GDP 的 6.7%。随着旅游需求日趋多元化和主题化,人们不再满足于走马观花式的踩点游,希望通过旅游获得一种深度游体验。厉新建基于对体验分类的理论分析,提出了通过"主体体验化"和"支撑主题化"的旅游体验塑造途径:前者强化旅游景区的多感官体验设计,鼓励顾客的参与和融入;后者需要进行主题提炼,形成主题饭店、主题餐馆、主题购物等主题性体验原料的供给[1]。

作为全球最著名的主题旅游范例——华特迪士尼乐园,一直在重塑和重新定义用户获得旅游体验的意义。本节介绍的"迪士尼世界度假村"项目,是一种在原有度假村服务中融入了"墙壁之间的生活"(Life among the Walls)③概念后的新型迪士尼主题度假服务。

8.2.2 目标用户与利益相关者分析

广义的主题旅游一般指的是有中心思想和集中文化题材的各类活动,主要类型包括主题公园、主题酒店、主题活动、主题年、主题线路[2]。现有的大多数主题旅游是指旅行服务机构开发的专题旅游产品,各类型的主题旅游活动都是单独分开的,即用户的一次主题旅游极有可能是在不同主题下的公园、酒店、线路内完成的。因此,在这种情况下用户获得的主题旅游体验也仍旧是走马观花式的"观光游""踩点游"。

为了涵盖尽可能多的服务场景,在此将以一家五口的大型家庭为目标用户展开案例分析。该一家五口由 6 岁的方小小、33 岁的方先生、30 岁的方太太、66 岁的方爷爷与 65 岁的方奶奶组成。由于家庭成员之间的年龄跨度大、兴趣爱好与旅游需求各不相同,每一年的家庭度假游总会产生各种各样的问题与矛盾。例如,方爷爷与方奶奶由于年事已高,许多稍微刺激一点的娱乐项目都不能参与,而且比家人需要更多的休息时间;方小小活泼调皮,家长稍不留意他就不见人影;方先生与方太太作为家庭的核心成员,不仅需要联系各方机构,提前做好旅游计划与准备,还需要在旅程中兼顾三代家庭成员的不同需求。

因此,在普通的主题旅游场景下,三代五口之家将会涉及以下六种主要的服务提供团队(图 8-15):(1)通过提供方法、路线与途径等服务形式,在短时期内解决用户关于旅程问题的旅行社服务团队;(2)可提供互联网购买机票、门票、酒店等一体化服务的在线旅游服务团队;(3)以飞机为运输工具为用户提供民用航空服务的航空飞行服务团队;(4)以的士、大巴等为交通工具为用户提供接送服务的短程载客服务团队;(5)通过出售客房、餐饮以及综合服务设施为用户提供服务的酒店住宿服务团队;(6)依据特定主题,通过环境、人员、服装、音乐、特殊效果等方式塑造主题化娱乐空间,满足用户多样化需求的主题乐园服务团队。目前,各服务团队在各自领域中的发展均较为成熟,且相互间具有一定的合作关系或者潜在合作关

图 8-15 通常主题旅游体下的利益相关者图

系。在这种情况下,如何高效整合资源共同为用户提供主题化旅游体验成为一种发展契机。

在普通的主题旅游场景下,三代五口之家用户主要的需求包括:(1)主题贯穿。然而由于目前各旅游服务项目缺乏有机的联系,用户只能在主题公园中真正地感受"主题旅游",而一旦离开主题公园,将会接受其他风格迥异并且服务品质不一致的服务内容。(2)流程简化。然而在实际情境中,为了旅游过程的顺利进行,用户需要提前与不同的服务机构进行沟通、确认。此外,在旅程节点转换过程中,需要到达下一个目的地才能开始相应的流程。(3)共同玩乐。然而由于不同家庭成员之间的旅游需求不同以及相关服务设施的技术限制,往往出现年长的家庭成员在一旁歇息,其余家庭成员去往不同的设施进行游玩的现象。

8.2.3 服务提供与商业模式

"迪士尼世界度假村"以技术解决方案为基础,提供适应性体验以满足不同类型用户的不同需求。其价值主张是,融合幻想创意与尖端科技,创造真正的迪士尼式的回忆和体验。一方面,"迪士尼世界度假村"具有强大的核心资源:迪士尼故事元素,在特效、游乐设备系统、互动科技、现场娱乐、纤维光学以及音频系统领域拥有百余项专利的华特迪士尼幻想工程(Walt Disney Imagineering,WDI)研发团队,"我的魔法"(MyMagic+)度假管理系统等。另一方面,"迪士尼世界度假村"将用户视为迪士尼故事情感旅程中的主角,使用户成为引人入胜的叙事体验的积极参与者。最终通过联合华特迪士尼公司、华特迪士尼幻想工程、迪士尼乐园等重要伙伴,为不同类型的用户提供度假酒店服务、神奇快车服务(Magical Express)、陆上乐园服务、水上乐园服务、假日俱乐部等关键业务(图 8-16)。

"迪士尼世界度假村"围绕用户"迪士尼之旅"过程中可能涉及的服务提供团队,进行了资源重组。其中,内部服务团队围绕项目提供的关键业务主要分成四大服务提供主体:(1)神奇快车服务团队,主要由平台运营人员、站台值班员、司机构成,提供奥兰多国际机场和迪士尼世界度假村之间的免费巴士交通服务以及行李运送服务。(2)度假酒店服务团队,主要由大堂经理、礼宾员、行李搬运员等构成,除了提供日常的酒店服务外,还支持办理回程航班的登记手续。(3)陆上、水上乐园服务团队,主要由演艺人员、售票员、安保员、清洁员、娱乐设施维护人员等组成,为用户提供在度假村内的娱乐游玩服务。(4)假日俱乐部服务团队,主要由餐饮服务人员、零售服务人员、健身设施服务人员等构成,为用户提供用餐、购物、SPA[④]和健身中心等服务。此外,外部服务团队还包括迪士尼乐园服务团队、航空公司服务团队、旅行社服务团队等。内外部服务团队共同形成迪士尼主题式的旅游服务团队,为用户提供迪士尼主题的深度游体验(图 8-17)。

在具体的服务提供过程中,"迪士尼世界度假村"通过"我的魔法"度假管理系统协调平台联系和促进所有相关利益者之间的合作关系,为用户提

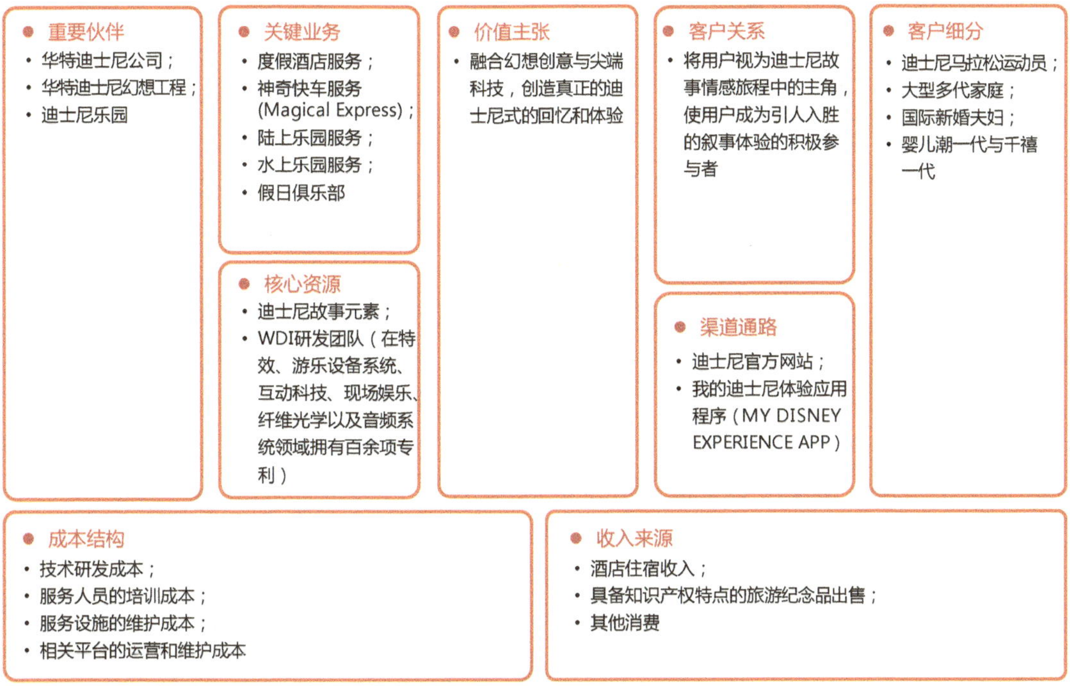

● 重要伙伴	● 关键业务	● 价值主张	● 客户关系	● 客户细分
· 华特迪士尼公司; · 华特迪士尼幻想工程; · 迪士尼乐园	· 度假酒店服务; · 神奇快车服务 (Magical Express); · 陆上乐园服务; · 水上乐园服务; · 假日俱乐部	融合幻想创意与尖端科技,创造真正的迪士尼式的回忆和体验	将用户视为迪士尼故事情感旅程中的主角,使用户成为引人入胜的叙事体验的积极参与者	· 迪士尼马拉松运动员; · 大型多代家庭; · 国际新婚夫妇; · 婴儿潮一代与千禧一代
	● 核心资源 · 迪士尼故事元素; · WDI研发团队(在特效、游乐设备系统、互动科技、现场娱乐、纤维光学以及音频系统领域拥有百余项专利)		● 渠道通路 · 迪士尼官方网站; · 我的迪士尼体验应用程序(MY DISNEY EXPERIENCE APP)	
● 成本结构 · 技术研发成本; · 服务人员的培训成本; · 服务设施的维护成本; · 相关平台的运营和维护成本			● 收入来源 · 酒店住宿收入; · 具备知识产权特点的旅游纪念品出售; · 其他消费	

图 8-16 "迪士尼世界度假村"商业模式画布图

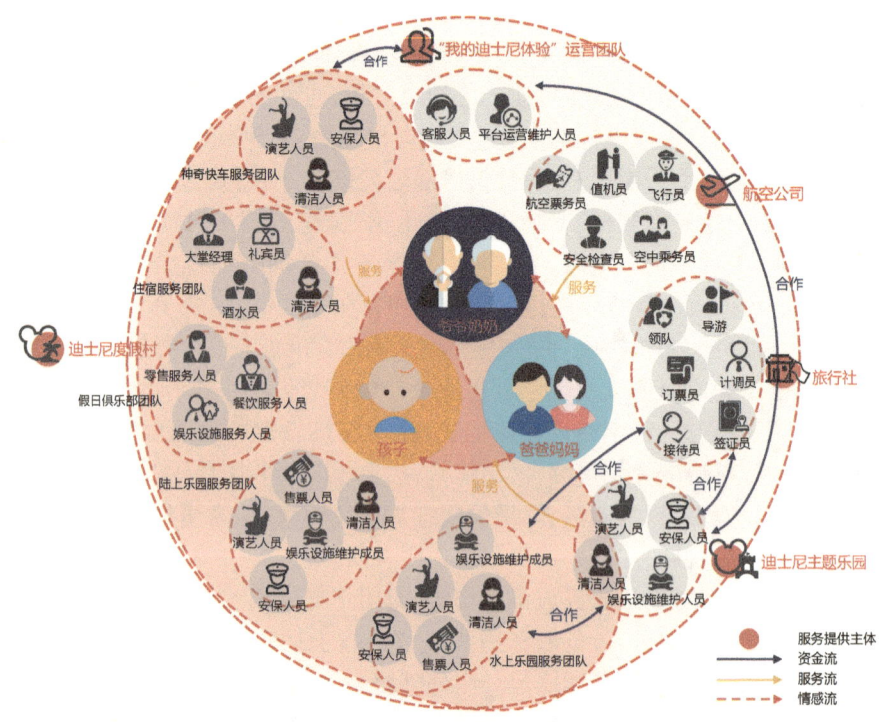

图 8-17 "迪士尼世界度假村"利益相关者图

供服务(图 8-18)。"迪士尼世界度假村"的服务提供依据流程可分为：(1)"入园前"阶段。主要通过"华特迪士尼世界度假村"官方网站和"我的迪士尼体验"(My Disney Experience)应用软件提前获知用户的信息。一方面让度假村内、乐园内的服务人员知道用户的名字，以便服务过程中向每个用户都以名字相称；另一方面可以为用户备好用于游乐设施的"快速通行证"、具备酒店房间钥匙、入场门票和信用卡等等功能的魔力手环。(2)"在园中"阶段。可分为三项核心服务：一是神奇快车服务。依据用户提前预订的信息，神奇快车服务为用户提供前往迪士尼世界度假村的免费班车与行李运送服务。此外，"迪士尼世界度假村"和公园之间也提供单轨或船只运输的迪士尼巴士服务，为用户节省辗转公交的时间。二是度假酒店服务。先驱者(PionEarS)团队针对客房体验提出了一种被称为"墙壁之间的生活"服务。通过物理和触觉方式建造和发明新空间的魔力，使得用户在整个住宿期间体验到主题叙事动画。此外，"迪士尼世界度假村"与许多主要航空公司达成合作关系，用户只需在酒店即可办理登机手续，如签发登机牌、检查行李服务。三是度假娱乐服务。除了迪士尼乐园提供相关的娱乐设施与活动外，"迪士尼世界度假村"也提供了丰富的主题活动、美食餐厅、购物、SPA 等服务，既充实又有趣。(3)"离园后"阶段。"迪士尼世界度假村"通过电子邮件调查、社交媒体动态实时了解用户对服务的态度及建议，并及时分析改进。

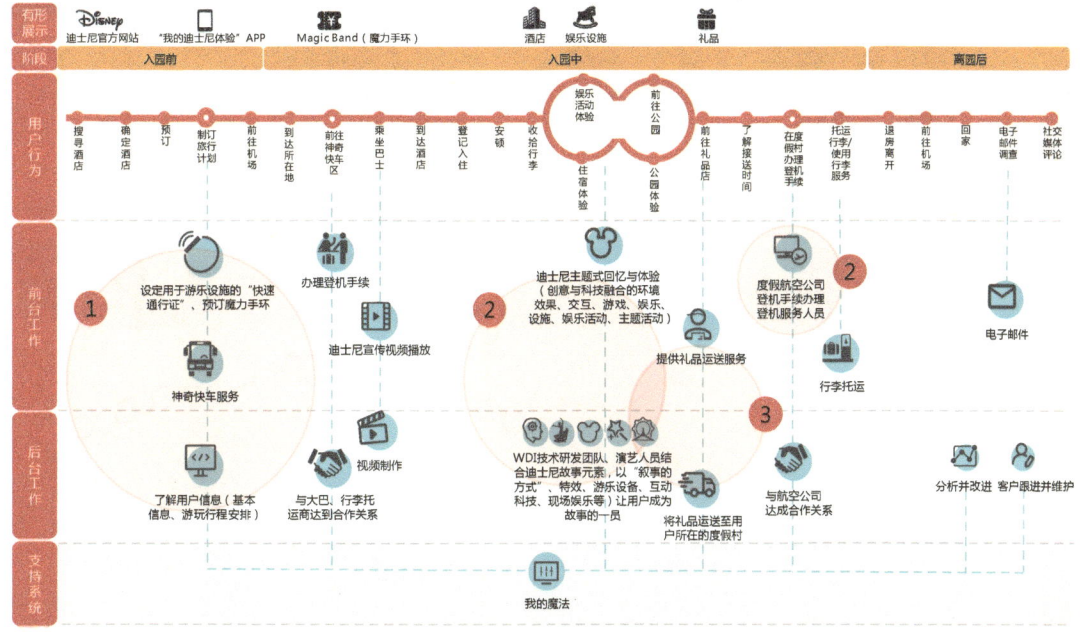

图 8-18 "迪士尼世界度假村"服务蓝图

注:图中数 1、2、3 代表三大核心服务,即神奇快车服务、度假酒店服务、度假娱乐服务。

8.2.4 服务流程与服务触点

基于用户视角,"迪士尼世界度假村"的服务流程可分为五个部分:(1)出门准备。用户通过"华特迪士尼世界度假村"官方网站和"我的迪士尼体验"应用软件获取到迪士尼乐园游玩的相关攻略、优惠服务,以及迪士尼乐园和度假村的相关信息。(2)前往度假村。当用户抵达机场时即可前往迎宾台,并乘坐"迪士尼神奇快线"前往度假村,用户甚至不需要自行领取行李,便有工作人员负责运送行李至用户客房。与此同时,用户在搭乘神奇快车的路程中,还可以收看到迪士尼乐园的宣传视频以舒缓长途的疲惫感。(3)安顿住宿。"迪士尼世界度假村"依据用户的不同预算提供了从简单务实到舒适豪华的五种类型入住空间,各种用户均可以从中挑选适合自己的居住空间类型。(4)享受旅程。用户通过"我的迪士尼体验"APP可以实时了解旅程时的天气、迪士尼乐园活动安排及开展情况、度假村活动、客房服务与公交时刻表。除此之外,"迪士尼世界度假村"始终秉持"用户是魔法师"的核心体验,通过融合幻想创意与先进科技,以物理和触觉方式改造房间、娱乐设施与空间环境,使用户成为引人入胜的叙事体验中的积极一员。(5)离开度假村。当旅程接近尾声的时候,用户可以直接在度假村的大堂办理回程航班的登机手续,乘坐神奇快线前往机场,这样用户可拥有更自由的时间与"迪士尼世界度假村"进行"告别"(图 8-19)。

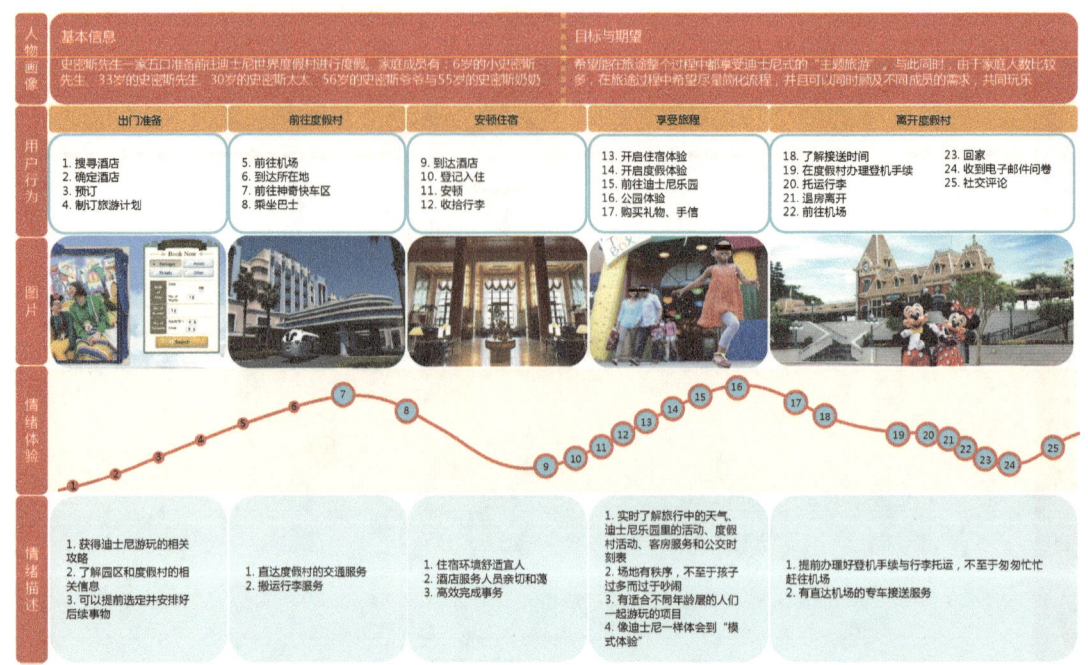

图 8-19 "迪士尼世界度假村"客户旅程图

"迪士尼世界度假村"的核心服务可分为神奇快车服务、度假酒店服务、度假玩乐服务三种模式。因此,基于三种情境对服务场景与触点展开具体分析。

服务场景1:神奇快车服务(图 8-20)。其具体包括:(1)行李牌和优惠券。用户在旅行前几周可以通过邮件收到凭证和行李标签。这些凭证和行李标签需要放在每件行李上,会有专门的行李搬运员依据行李牌信息带到度假村,同时行李标签的邮件凭证也可作为登机的门票。(2)度假村线路指引。依据用户申请的信息,到达机场后会被引导至与度假村相对应的线路,接到指示后即可登上巴士。(3)度假村宣传视频。一旦公共汽车开始行驶后,宣传视频将在迪士尼世界信息屏幕上播放,可以提高用户对主题旅程的期待值。(4)返程接送时间提醒。用户预计出发的前一天,将会在房间收到一张纸条,告诉用户什么时候可以回到机场。

服务场景2:度假酒店服务(图 8-21)。其主要包括:(1)"墙壁之间的生活"服务。借助投影映射技术,策略性地在房间周围创造沉浸感。当客人在房间里时,微妙的投影将照亮天花板,壁纸和窗帘中的智能纺织品即可依据客户喜好呈现主题叙事动画。此种"墙壁之间的生活"服务可适应各种房间和主题,并且可以在不改动房间空间的情况下为房间扩大体感。(2)返程航班办理登机手续。用户可以在"华特迪士尼世界度假村"直接获得登机牌并在度假村检查行李,节省大量时间和行李转运麻烦。

服务场景3:度假玩乐服务(图 8-22)。其主要包括:(1)"我的魔法"度假管理系统。对于华特迪士尼世纪度假村而言,一方面提前获知用户的

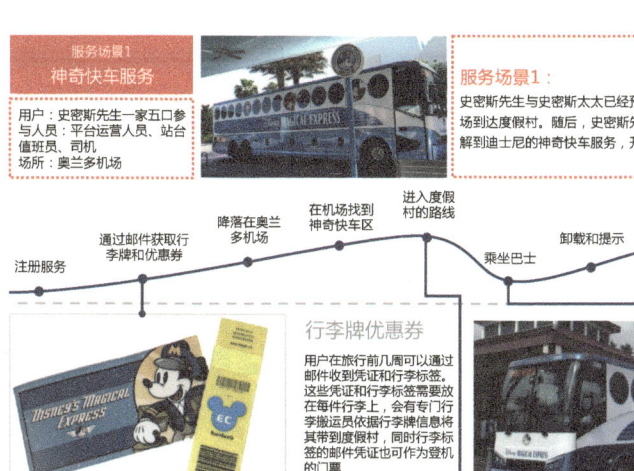

图 8-20　服务场景 1：神奇快车服务

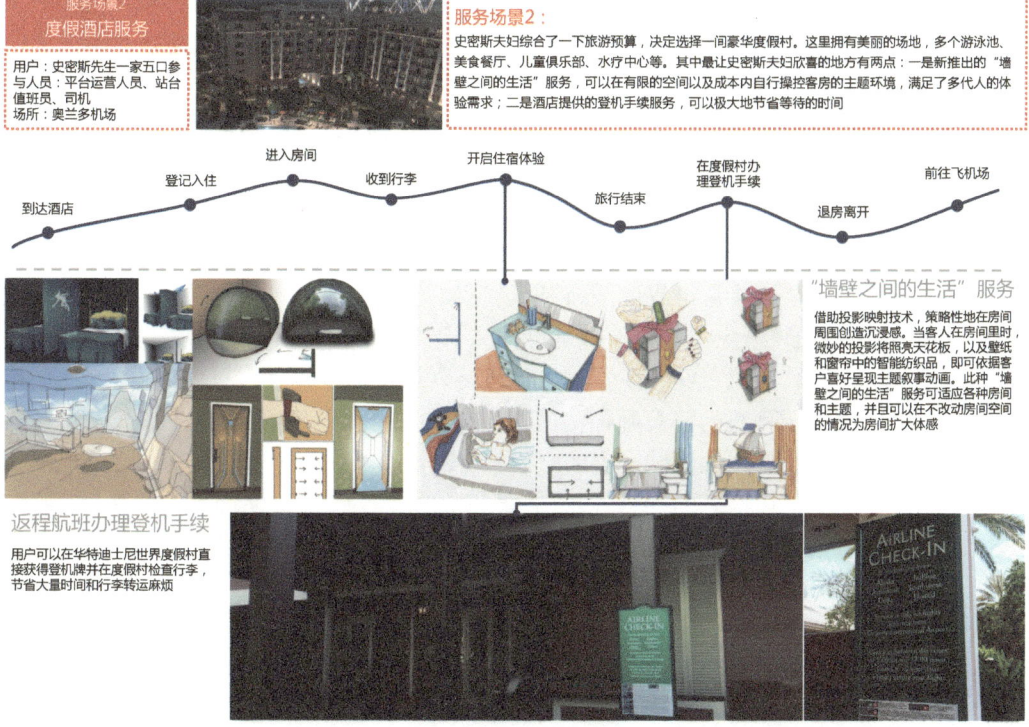

图 8-21　服务场景 2：度假酒店服务

8　服务设计案例研究之"游"

图8-22 服务场景3：度假玩乐服务

信息为用户提供个性化的服务，另一方面可以通过该系统收集游客的行为数据，包括其游乐和吃住体验。(2)全方位服务提供。"迪士尼世界度假村"充分考虑了用户关于整个迪士尼之旅的用户需求，不仅仅提供主题活动和陆上、水上乐园等娱乐设施，还配备了美食、购物、SPA等服务。

总体而言，在服务人员上，"迪士尼世界度假村"通过整合内外部服务团队资源，共同形成迪士尼主题式的旅游服务团队，为用户提供迪士尼主题的深度游体验。在服务场所上，"迪士尼世界度假村"通过技术的应用与发展，使得用户在度假村内同样可以获得迪士尼式的回忆和体验。在服务设施上，"迪士尼世界度假村"主要通过魔力手环与用户建立联系，对于用户而言，手环具备酒店房间钥匙、入场门票和信用卡等一体式功能；对于服务提供者而言，通过手环可以实时收集游客关于游乐和吃住体验的行为数据，从而提升用户在"迪士尼世界度假村"主题乐园的游玩体验。在服务信息上，"迪士尼世界度假村"通过"我的魔法"度假管理系统实时了解用户情况，使得迪士尼可以有效地减少人流拥堵情况，同时可以承接更多的用户并为其提供更好的主题体验。最终，"迪士尼世界度假村"实现了艺术创意与尖端科技的完美融合、"用户即魔法师"的独特服务体验，迪士尼主题式旅游服务团队协同合作的高质量、高水准服务品质，最终实现了"迪士尼给人类提供最好的娱乐方式"的服务价值。"迪士尼世界度假村"最大的服务特色正源于迪士尼公司的故事元素和对前沿科技永无止境的追求，旨在为用户创造难忘而又有意义的主题旅游体验。

第8章注释

① 案例研究：胡飞、晋漪萌、刘典财。

② 案例研究：胡飞、彭凌、李梦珂。
③ 该项目是香港萨凡纳艺术设计大学（SCAD）的 PionEarS 团队基于现有的"华特迪士尼世界度假村"服务，针对客房体验而提出的一个服务概念。参见设计师艾科（Echo）个人网站。
④ SPA 是指利用水资源结合沐浴、按摩、涂抹保养品和香熏来促进新陈代谢，满足人体视觉、味觉、触觉、嗅觉和思考达到一种身心畅快的享受。

第 8 章参考文献

[1] 厉新建.旅游体验研究：进展与思考[J].旅游学刊,2008(6):90-95.
[2] 魏小安.旅游业态创新与新商机[M].北京：中国旅游出版社,2009.

第 8 章图片来源

图 8-1 源自：设计信息门户(Dexigner)网站.
图 8-2 至图 8-4 源自：晋漪萌、刘典财绘制(照片源自谷歌图片网站).
图 8-5 源自：设计信息门户(Dexigner)网站.
图 8-6 至图 8-9 源自：晋漪萌、刘典财绘制.
图 8-10 至图 8-13 源自：设计信息门户(Dexigner)网站.
图 8-14 源自：晋漪萌、刘典财绘制.
图 8-15 至图 8-18 源自：彭凌、李梦珂绘制.
图 8-19 源自：彭凌、李梦河绘制(照片源自东京迪士尼度假区官方网站、上海迪士尼度假区官方网站、香港迪士尼度假区官方网站).
图 8-20 源自：彭凌、李梦珂绘制[照片源自 WDW 预备学校（WDW Prepschool）社交网络平台].
图 8-21 源自：彭凌、李梦珂绘制[照片源自华特迪士尼世界度假区网站；设计师（Echo）个人网站；WDW 预备学校（WDW Prepschool）社交网络平台].
图 8-22 源自：彭凌、李梦珂绘制[照片源自新传学院（微信）、华特迪士尼世界度假区网站].

附录

服务设计方法简介

01 CATWOE 分析

1) 方法简介[1]

CATWOE 分析(CATWOE Analysis)是一种通过列出简单的清单来激发对问题和解决方案思考的方法。CATWOE 分别指：客户(Customer)，即从系统中获得收益或损失的客户；行动者(Actor)，即可以在系统中行动的人；转换(Translation)，即系统将输入转换为输出的过程；世界观(World View)，即系统更广泛的背景或系统背后的价值观、道德规范；拥有者(Owners)，即拥有系统权力的人，如果他们愿意，甚至可以让它停止；环境(Environment)，即系统输出的约束和限制。这种方法主要用于"探索"和"开发"阶段。从 CATWOE 分析要素中可以构造出丰富的问题定义，这些定义可以在以后重新构造或缩短。

2) 方法步骤①

(1) 描述问题：以描述性说法定义待解决的事情。

(2) 头脑风暴：针对每一个 CATWOE 分析要素，提出与要解决的具体难题相关的问题。确保答案涵盖了所有可能受到问题影响的领域，并关注潜在的原因。

(3) 瞄准问题：针对 CATWOE 分析问题整理出解决方案，并寻找对正在调查的问题产生最大影响的潜在过程。

(4) 解决问题：在经过 CATWOE 分析后，会对需要处理问题的本质有更清晰的认识，并开始着手解决这些问题。

02 SWOT 分析

1) 方法简介[1]

SWOT 分析(SWOT Analysis)(或 SWOT 矩阵)是确定组织或服务的优势和劣势，并检查它所面临的机会和威胁的方法，主要用于"探索"阶段。SWOT 分析旨在明确企业或项目的目标，并确定有利于和不利于实现这些目标的内部和外部因素，使活动集中到优势和最大机会所在的领域②。

2) 方法步骤[2]

(1) 确定商业竞争环境的范围。

(2) 进行外部分析：可以运用 DEPEST 等分析清单来做一个全面的分析。

(3) 列出公司的优势和劣势清单，并对照竞争对手逐条评估。将精力主要集中在公司自身的竞争优势及核心竞争力上,不要太过于关注自身劣势。

(4) 将分析结果条理清晰地总结在 SWOT 分析表格中,并与团队成员和其他利益相关者交流分析成果。

03 参与式观察

1) 方法简介[3]

参与式观察(Participant Observation)是指研究人员沉浸在被研究者的生活中进行观察的方法,主要用于"探索"阶段。根据研究问题和背景,可能在被研究者的工作场所、家中开展,甚至在假期旅行的过程中跟踪被研究者。在参与式观察期间,不仅要观察人们正在做什么,更重要的是通过理解他们的肢体语言和手势来观察他们没有做什么。

2) 方法步骤[4]

(1) 定义具体的研究问题:思考研究目的(探索性研究或验证性研究),了解获取观察资料的用途(人物角色、旅程图、系统图等),以及可能需要的样本量。

(2) 确定调研对象:根据研究问题,定义选择合适调研对象的标准,考虑观察的对象、时间和地点。可使用抽样技术选择调研对象,并考虑通过内部专家或外部机构来招募调研对象。

(3) 计划和准备:计划如何接近、研究调研对象以及观察的时间;根据研究目的和内容撰写观察指南;还需考虑包括客户端或项目其他相关部门的研究人员;研究者除做现场笔记之外,必要时需准备签署同意记录观察结果的协议,以便拍摄录音、照片或视频。

(4) 进行观察:在参与式观察期间,尽可能少地影响调研对象,同时尽可能地接近,尽量平衡可能出现的效应。

(5) 后续行动:在观察结束后撰写简短摘要和关键洞察资料,并在团队中进行比较;跟踪所有文档(如通过检索现场笔记、清单、照片、音频和视频等)并突出重要的段落。

04 调查排练

1) 方法简介[5]

调查排练(Investigative Rehearsal)是一种通过反复排练来深入理解、探索行为和过程的戏剧方法,主要用于"探索"阶段。它以论坛剧场为基础,用一种结构化的、全方位的方式来阐明体验的情感方面,并揭示围绕物理空间、语言和语音语调的众多实用性。它能用于设计问题研究,还可用于构思、原型设计和测试。

2) 方法步骤

(1) 在开始之前,决定或反思目标、原型或研究问题。

(2) 创建安全空间,因为对于新的团队,需要一些时间来创建心理和物理设置。

(3) 找到一个起点,因为起点可以成为创造安全空间的一部分。

（4）根据团队的大小，将房间分成几个团队，每个团队有 4—7 人，都以一个故事或原型之旅开始。

（5）调查排练。首先是观察。让每个团队在几分钟内完成他们的场景，让大家了解会发生什么。其次是了解。让一个团队重新开始，并要求场外人员在发现任何有趣的事情时打电话"停止"排练。最后是改变和迭代。请团队再次播放这个场景，此次观众应该知道服务在哪些方面可能有所不同时叫"停止"。接着更改场景进行演示，查看效果后决定是否迭代。

（6）在排练过程中时刻把错误、见解、想法和问题列成一个简洁的清单，用以反思。

（7）当前场景完成后，切换到下一个团队或重新访问原始起点，并确定接下来要尝试的部分。

（8）记录并完成工作。记录排练中的最新版服务体验，确定关键错误、见解、想法和问题。根据新知识，就推进项目的潜在后续步骤达成一致。

05　动机矩阵

1）方法简介[3]

动机矩阵（Motivation Matrix）是一种用于理解系统中不同参与者之间联系的方法，主要用于"探索"和"开发"阶段。这种方法可以帮助服务设计者理清系统中不同参与者之间的联系。

2）方法步骤

（1）列出系统中所有的利益相关者；

（2）画出动机矩阵，横轴和纵轴都为利益相关者；

（3）在矩阵中列出各个利益相关者之间的联系（提供和反馈）。

06　服务广告

1）方法简介[5]

服务广告（Service Advertisement）是可以使团队（重新）专注于核心价值主张，并测试新产品的可取性和感知价值原型的工具，主要用于"探索"和"交付"阶段。最常采用的服务广告形式是广告海报，它也可以通过在线广告、网页、电视或视频广告等形式呈现。将服务广告开发为原型可以帮助团队快速搜索和获取设计概念中固有的潜在核心价值主张，也可以用来测试目标受众是否理解并重视创新。服务广告需要解释大量的事实和细节，让受众能够理解新服务或新产品是什么，但同时也需要传达足够多的情感，让受众也能够理解为什么他们应该关心该服务。服务广告还能够从研究对象那里得到有价值的反馈。

2）方法步骤

（1）选择受众：了解广告的目标受众角色，选择一个合适角色作为特定的用户类型。邀请合适的人（包括了解背景的人、没有先入之见的人、专家、团队的代表、提供服务的人、用户、管理人员等）与核心团队一起工作。

(2) 简要回顾范围、阐明原型问题并做简要反思；考虑是测试概念还是只测试一部分，还要考虑广告将在用户旅程的哪个步骤中发挥作用。

(3) 对潜在内容进行头脑风暴：如海报内容的情感和事实细节。

(4) 写下从观察中得到的个人关键经验，并与团队分享：查看所有数据并将其编入索引，突出重要的段落，尝试在数据中找到模式。

(5) 草拟广告：在图纸上绘制多个草图来表达服务，值得注意的是，广告需要快速且易于理解。

07 服务蓝图

1) 方法简介[6]

服务蓝图（Service Blueprint）是一种将服务流程进行可视化来改进现有流程以使其更加容易的方法，主要用于"探索"和"开发"阶段。服务蓝图可扩展性高、灵活性强，可根据需要提供尽可能多的细节、显示或复杂的步骤；可以识别互动减少阻隔、为实现运营目标创建可见的结构；它们的交叉功能同样可以促进客户、员工和管理层之间的沟通，从而增加公司了解客户和响应他们需求的机会，同时保持服务流程免受复杂和冗余的影响。

2) 方法步骤④

(1) 寻求支持：建立跨学科核心的团队并建立利益相关方支持。支持可以来自经理、高管或客户。

(2) 定义目标：定义范围并与蓝图计划的目标保持一致；确定方案及相应客户、确定蓝图的精确程度，以及将解决的直接业务目标。

(3) 收集研究：使用各种方法收集客户、员工和利益相关者的研究。

(4) 映射蓝图：使用此研究填写低保真蓝图。

(5) 优化和分发：添加其他内容并改进可以在客户和利益相关者之间的高保真蓝图；根据需要添加其他上下文详细信息进行优化，包括时间、指向、指标和法规。

08 服务证据

- 方法简介③

服务证据（Service Evidencing）是一种通过创建对象和图像，探索设计创新带给人的感受及工作方式的方法，主要用于"探索""开发""交付"阶段。它将设计师早期的想法作为未来的切实证据，使设计师能对他们所设想的设计方案做出定性判断。

09 故事板

1) 方法简介④

故事板（Storyboarding）是一种用视觉方式讲述故事或用于陈述设计在其

应用场景中的使用过程的方法,主要用于"探索"和"开发"阶段[2]。故事板是一种源自电影中的工具,通过一系列图片,以叙述的顺序组合在一起,显示了创建体验时每个触点的表现形式及其与用户之间的关系[5]。

2) 方法步骤

(1) 确定元素:创意想法、模拟使用场景以及一个用户角色。

(2) 选定故事和要表达的信息:想通过故事板简明扼要地传递一个清晰的信息。

(3) 绘制故事大纲草图:先确定时间轴,再添加其他细节,若需要强调某些重要信息,可采取变换图片尺寸、留白空间、构图框架或添加注释等方式实现。

(4) 绘制完整的故事板:使用简短的注释为图片信息做补充说明,不要平铺直叙,也不要一成不变地绘制每张故事图,表达要有层次。

10 活动网络

1) 方法简介[7]

活动网络(Activity Network)是一种梳理利益相关者的方法,主要用于"探索"和"开发"阶段。使用活动网络图便于梳理其相互关系,便于比较、处理大量的数据以揭示其相关规律,有助于研究者形成全局视野。

2) 方法步骤

(1) 列出活动的结构清单:列出需要进行比较和整合的人群活动清单。

(2) 确定活动之间的关系:最常用的关系是相似性,即活动之间的相似程度。

(3) 确定标准以衡量要素间的相互关系:根据对应得分为矩阵单元格涂色、予以标记。

(4) 创建对称矩阵:利用正方形对称矩阵创建数据表。

(5) 为所有关系打分:在每个单元格中输入关系分值。

(6) 整理矩阵:调整矩阵中的行和列,把分值近似的行或列放到相邻位置。

(7) 定义并命名群组:为所有群组加上适当的标记。

(8) 构建活动网络图:用各节点代表所定义活动的群组。用直线连接相关节点,使连线最短、交叉最少。

(9) 捕捉、洞察并构建框架:根据矩阵与网络所表现的分组规律捕捉、洞察。

(10) 分享并讨论、洞察:首先对研究成果进行总结,并与团队成员以及其他利益相关者共享。其次讨论所形成的框架,并利用反馈信息对分析做出修改。最后记录该过程以及所得结果。

11 焦点小组

1) 方法简介[3]

焦点小组(Focus Groups)是一种经典的定性访谈方法,由研究人员邀请一组人并询问他们关于具体产品、服务、概念、难点、原型、广告等的问题,主要用于"探索"阶段。通过焦点小组,研究人员可以了解受访者对特定主题的看法、观点、态度,促进群体创造力的产生。如果参与者的筛选适当、主持人的经验丰富,参与者可以快速与他人结成伙伴。在这种环境当中,不会担心被人议论评价,参与者更愿意分享经验、故事、记忆、看法、欲望和梦想。组织得当的焦点小组可以充分利用彼此间不具威胁的团体动力,总结以往经验,从而确定对小组来说具有价值的重要信息[8]。

2)方法步骤

(1)列出一组需要讨论的问题(即讨论指南),包括抽象话题和具体提问;

(2)模拟一次焦点小组讨论,测试并改进步骤(1)中制订的讨论指南;

(3)在目标用户群中筛选并邀请参与者;

(4)进行焦点小组讨论,每次讨论1.5—2小时,通常情况下需对过程录像以便于之后的记录与分析;

(5)分析并汇报焦点小组所得到的发现,展示得出的重要观点,并呈现与每个具体话题相关的信息。

12 角色图

1)方法简介③

角色图(Actors Map)是一种反映行动者系统及其相互关系的工具,它通过特定的视角对服务过程进行观察,并以此为中心进行完整的描述,主要用于"探索"和"开发"阶段。例如,如果所选的对象是用户,呈现的内容则是与用户相关联的参与者以及他们之间的关系。

2)方法步骤⑤

(1)安排一个房间,集中精力工作几个小时;

(2)在一张大纸上列出核心利益相关者;

(3)列出利益相关者的子分组;

(4)将利益相关者彼此联系起来,并描述他们彼此之间的关系;

(5)写下利益相关者之间关系的具体细节,包括沟通的方式、地点和原因;

(6)记录最终结果。

13 可用性测试

1)方法简介[8]

可用性测试(Usability Testing)是一种允许研究小组在用户执行某个(或某些)任务的时候,利用应用程序观察用户体验过程的评估方法,主要用于"探索"阶段。该方法旨在帮助设计小组发现界面的哪些方面最会使用户感到沮丧或困惑,并按照问题的严重性排序。逐个修正后,重新测试。可用性测试重点关注用户及其完成的任务,并希望通过经验、证据提高界面的可用性。

2) 方法步骤

(1) 确定要测试的产品；

(2) 选择学习任务；

(3) 设定成功标准；

(4) 撰写学习计划和脚本；

(5) 委派角色；

(6) 找到参与者；

(7) 进行研究；

(8) 分析数据；

(9) 报告发现。

14　客户旅程图

1) 方法简介[9]

客户旅程图（Customer Journey Maps）是指通过表示用户与服务交互的不同触点来描述用户旅程的方法，主要用于"探索"和"开发"阶段。此方法能帮助设计师避免设计孤立的触点或产品特征，还可以辅助设计师思考复杂的客户体验，开发出符合客户体验规律且对客户和开发商皆有价值的产品和服务[2]。

2) 方法步骤

(1) 选择目标客户及其理由：尽可能详细、准确地描述该客户，并备注如何得到这些信息（例如通过定性研究得出）。

(2) 在横轴上标注客户使用该产品的所有过程：切记要从客户的角度来标记这些活动，而不是从产品的功能或触点的角度。

(3) 在纵轴上罗列出各种问题：客户的目标、工作背景、从客户的角度评判功能的优劣，以及使用产品或服务过程中客户的情绪变化。

(4) 添加对项目有用的任何问题：例如，客户会接触到的产品"触点"、客户会打交道的人员、客户会用到的相关设施。

(5) 运用跨界整合知识来回答每个阶段所面临的具体问题。

15　客户生命周期图

- 方法简介[9]

客户生命周期图（Customer Lifecycle Maps）是一种能呈现出客户与服务提供者整体关系的方法。其中包含随时间推移的一系列的客户旅程，从第一次接触服务一直到最终停止选择使用这项服务的全部过程。这种方法主要用于"探索"和"开发"阶段。它能够了解客户使用旅程的全貌，让企业可以创造更多完整、稳定的业务关系，同时建立更多更有效的市场策略，并帮助企业为客户提供更完整的服务。

16 利益相关者图

1) 方法简介[9]

利益相关者图(Stakeholder Maps)说明了特定服务中所涉及的各种利益相关者,可用于了解哪些参与者以及这些人与组织之间的相互联系。这种方法主要用于"探索"和"开发"阶段。利益相关者图可以在规划、界定范畴和定义阶段确定关键人物,并直接影响设计结果。在整个项目开发过程中,其可以引导设计小组与利益相关者适当沟通。

2) 方法步骤[8]

(1) 小组成员根据推测绘制初稿:应集思广益,将所有与设计项目存在相关利益的人物信息汇集起来,重点在于全面涵盖所有相关人物。除了确定最终用户,还需要涵盖从中受益的人、拥有权力的人、可能受到不利影响的人,甚至可能阻挠或破坏设计成果或服务的人。

(2) 利益相关者可以包括普通人物、特殊人物或者真实人物:最初的分析过程比较简单,把人物角色贴在白板、卡片、便签、纸片上面,合并成名单或草图即可。然后将这些组织成结构清晰的地图,并确定可能的层次关系以及角色和人物之间的主要关系。

(3) 调整与改进:当明确和界定实际人物以及他们的工作流程和关系之后,不断地改进之前推测的分析图。最终呈现一幅全面的分析图。

17 绿野仙踪

- 方法简介③

绿野仙踪(Wizard of Oz)是一种研究者在隐蔽状态下通过观察潜在用户与对象的交互行为,来测试产品或服务的方法,主要用于"探索"和"开发"阶段。它适合在投入复杂的工作原型前使用,可以有效地测试用户反应。

18 排练数字服务

- 方法简介[5]

排练数字服务(Rehearsing Digital Services)是调查性排练的一种变体,有助于原型化数字接口,就像它们是人类的对话或交互一样。这种方法主要用于"探索"阶段。在调查预演中,真人演员将替换应用程序或网页。它还可以在创建任何线框图或纸张原型之前使用。

19 期望地图

1) 方法简介⑥

期望地图(Expection Maps)用于分析用户与产品或服务互动时所期望的

信息,并描绘出重要服务在消费者观点中的形象的方法,主要用于"探索"阶段。期望地图可以从消费者在各个服务触点的期望中建构起来。聚焦于服务特定面向的期望地图,有助于找出并检视消费者遇到的问题。必须在消费者进行服务互动时制作期望地图,才能调查并整理出消费者真正的期望。

2) 方法步骤

(1) 映射整个服务流程:通过检查用户在服务过程中按时间顺序排列的步骤来执行此操作,从而了解项目研究目标及预期答案。

(2) 关注服务的关键时刻:一旦找到了某些瓶颈,可以思考要提出的问题。

(3) 收集受访者表达感受的图像、标记等:在确保不会影响受访者的前提下指导他们。

(4) 执行会话:首先开始试点测试,试点测试可以帮助识别研究过程中的潜在瓶颈。

(5) 为(未来的)受访者写清说明。

(6) 处理期望文件夹中的数据:逐步说明发生的情况与用户感受。

20 潜台词

1) 方法简介[5]

潜台词(Subtext)源自戏剧学术语,主要通过排练发现未说出的想法,揭示角色深层次的动机和需求,主要用于"探索"阶段。潜台词可以丰富排练,给人更深刻的洞察力和灵感。这个术语在戏剧中具有相互联系的意义,但我们可以将它视为角色未说出口的想法,这可能是他的行为所暗示的。将潜台词纳入调查排练可以揭示更深层次的动机,帮助理解用户需求,并阐明许多创造价值的新机会。

2) 方法步骤⑦

(1) 介绍潜台词:选择一个想要更加深入了解的关键场景排练会话,在潜台词活动之前,确保每个人至少对场景有基本了解。

(2) 在服务场景中添加潜台词演员:在排练中添加新的演员,让他们说出场景中的心里话。每个角色都有一个潜台词演员,他们可以坐在后台,也可以待在场景里,把手搭在角色肩膀上。这是一种"我不在这里,我是无形的"视觉速记方法,有助于每一对参与者的协调性。

(3) 潜台词:角色演员像平常一样演这个场景,或者可能会慢一点。潜台词演员会在任何时候直观地说出他们对角色的想法,尽可能使用"我"的语句。为了能够跟随动作,可以只从一两个角色的潜台词开始,然后把注意力转移到其他角色身上。通常有趣的是,如果潜台词演员和角色演员事先没有讨论这个问题,有时角色演员会对潜台词感到惊讶,这可以揭示出一些问题。

(4) 迭代:运行场景几次,对潜台词进行修改。考虑角色演员的建议,并记录下主要观点、想法、错误和问题,再回到排练环节。

21 人物画像

1)方法简介③

人物画像(Character Profile)是在团队内部使用,用来创建关于服务用户共享知识的工具。为了建立用户画像,需要识别一些重要的虚拟角色,然后收集图像并为每个角色提供文本描述。这种方法主要用于"探索"阶段。人物画像可以清晰地描述用户,这些用户是设计活动的中心。

2)方法步骤

(1)构建角色的基本信息,包括角色的外表、角色的偏好、角色的说话方式、角色的生活方式、角色的人物关系网;

(2)用文本或图片的方式来描述这些信息;

(3)整合信息,形成一个较为完整的人物画像。

22 任务分析网格

1)方法简介⑧

任务分析网格(Task Analysis Grid)是标准需求文档的一个替代方案,目的是在同一页面上以独特的示意图说明项目的整个范围、第一个和未来版本的所有特性。每一列都以一个场景开始,描述一个任务,然后是完成任务所需的所有子任务,用颜色对子任务进行编码并按优先级排列。为了完成整个描述,每个任务都会突出影响者和痛点。这个方法主要用于"探索"阶段。在服务设计中,我们需要充分了解客户的行为、经验和痛点,以便在服务设计过程中应对这些挑战。当某些工具可以实现这一目标时,例如客户旅程图,它会关注客户体验,而不是与之相关的任务,以及如何以优先级子任务的形式与所有利益相关者沟通这些任务,使用任务分析网格可以解决这些问题。

2)方法步骤

(1)定义角色和问题;

(2)定义客户完成服务的子任务;

(3)描述与子任务相关的场景;

(4)考虑客户解决问题的想法;

(5)基于子任务检测痛点;

(6)基于上述步骤完成任务分析网格,直到定义所有功能并确定其优先级,然后将其分配给团队成员。

23 商业模式画布

1)方法简介[9]

商业模式画布(Business Model Canvas)是描述、分析、设计商业模式的一种方法。这种方法是迭代的,几乎可以用于任何领域,并使服务提供者受益。

它主要用于"探索"和"开发"阶段。商业模式画布主要分为九个部分,每个部分代表一个成功的商业"块",小组成员通过共同填写或使用便利贴勾画该表来构建业务模型。它有助于各个部门聚焦服务,明确组织的核心目标,找出强项、弱点以及首要任务,并为新市场和新商业模式提供创意,从而创建更加清晰的内容。

2) 方法步骤

(1) 审查范围并澄清原型问题:简要总结范围,包括价值主张、客户细分、客户关系、关键业务、核心资源、成本结构、收入来源等。

(2) 邀请对象:邀请合适的人员到核心团队旁边进行练习,包括了解背景的人士、专家以及实施团队、提供服务的人员、用户、控制人员、管理人员等。

(3) 准备商业模式画布模板以及其他服务设计工具。

24　社会网络图

1) 方法简介[1]

社会网络图(Social Network Map)是一种用于确定、理解个人与群体之间社交互动性质的方法,主要用于"探索"和"开发"阶段。该方法有助于确定哪些人对另一个人或群体具有何种程度的影响力。这些网络有助于理解社会系统、服务来源和需求,它还有助于解释专业和社交生活如何相互联系。

2) 方法步骤①

(1) 收集数据:可以通过调查收集数据,从现有数据源中提取数据,或者从自己的个人知识中填充数据。

(2) 使用数据:使用不同连接类型来区分人与人之间的关系。使用不同元素类型过滤多余的元素;使用聚类将信息转化为动态网络。

(3) 使用度量标准分析网络:如利用社交网络分析指标,判断哪些人在网络中扮演重要的角色。

(4) 帮助他人了解映射:通过梳理布局、装饰、分享等方式完成任务。

25　特征树

1) 方法简介[1]

特征树(Feature Tree)是一种层次图,它能通过很多细节层次直观描述解决方案的特征,并通过获取不同的想法以实现分支的目标。从不同的角度来看,这个特征有不同的定义,一般而言,特征树中的功能包括功能性功能(硬件或软件)、非功能性功能(性能或其他标准)以及性能参数。特征树是总结方案中所包含的功能、定义项目工作范围、如何以简单可视化的方式关联彼此的好方法。这种方法主要用于"探索"和"开发"阶段。它可以用来梳理单个解决方案或产品的整个功能、定义产品线中所包含的不同功能,还可以用来发现未被注意到的需求。

2) 方法步骤

（1）确定要用于创建特征树的视觉模型。

（2）在要构建的解决方案或产品之后，为中心点命名（鱼骨图中的后骨，思维导图中的中心概念或组织结构图类型结构中的顶部元素）。

（3）从中心点开始，为解决方案所具有的主要功能组创建分支。例如，如果解决方案是购物网站，则可能是注册、账户管理、产品搜索、产品展示和订购的主要功能集。

（4）为每个主要分支区域内的主要特征（或特征替代）创建子分支。例如，在账户管理中，可能存在更新送货地址、更新电子邮件地址、更新电子邮件首选项、更新付款信息以及与账户管理相关的类似功能子分支。

（5）细分子分支。一般而言，分支级别取决于解决方案的复杂程度，一般不超过三个级别。如果是特别复杂的产品线，可以进一步细化，并重复步骤（4），直到有一个令人满意的结果。

（6）与利益相关者共同审查结果图，确保他们同意获取包括可替代性以及依赖性的所有功能。并与大量潜在用户共享，以便通过电子邮件或其他一些不需要大量交互的方法获得反馈。

26　提供—活动—文化地图

1) 方法简介[7]

提供—活动—文化地图（Offering-Activity-Culture Map）是一种通过改变产品、活动和文化上的关注点来探索创新机会的方法，主要用于"探索"阶段。提供—活动—文化地图使用三种方式来审视创新机会：(1)具有特定功能和特征的产品或服务；(2)人们对这些产品所做的活动；(3)人们使用产品或服务的"文化背景"。此外，这种方法可以帮助我们思考：不仅仅是改进产品的功能，而且是一种与人们联系的东西——他们做了什么以及他们如何生活。通过将思维从产品扩展到活动再到文化背景，它在项目开始时就打开了机会空间。

2) 方法步骤

（1）描述产品及其属性：制作一个图表，在中心圆圈中显示产品，并描述其功能、特征和其他属性。

（2）描述与产品相关的活动：在图中提供的圈子中，描述由个人和社会规范驱动的人类活动。如果提供的是一本书，那么边读书边写笔记就是由个人规范驱动活动的一个例子，而由社会规范驱动的活动将是"作为一个小组讨论书的内容"或"把书作为礼物送人"。

（3）描述文化背景：描述影响图表外圈人们活动的文化因素，例如不同群体如何以不同方式使用产品或服务，此次研发的共同信念、公认的规范、习俗和实践、流行的文化趋势以及产品具有的意义和价值等。

（4）讨论并推测创新机会：使用此图讨论团队对提供、活动和文化背景的总体想法，并思考如何将这些想法转化为项目的创新机会。

27 投射法

1) 方法简介[9]

投射法(Shadowing)是研究人员融入消费者、第一线员工或幕后工作人员的生活中,以观察他们的各种行为和经验的方法,主要用于"探索"阶段。研究人员可以在观察过程中发现可能发生的问题,通过第一手资料的观察,完整地把问题记录下来。投射法用于了解个人的行为、意见和驱动因素,以及了解一个人在组织中的角色和路径或与给定环境中的其他对象或人员的交互。另外,它还可以用于组织变更评估、产品营销定位、体验和服务设计。

2) 方法步骤⑩

(1) 选择合适的研究群体:找到合适的研究场所和该场所内的相应人员。同时对所涉及的角色、语言、术语和手头问题进行初步研究。

(2) 获取安全访问的权限:在投射过程中,需要与第三方联系以获得适当的权限,权限必须尽可能不受限制。

(3) 发展信任:投射的目标是获得内部人士的地位。在获取权限后,研究人员必须与参与者建立良好的关系。如果参与者感觉不舒服,可能会遗漏重要信息,因此,研究人员必须在投射期间不断地维系关系。

(4) 投射:研究人员在一段时间内紧密跟随一个人,同时做好记录。研究人员需要经常询问问题,以提示参与者对其行为和选择进行评论。

(5) 记录:研究人员记录并编辑投射期的现场笔记,并添加汇报笔记以保持更新。如果投射时间持续多天,则必须在每次投射后进行汇报。

(6) 分析:研究人员分析在投射期间所累积的大量数据,可以用故事板、叙事和用户角色等方法将数据汇总和呈现。

28 文化探测

1) 方法简介[10]

文化探测(Cultural Probes)是一种极富启发性的设计方法,它能根据目标用户自行记录的材料来了解用户,主要用于"探索"阶段。研究者向用户提供一个包含各种探析工具的包裹,帮助用户记录日常生活中产品和服务的使用体验。文化探测法能帮助设计师代入难以直接观察的使用环境,并捕捉目标用户真实"可触"的生活场景。由于所收集到的资料无法预料,因此设计师在此过程中能始终充满好奇心。设计师从用户的文化情境中寻找新的见解,感受用户自身记录文件所带来的惊喜与启发。运用这种方法所得到的结果有助于设计团队保持开放的思想,从用户记录信息中找到灵感。

2) 方法步骤

(1) 在团队内组织一次创意会议,讨论并制订研究目标。

(2) 设计、制作探测工具。

(3) 寻找一个目标用户,测试探测工具并及时调整。

(4) 将文化探测工具包发送至选定的目标用户手中,并清楚地解释设计期望。该工具包由用户独立使用,其间设计师与用户无直接接触。因此,所有的作业和材料必须具有启发性且能吸引用户独立完成。

(5) 如果条件允许,提醒参与者及时送回材料或者亲自收集材料。

(6) 在后续讨论会议中与设计团队一同研究所得结果,例如,创意启发式工作坊、参考脉络化映射等。

29 无焦点小组

1) 方法简介[1]

无焦点小组(Unfocus Group)是以特殊的方式采访与主题相关的各类人群的方法。主题专家和不了解该主题的人们一起集思广益,讨论想法和提出解决方案。这种方法主要用于"探索"阶段。由于这种团体是混合的,并且在针对该类主题中,每个人都具有不同的经验,所以结果和想法通常都是开放的、独特的,并且具有新的视角。在服务设计中,它有助于为新服务提出创新想法或改进现有服务,并可以在各种情况下使用,例如,如果有半成品并且对成品的形成方式还没有明确的想法,可以进行无焦点小组会议,以探索更多可能的表现形式⑪。

2) 方法步骤⑫

(1) 识别:识别可以为项目提供独特视角的观察者;选择无焦点小组成员进行项目草案分享。

(2) 观察:完成无焦点小组成员的项目草案分享后,观察无焦点小组成员的反应。

(3) 访谈:对小组成员进行体验访谈,采集他们的反馈和建议。

30 五个为什么

• 方法简介[9]

"五个为什么"(Five-whys)是一种利用迭代疑问技巧来探索特定问题背后因果关系的设计方法⑬,针对特定的行为或意见做不断深入的研究,借由前一个问题的回答,诱发下一个新的问题。这种方法主要用于"探索"阶段。"五个为什么"可以应用于挖掘外在用户体验背后的问题,以了解用户真正的动机与产生动机的根本原因,有助于快速了解复杂的问题进而进行更加深入的探究。

31 系统图

1) 方法简介[5]

系统图(System Map)是系统主要组成部分的可视化或物理表示,包含组织、服务或数字/物理产品。系统图作为物理模型,通常以可视化的方式呈现,一般是在特定的时间点内采用特定的图表表示。这种方法主要运用于"探索"

和"开发"阶段。它代表了在产品服务系统的生产、交付和使用中所涉及的不同利益相关者,以及连接不同伙伴的物质流、信息流和资金流。系统图有助于了解服务系统的组成和组织,可以可视化主要合作伙伴组织和最终用户之间的主要交互和流程。因此,在服务设计过程的初始阶段,它有助于评估服务的可行性。

2) 方法步骤

(1) 筹划:确定所要邀请的研讨会参与人员,并描述研讨会的目的,为研讨会设定目标。

(2) 分组:描述研讨会的目标和议程,并进行一轮介绍。在热身之后,将参与者分成3—5人的小组。

(3) 创建初始利益相关者图:创建系统图的第一个版本,主持人应检查所有团队是否有共同关注点,并遵循相同的指示。

(4) 呈现和比较:让每个组展示他们的系统图,并将不同的版本互相呈现出来,与整个团队进行比较。

(5) 讨论和合并:给参与者一些思考的时间,讨论系统图之间的异同;让他们选择一张最合适的图,但是要对不同的观点和见解做笔记以备用;将不同的系统图合并到一个大多数参与者都能同意的系统图中。

(6) 跟踪:安排全部或部分参与者进行后续访谈或进一步的研讨。

32 用户日记

- 方法简介[11]

用户日记(User Diary)是一种用来自我报告和洞察行为模式的设计工具,旨在通过传统的日记、笔记本和相机,获取人们在特定情境或日常生活中的主观体验。这种方法主要用于"探索"阶段。它有助于人们理解自己行为的结构和意义,并探索在研究人员面前可能被忽视的情感问题。在服务设计中,用户日记可以帮助理解新服务是否可以覆盖未满足的需求领域,或者获取服务交互对一个人生活、情感的影响,有助于产生创新。

33 章鱼聚类

- 方法简介[5]

章鱼聚类(Octopus clustering)是一种快速的分组方法,用于对想法和信息进行分类和聚类,主要用于"探索"阶段。这种方法能让每个人都很好地了解他人的想法,并鼓励团队成员之间共享想法。这种新的集合方式可以帮助团队加深对对象的理解,为下一步提出不同的方向。

34 服务规范

- 方法简介③

服务规范(Service Specification)是在设计过程中形成书面文件的工具,详细地描述了项目目标和服务观念形成的步骤。这种方法主要用于"定义"阶段。服务规范帮助团队分享他们工作中所遵循的设计原则,用于确定和指导操作员培养适当的行为。

35 亲和图

1) 方法简介[8]

亲和图(Affinity Diagram)是一种可以有效收集并形象展示观察结果和观点、为设计小组提供参考数据的设计方法,主要用于"定义"阶段。亲和图的测试方式属于归纳性行为,即这项工作不是根据预定义的类别分组记录,而是"从下至上"。首先收集具体的微小细节,分成几组,再总结出普遍的、重要的主题。

2) 方法步骤

(1) 脉络化访查亲和图:如果研究人员可以在4—6个不同的工作地点采访到典型的工作相关人员,就有足够的代表性数据,可以完成一个亲和图。在组合亲和图之前,对每个采访对象平均记录50—100条的观察结果,每一个观察结果都用一张便笺纸记录下来(以免以后会问到相关的问题,并确保便笺纸上标明采访记录的出处)。然后,在墙上贴几张大尺寸的纸(如果有必要的话,还可以移动亲和图),把便笺纸贴在上面,设计小组开始仔细解读便笺纸上面的内容,考虑每一张信息的深刻含义。把反映出相似意图、难题、问题,或者反映出亲密关系的记录聚集在一起,这样我们就可以了解其中的人物、他们的任务和问题的本质。

(2) 可用性测试亲和图:在可用性测试环节开始前,研究小组先确定代表各个参与者的便笺纸的颜色。在可用性测试进行的过程当中,小组成员(包括利益相关者、开发人员、设计人员和其他研究人员)在观察室内观察评价。参与者讨论任务时,小组成员可以在便笺纸上记录具体的观察内容和谈话内容,然后把它们张贴在墙上或白板上。通过多次可用性测试,关于界面的常见问题和难题就会浮出水面。如果存在可用性问题的类别会出现许多不同颜色的便笺纸,这就说明是常见的问题。然后确定需要修改的界面及其优先顺序。无论涉及设计的哪个方面都应该首先修改并重新测试出现问题最多的地方。

36 缺口分析

1) 方法简介[1]

缺口分析(Gap Analysis)是确定服务交付中的差距、低效率、不一致、差异以及其他弱点的分析方法,主要用于"定义"阶段。客户对不同服务的要求或高或低,了解这一点可以在客户预期要求最高的区域投入资源。缺口分析法还可以将某些法规所要求的内容与当前为遵守这些法规所做的工作进行比较[13]。

2) 方法步骤

(1) 通过查看公司的使命陈述、战略目标和改进目的来制订具体的目标。

(2) 通过收集有关业绩水平以及如何将资源分配给这些流程的相关数据来分析当前业务流程,例如查看文档、进行访谈、头脑风暴和观察项目活动等。

(3) 在公司将其目标与其当前状态进行比较之后,可以制订一个全面的计划,概述采取哪些具体步骤来填补其当前和未来状态之间的差距,以实现其目标。

37　戏剧性弧线构思旅程

1) 方法简介[5]

戏剧性弧线构思旅程(Journey Ideation with Dramatic Arcs)是在旅程图中引入了戏剧性的弧线,可以为观念的形成提供全新的发展方向,并帮助研究者集中精力。这种方法主要用于"定义"阶段。

2) 方法步骤

(1) 以视觉化的方式呈现体验:例如构造一张旅程图。

(2) 旅程图中的每一步都要考虑客户的参与度:首先观察客户的参与状态,并思考客户在该步骤中的体验。随后在图上叠加的透视图层中标记客户在每个步骤中的参与度,从1级(低参与度)到5级(高参与度)。

(3) 分析图的弧形形状和节奏:判断参与度是否已经突破极限或者频繁地出现在某一个步骤当中?以他早期的期望值是否得到了满足?低参与度或高参与度的时期是否过长?这些变化都必须明显标注,或者更直接地标出其中一个不太引人注目的步骤,以增加客户的参与度和强调该步骤的价值所在。

(4) 将戏剧性的弧线与情绪曲线进行比较:若情感旅程中的低点与戏剧性弧线的高点相吻合,这是用户体验不好的时间点,这些时刻需要着重关注。

(5) 将研究者的想法集中在体验弧线上。

38　触点矩阵

1) 方法简介③

触点矩阵(Touchpoints Matrix)是将客户旅程地图与系统图的某些功能进行融合,并基于人物角色使用的工具探索系统发展机会的方法,主要用于"开发"阶段。触点矩阵提供了一个可视化框架,使设计人员能够"连接用户体验的点",以便查看与特定产品服务系统交互的不同配置、接口、脉络和结果。

2) 方法步骤

(1) 找出使用者在整个系统的行为或情感活动趋向,形成序列;

(2) 找出使用者在系统中整个活动的所有触点并做分类,形成序列,即把触点和行为活动趋向形成矩阵;

(3) 把触点序列与行为序列进行匹配;

(4) 将矩阵点连接起来,在不同的语境中为每个角色勾勒出不同的用户体验配置。

39 概念联系图

1) 方法简介[7]

概念联系图(Concept-linking Map)是将互补性概念建立联系并合成概念系统或设计方案的设计方法,主要用于"开发"阶段。概念联系图有助于企业平衡用户需求和商业需求,同时从更高等级的系统建立可选项来提高方案的效率。

2) 方法步骤

(1) 为概念中的用户价值和供应商进行价值评分:首先,以用户研究和环境研究的结果为基础,确定概念应满足的一组重要的用户价值标准和供应商价值标准;其次,创建数据表,在第一列列出概念,在其右侧列出用户价值标准和供应商价值标准,并构成两个独立的区域;再次,为每个用户价值标准区和供应商价值标准区各添加一个总价值列;最后,根据所有标准为每个概念评分,并填入价值总分。

(2) 将概念绘制到图中:创建示意图,以用户价值和供应商价值作为横轴和纵轴。根据概念用户价值总分和供应商价值总分将各概念置于图中。

(3) 观察图中规律,比较概念的相对位置:为方便观察,画一条对角线,连接两轴的端点。该对角线将示意图分割成两个三角区域。高用户价值、高供应商价值区域中的概念具有较高优先等级。

(4) 将概念合并成设计方案:合并时从高价值概念开始。选取每个概念,考虑是否可以与其他互补性概念合并。同时考虑图中低价值区域中的概念,因为这些概念和其他概念合并后,价值可能会增加。

(5) 撰写设计方案说明,共享并讨论:给出简短的书面说明,解释不同概念如何一起作用形成独特的设计方案。将设计方案作为主题,用一个简短的表述性标题予以概括。讨论如何进一步探索,如何改进或拓展设计方案,以及选用设计方案时原型测试是否会有助于做出决定。

40 基于场景的设计

- 方法简介[12]

基于场景的设计(Scenario-based Design)是通过展现人们在特定情况和环境中的活动的故事,从而将主要的服务概念以可视化的方式展现给客户。这种方法可用于"开发"和"交付"阶段。基于场景的设计旨在预测人们在特定情况下的行为方式,对使用环境和预期用户没有严格定义,是一种灵活且经济高效的方法,非常适合设计新产品概念、识别潜在用户和服务环境。

41 乐高深度游戏

- 方法简介③

乐高深度游戏(Lego Serious Play)是一种强调"动手思考"的创意启发的

方法。这种方法主要用于"开发"和"交付"阶段。乐高深度游戏旨在通过乐高积木组合过程建设立体场景、角色等，以大量的视觉隐喻、互相沟通的愿景和挑战，来启发和培养创造力、产生创新的解决方案[13]。它是一个创新的、体验的过程，该过程基于普通乐高，在团队内部构思和分享观点。这种实践性的、思维式的学习可以加强研究者对世界和可能性有更深刻、更有意义的理解。

42　情绪板

1) 方法简介③

情绪板（Moodboard）是图片和材料的视觉组合，通过给人一种一般感知来营造氛围。这种方法主要用于"开发"阶段。它根据产品属性和特征寻找大量视觉图片，包括色彩、肌理、风格、形状等，或目标用户进行挑选，以此作为设计方向或设计形式的参考。通常用配色方案、视觉风格、质感材质为视觉设计提供灵感。情绪板有助于了解用户对视觉风格的期望和需求，判断现有产品视觉风格是否符合用户的喜好或期望。

2) 方法步骤[14]

（1）综合用户研究、品牌营销策略、内部讨论等方式，明确体验关键词；

（2）设计师或相关利益者参与素材收集工作；

（3）招募用户，要求用户挑选符合个人理解的相关素材图片，配合定性的访谈，分析用户选择图片的原因，挖掘更多背后的故事和细节；

（4）将素材图片按照关键词聚类，提取色彩、配色方案、肌理材质等特征，作为最后视觉风格的产出物。

43　纸质原型

1) 方法简介[5]

纸质原型（Paper Prototyping）是一种通过手绘的方式在纸上呈现数字界面，让用户快速测试界面的方法。用户可以通过手指"点击"来表明他们想要做什么以及如何使用界面，研究人员只需更换屏幕页面或在较小的纸张上添加"弹出窗口"即可模拟计算机的操作。这种方法主要用于"开发"和"交付"阶段。纸质原型具有可塑性，可以快速修改和重建，帮助设计师探索更多想法并否定不靠谱的想法。当通过纸质原型确定了大致的方案时，也可以同时确定产品的框架、主要流程、基本信息和功能等。

2) 方法步骤

（1）选择一个角色或用户类型；

（2）审视范围并测试问题；

（3）快速绘制必要的步骤；

（4）分配角色并为角色做准备；

44 桌面演练

1) 方法简介[5]

桌面演练(Desktop Walkthrough)是运用小型 3D 立体模型建立起服务场景,帮助设计者呈现服务环境,建立新服务的工具。这种方法主要用于"开发"和"交付"阶段。桌面演练可用于针对特定场景的反复分析,在同样的场景下可以进行无数次的演练,也可以在演练过程中的某些环节加入新的想法,为各种不同的参与者建立起沟通桥梁。

2) 方法步骤

(1) 检查范围和理清原型的问题;
(2) 准备工作区和材料;
(3) 开始头脑风暴初步征程;
(4) 创建地图和平台;
(5) 创建角色、规则和道具;
(6) 激活角色,即在演练期间指派人员跟踪角色的错误行为与问题,并提出相应的见解。

45 服务演出

- 方法简介[9]

服务演出(Service Staging)是由设计团队、员工、客户共同参与,以类似戏剧排练的方式进行各种场景的实体演练的方法。这种方法主要用于"交付"阶段。服务演出能让团队成员关注内在的细节以及身体语言。

46 服务原型

- 方法简介[9]

服务原型(Service Prototype)是在服务真实存在的地点和情景,通过观察用户与服务原型的交互过程来测试服务的工具。这种方法主要用于"交付"阶段。服务原型可以用来测试某些外部因素在服务交付期间产生干扰时会发生的情况。

47 讲故事

- 方法简介[12]

讲故事(Storytelling)是一种有助于促进服务周围的协作、便于探索和传达服务、为使用者提供价值的方法,主要用于"交付"阶段。它通过故事解释想法、产品、服务和机会,抓住新技术使用的现实场景的细节、协助确定哪些功能是有用的和应该展示的,以及与其他工具、人和信息集成的重要性,从多方面对设计流程进行优化。

48　角色扮演

1) 方法简介[8]

角色扮演(Role Playing)是指团队的每个成员在概念领域扮演不同的利益相关者角色,从用户的角度思考问题,以寻找更多的设计灵感。这种方法主要用于"交付"阶段。其特色在于:(1)成本较低且投资较少,需要投入精力让角色扮演与用户的现实生活紧密联系起来;(2)对角色扮演和模拟的批评需要找到适当的平衡点;(3)无法直接进行观察或直接观察可能涉及道德问题时,使用角色扮演模拟活动尤其有效。

2) 方法步骤

(1) 在角色扮演或者模拟用户使用场景时,需要介绍一下整体情况或者提出建议,用需要采取的行动、完成的任务、达成的目标作为指导。

(2) 扮演者开始扮演各自的角色。角色扮演要尽量接近真实生活,因此期望并鼓励扮演者即兴发挥。

(3) 其他小组人员拍摄照片、录下视频或做笔记记录这些过程。

(4) 在事情发生之后需要全面分析整个过程,并评估角色扮演所带来的真实感受。

49　角色脚本

- 方法简介③

角色脚本(Role Script)提供了一些脚本来实现服务,并通过注释、评论与建议,指导操作人员在场景中规范自己的行为。这种方法主要用于"交付"阶段。

50　明日头条

1) 方法简介③

明日头条(Tomorrow Headlines)是设计师通过虚构的发表在期刊上的文章,来预测这项服务将对社会产生什么样的影响的方法,它有助于设计师思考该服务将如何呈现给潜在用户以及它将引起什么反应。这种方法主要用于"交付"阶段。该方法也是一种概念可视化的方式,使概念在团队和利益相关者之间更加切实、更明确地被感知。

2) 方法步骤⑮

(1) 鼓励联合设计团队想象服务的未来:报纸的标题应该是什么?文章将描述什么?吸引某些人使用该服务的内容是什么?

(2) 鼓励合作设计团队在报纸封面上发挥创意。

51 脉络映射

1) 方法简介[2]

脉络映射(Context Mapping)是将用户视为"有经验的专家"并邀请其参与设计过程中的一种方法。用户可以借助一些启发式工具，在有趣的游戏中描述自身的使用经历，以参与产品和服务的设计中。这种方法能够深入洞悉项目目标，帮助设计师从用户角度思考问题，并将用户体验转化成所需的设计方案。

2) 方法步骤

(1) 定义主题并策划各项活动。
(2) 绘制一份预想的思维导图。
(3) 进行初步研究。
(4) 计划与准备。可用文化探测(Cultural Probes，参见方法28)，方法在讨论会议前给参与者布置家庭作业，以增加他们对讨论主题相关信息的敏感度。
(5) 会议记录。用视频或音频记录整个会议过程。
(6) 记录感受。在讨论结束后及时记录自身感受。
(7) 结果分析。为产品设计寻找可能的模式和方向。
(8) 成果交流。与团队成员及利益相关者交流所获得的脉络映射成果。

52 场景化访谈

1) 方法简介[5]

在与研究问题相关的语境中，对客户、员工或其他利益相关者进行的访谈称之为场景化访谈(Contextual Interview)。这种方法主要用于"探索"阶段。使用场景化访谈可以更好地理解某一群人的需求、情感、期望和环境，揭示特定行为者的正式和非正式的互动关系(与系统图有关)、了解特定的经验(与客户旅程图有关)。

2) 方法步骤

(1) 根据研究问题，确定采访的对象、时间、地点以及如何记录场景，包括受访者的情绪、手势和肢体语言；
(2) 试着让受访者表述他们感兴趣的具体经历的细节，提供具体的参考例子会有助于提升他们表达的动机和经验；
(3) 注意受访者的肢体语言和手势，随时记录观察结果，这往往是引出问题的关键；
(4) 需要区分所观察的具体情况和观察者的诠释。

53 服务探索之旅

1) 方法简介[9]

服务探索之旅(Service Safaris)即在进行服务探索时，要求研究者走出去做野地探险，主张找出自己认为好的、不好的服务体验方法。服务探索是团队成员能够实际了解消费者感受的最简单方法。通过广泛观察了解消费者的共同需求,运用这些观察结论发现服务创新机会。

2) 方法步骤

(1) 在研讨会之前寻找合适的当地服务以做好准备。除非是针对特定类型的服务,否则选择三种或四种不同的服务。

(2) 准备具有不同"服务探索"任务的信封,并将它们与"服务探索"工具一起交给研讨会代表,用于做笔记和构建他们的观察。

(3) 组建 2—4 人的小团队去体验他们的服务,注意他们的经历并拍摄适当的照片或录音。

(4) 将笔记与其他团队的笔记进行比较,并得出有助于创新过程的结论。

54 脉络化访查

1) 方法简介[8]

脉络化访查(Contextual Inquiry)参考了民族学调查方法,是以用户为中心设计的一部分,可以身临其境地观察访谈,揭示潜在的和无形的工作结构。运用脉络化访查可以了解交流流程、任务序列、人们用来完成工作的组件和工具、与工作相关的文化以及物理环境的影响力,通常 2—3 小时的时间即可完成一次脉络访查。参与者的人数则需根据项目和工作的范围而定,但研究人员要在不同用户群中采访多位参与者,才可以综合分析脉络化访查的结果。

2) 方法步骤⑮

(1) 介绍:研究人员介绍自己,经用户许可后开始记录。研究人员需向用户承诺保密,请用户详细叙述相关内容,并就在访谈期间将要执行的特定任务与用户进行协商。

(2) 访谈观察与记录:研究人员进行观察工作,并与用户讨论观察结果。研究人员通常采用手写的方式记录所有发生的事情。

(3) 总结:研究人员对采访中所收集到的信息进行总结,并为用户提供一个进行最后修正和澄清的机会。

55 共创工作坊

• 方法简介[5]

共创工作坊(Co-creative Workshops)是邀请参与者利用专业知识创建一个或多个旅程图或服务蓝图的方法。共创工作坊的成果大多是基于假设的角色、旅程图或系统图。这些结果应该被理解为开发中的工具,作为设计研究过程的共同起点或者用来评估和增强他们收集的数据。

56 用户角色

1) 方法简介[11]

用户角色(User Personas)是用于分析目标用户的原型以及描述并勾画用

户行为、价值观以及需求的方法。此方法有助于设计师持续性地分享对用户价值观和需求的理解和体会。有以下几点需要注意：(1)不能单独将用户角色作为测试工具使用，设计后期依然需要真实的用户来评估设计；(2)为每个用户角色代表量身定做的设计并不一定符合社会情境；(3)创建用户角色时切勿沉浸在用户研究结果的具体细节中；(4)有视觉吸引力的用户角色在设计过程中往往更受关注和欢迎，使用率也更高；(5)用户角色可以作为制作故事板的基础；(6)创建用户角色可将设计师所关注的焦点锁定在某一特定的目标用户群，而非所有的用户。

2) 方法步骤

(1) 收集大量与目标用户相关的信息。

(2) 筛选出最能代表目标用户群且与项目相关的用户特征。

(3) 创建3—5个用户角色：第一，分别为每一个用户角色命名；第二，尽量用一张纸或其他媒介表现一个用户角色，确保概括得清晰到位；第三，运用文字和人物图片表现用户角色及其背景信息，在此可以引用调研中的用户语录；第四，添加个人信息，如年龄、教育背景、工作、种族特征、宗教信仰和家庭状况等；第五，将每个用户角色的主要责任和生活目标都包含在其中。

57　平行思考

- 方法简介[1]

平行思考(Parallel Thinking)是从多个角度间接地解决问题的方法，而不是把注意力集中在一个问题上。在平行思考中，实践者在多个并行轨道中提出尽可能多的陈述。在对一个主题的探索中，所有参与者都可以同时贡献知识、事实、感受等[17]。

58　共创系统图

1) 方法简介[5]

共创系统图(Co-creative System Maps)是站在共享角度或其他角度邀请具有生态系统知识的参与者共同创建系统图的方法。在形式上，主要是纸质的可视化实体模型。共创系统图为每个工作坊定义了一个特定的视角，有助于明确范围和适用的场景。

2) 方法步骤

(1) 筹划：决定工作坊的参与者，并为邀请做准备。描述工作坊的目的，并设定期望，考虑参加研讨会的激励措施。

(2) 平分小组：描述工作坊的目标和议程，促成相关介绍。在演练之后，将参与者分成3—5人的小组，并明确他们所对应的任务。

(3) 创建初始利益相关者地图：首先为每个团队创建首个初级版本，辅导人员检查所有团队是否有共同关注点，并遵循相同的指示；其次罗列行动者、利益相关者并根据实际情况准确定义行动者、利益相关者的优先顺序；最后在图中可视化行动者、利益相关者，根据优先次序在地图上安排行动者/利益相关者。

（4）进行比较：每个小组展示他们的系统图，将不同的版本挂在彼此相邻的墙上，以便与整个团队进行比较。

（5）讨论与合并：给参与者部分时间反思；讨论系统图之间的相似点和不同点；让小组在图上达成一致意见，记下不同的见解；将不同的图合并为大多数参与者一致认同的图。

（6）测试生态系统中的不同方案，并再次拆分小组：让他们在创建的利益相关者映射中测试不同的方案。

（7）迭代并验证：快速研究以检查在研讨会期间讨论的任何未解决的问题，同时阅读笔记并检查研讨会参与者所采取的不同立场。

（8）后续：将生成的数据列表并突出重要段落。撰写简短的研讨会摘要，其中包括合并的重要发现，以及在参与者参加研讨会期间收集的旅程图和原始数据，例如报价、照片或视频。

59　六顶思考帽子

1) 方法简介[18]

六顶思考帽子(Six Thinking Hats)是一个用于探索复杂情况或不同观点的方法。在大多数群体环境中，个体倾向于采用特定的观点（乐观、悲观、客观等）思考问题，这会限制个人甚至整个群体探索问题的方式和范围。六顶思考帽子使人们不再用单一的思维思考问题，而是采取简单有效的并行思考过程方法，通过头脑中戴上和换掉"帽子"，可以很容易地集中或改变思想、对话或会议的方向。

2) 方法步骤

（1）白帽：白帽子象征已知信息或需要知道的信息。

（2）黄帽：黄帽子象征着光明和乐观。在这顶帽子下，探索积极的价值和利益。

（3）黑帽：黑帽子可以判断为什么有些东西可能不起作用，发现困难和危险、事情可能出错的地方。除了会被过度使用的问题，它可能是最强大和最有用的帽子。

（4）红帽：红帽子代表感情、预感和直觉，被用来表达情感和感受，分享恐惧、喜欢、不喜欢、爱和恨。

（5）绿帽：绿帽子注重创造力、可能性、替代方案和新想法。这为表达新概念和新观念提供机会。

（6）蓝帽：蓝帽子用来管理思维的过程。正是这种控制机制确保了六顶思考帽子准则得到遵守。

60　身体风暴

1) 方法简介[5]

身体风暴(Bodystorming)是将头脑风暴运用在身体上的研究方法。它通过结合角色扮演和模拟活动激发新灵感,自然地形成可以体验真实场景的原型。它可以用来帮助理解、构思和发现问题。身体风暴在挑战涉及身体或人际关系方面,或当一个会话需要同理心、能量或亮点的情况下非常有用。相较于调查排练,身体风暴更简单、更快,但深度不足[8]。

2) 方法步骤^⑨

(1) 通过研究或实地访问,让团队沉浸在挑战的场景中;

(2) 列出有趣的场景或想法;

(3) 在最初的场景中或在工作室里,一次只选择一种场景,然后表演出来;

(4) 当出现其他选择时,试一试或者停一停;

(5) 做笔记来帮助小组记住他们所发现的东西,并在尝试其他场景或想法时重复这种做法;

(6) 反思并将想法推进至选择环节。

61　体验草图

- 方法简介[1]

体验草图(Experience Sketching)是一种特殊的团队草图形式,它关注客户在使用和执行服务时的体验。体验草图帮助团队从客户的角度来规划自己,想象和预估其感受、期望和体验,它有助于团队共享同一个平台。

62　团队草图

1) 方法简介^③

团队草图(Group Sketching)是一种便捷、快速且实惠的工具,可以同时开发和解释创意,在协同设计会议中有助于团队内部共享见解。该工具采用基础和简单的图纸,为有不同文化和社会背景的参与者之间的讨论提供了便利[1]。

2) 方法步骤^⑩

(1) 定义问题:一个定义良好的问题可以使活动思维集中,避免参与者在太多的可能性中迷失。需要简明地定义它,展示当前解决问题的可能性和缺陷在哪里。

(2) 确定限制:确保会话为最终解决方案带来实际的价值,并帮助参与者将注意力集中在能够真正解决当前问题的想法上。

(3) 把关环节:在会议进行期间,只需90分钟即可获得出色的创意和讨论;在最初的几分钟内介绍会话的问题,限制会议内容范围和确定绘制流程的格式;出现重要的观察结果或者发现某些事情是不对的时候,请与参与在其中的每个人展开讨论,以找到可以继续进行讨论的合理点;确保每个人都在同一页面上讨论问题和会话的目标。

(4) 分析总结:在会议结束后,需要一些分析和总结来识别会话中所产生的信息,接下来的步骤可能是绘制导航流程图、细化模板、绘制测试线框图或者做出原型,甚至可以列出暂时没能解决的问题,形成待验证的猜想和待证实的假说。

63 设计场景

1) 方法简介[9]

设计场景(Design Scenarios)基本上是假设的故事,通过创建足够的细节使探索服务提供的特定方面更有意义。设计场景可以使用纯文本、故事板甚至视频来呈现设计方案。所有场景都能够帮助审查、分析和理解最终定义服务体验的驱动因素,并促进他们在小组设定中创建各利益相关者之间的知识交流。

2) 方法步骤⑩

(1) 找一个可以发挥创造力的地方,这是一个可以让一个团队在不被打扰、不打扰他人的情况下交谈和讨论的地方。

(2) 邀请一些相关人员参加会议(用户体验团队、开发团队、产品经理等),并准备一些便利贴、白板纸等。

(3) 向每个人解释目标和用户情境。

(4) 从用户的角度(指用户角色)了解这个情境。了解用户会怎么做;他们完成这项工作所需要的信息;用户和团队需要回答的问题并寻找什么样的假设才能将其实现。

(5) 从团队中收集不适合该场景但可能与该场景相关的想法。在完成每个场景后,把它写下来并贴在墙上。试着把场景分组,以便理解和发现漏洞。

附录注释

① 参见明道云博客。
② 参见维基百科"SWOT 分析"。
③ 参见服务设计工具网站。
④ 参见尼尔森·诺曼集团(Nielson Norman Group)网站。
⑤ 参见数字社会学校(Digital Society School)网站。
⑥ 参见 HT 工具箱(HT Toolbox)网站。
⑦ 参见这是服务设计(This is Service Design Doing)网站。
⑧ 参见 designorate 官方网站。
⑨ 参见库姆(Kumu)网站"网络映射"。
⑩ 参见设计研究技术(Design Research Technique)网站。
⑪ 参见思维设计(Think Design)网站。
⑫ 参见 mranselm 官方网站。
⑬ 参见维基百科"五个为什么"。
⑭ 参见科极网拓(TechTarget)官方网站。
⑮ 参见 pioltlightl 项目官方网站。
⑯ 参见维基百科"情境访谈"。

⑰ 参见维基百科"平行思考"。
⑱ 参见德博诺集团(The de Bono Group)官方网站。
⑲ 参见思特沃克(ThoughtWorks)信息技术(IT)咨询公司网站。
⑳ 参见交互设计网站。

附录参考文献

[1] MORITZ S. Service design:practical access to an evolving field[Z]. Köln:Köln International School of Design,2005:96,102-103,106,108,112,116.

[2] 代尔夫特理工大学工业设计工程学院. 设计方法与策略:代尔夫特设计指南[M]. 倪裕伟,译. 武汉:华中科技大学出版社,2014:45,57,77,101.

[3] 胡飞. 洞悉用户:用户研究方法与应用[M]. 北京:中国建筑工业出版社,2010:60,91.

[4] TANNENBAUM N,SPRADLEY J P. Participant observation[J]. Anthropological Quarterly,1980,53(4):260.

[5] STICKDORN M,HORMESS M E,LAWRENCE A,et al. This is service design doing:applying service design thinking in the real world[M]. California:O'Reilly Media,Inc,2018:129,229,239-240,343,348,435-436,442-443.

[6] SHOSTACK G L. How to design a service[J]. European Journal of Marketing,1982,16(1):49-63.

[7] KUMAR V. 101 design methods:a structured approach for driving innovation in your organization[M]. New York:John Wiley & Sons,2012:46-47,398-405,614-617.

[8] 贝拉·马丁,布鲁斯·汉宁顿. 通用设计方法[M]. 初晓华,译. 北京:中央编译出版社,2013:12,20,46,92,153,166,194.

[9] STICKDORN M,SCHNEIDER J,ANDREWS K,et al. This is service design thinking:basics,tools,cases[M]. Hoboken,NJ:Wiley,2011:97,126,146-148,159-160,178,194,206,208.

[10] 胡飞. 聚焦用户:UCD 观念与实务[M]. 北京:中国建筑工业出版社,2009:67.

[11] 胡飞. 洞悉用户:用户研究方法与应用[M]. 北京:中国建筑工业出版社,2010:71,120.

[12] MIETTINEN S,KOOIVISTO M. Designing services with innovative methods[M]. Keuruu,Finland:Otava Book Printing,2009:22,24.

[13] FRICK E,TARDINI S,CANTONI L. Lego Serious Play applications to enhance creativity in participatory design[C]// REISMAN F K. Creativity in Business. [S. l.]:KIE Conference Books,2014:200-210.

[14] 罗莎,等. 设计方法卡牌[M]. 北京:电子工业出版社,2017.

图书作者

胡飞,男,1977年生,湖北武汉人。清华大学设计艺术学博士,广东工业大学艺术与设计学院教授、博士生导师、执行院长,教育部高等学校工业设计专业教学分指导委员会委员,教育部"长江学者奖励计划"青年学者(2016)。主要研究方向为体验设计、服务设计和设计战略等。教学成果获广东教育教学成果奖(高等教育)一等奖和二等奖;学术成果屡获广东省哲学社会科学优秀成果奖、国际学术会议"最佳论文奖"等;产学研成果两获广东省"省长杯"工业设计大赛钻石奖等;个人获光华龙腾·中国设计业十大杰出青年、广东省五一劳动奖章、南粤优秀教师等荣誉。

图书评语

中国首部从经济学、管理学、设计学等多学科视野全面研究服务设计的论著,是胡飞教授从服务设计的理论、方法再回到实践探索的结晶,其视野宽阔、脉络明晰,案例研究的主题新颖、分析透彻。
柳冠中(清华大学首批文科资深教授,中国工业设计协会荣誉副会长兼专家委员会主任)

该书的问世填补了服务设计高质量中文著作和教学参考书的空白。书中明确提出的"服务设计"定义,已被国家有关部门采纳,这是中国学者首次完整定义了"服务设计",发出了国际服务设计研究的"中国声音"。"医食住行游"的系列案例深度解析,无论对产业创新实践,还是学界研究教学,均具有较大的指导意义。
娄永琪(教育部"长江学者奖励计划"特聘教授,瑞典皇家工程科学院院士,同济大学设计创意学院院长)